日本流通学会設立25周年記念
出版プロジェクト

② 流通動態と消費者の時代

日本流通学会［監修］

吉村純一　［編著］
竹濱朝美

東京　白桃書房　神田

まえがき

　本書は，日本流通学会発足25周年の記念出版プロジェクトの第2巻として刊行される。流通と消費の関係を総合的かつ具体的に分析することを目的としている。流通活動の動態に対応して変化する消費生活をより現代的な視点から総合的に分析しうる理論的な枠組みを示すと同時に，多様な消費生活の現実的なテーマにアプローチするというのが本巻に課せられたより具体的な課題であった。したがって，これまでの流通研究やマーケティング研究ではほとんど取り扱われることがなかった領域にも足を踏み入れている。

　流通分野において体系的な消費研究の重要性が認められるようになったのは，この30年ほどのことである。それ以前から消費者行動論などの議論は存在したが，総合的な消費者の分析を狙った生活様式やライフスタイルなどを含む研究が見られるようになったのは，より近年であると言ってよい。企業間競争と流通過程における商業資本の存立に関心を集中させることで，流通の総体を理解することができた時代があったからである。しかし従来の分析枠組みの下では理解不可能な消費者の行動などが目立ち始めると，総合的に時代の要請に応えるかたちで消費の分析をおこなうことができるフレームワークが求められるようになった。

　もっとも，消費の問題は流通活動とそれに対面している消費活動という狭い局面に限定されるものではなく，関連する領域は広がっており，消費の問題はさまざまな学問領域においても重要な研究対象となっている。ここではそれぞれの学問領域における成果を取り上げていくことはしないが，近年の消費環境の変化を構成するいくつかの要因を整理しておくことは有効だと思われる。

　第1に，グローバリゼーションの影響を挙げなければならない。安全や安心よりも優先される低価格食品の普及，国際的知名度を有するブランドへの信仰，そして無条件・強制的に押し進められた市場の自由化など，この30年間にグローバリゼーションがわれわれの生活に与えた影響ははかりしれない。第2に，情報・サービス化の影響がある。インターネットを中核にした

情報革新は，従来型の産業構造に変容を迫り，それに伴う雇用の流動化や政治的・管理的制度の変容を促すことになった。第3に，地球環境問題に目を向ける必要がある。自然環境の悪化と資源枯渇に繰り返し警鐘が鳴らされ，地球温暖化やオゾン層の破壊が問題となり，3.11以降はクリーンな再生可能エネルギーへの関心がより一層高まっている。そして第4に，労働問題の悪化にも着目しなければならない。第2次世界大戦後から続いた先進工業国における高賃金政策を核とする労使の安定した関係は壊滅に追い込まれた。わが国に特徴的とされてきた終身雇用・年功序列型の雇用形態も見直しを迫られ，成果主義などの制度の導入が図られるようになった。

　流通と消費を取り巻く以上のような環境変化は，流通と消費のそれぞれに影響を与え，両者は互いの変化を受けながらあたらしい対応関係を模索することになるのである。ここでとくに強調しておきたいのは，これら環境要因の変化に伴って，消費生活を起点とした新しい動きが生まれ始めていることである。消費者による既存の流通機構への意義申し立てや，消費者自身による商品の流通過程への参加が見られるようになり，そのための消費者間の連帯も模索され始めている。もはやマーケティングをはじめとする流通活動に対して受動的な役割を想定しているだけは，消費生活の全体像に迫ることはできないのである。

＊

　以上のような問題意識に立って，次のような構成をとって本書に与えられた課題にアプローチしてみた。本書は大きく3部に分かれている。第1部では，現代の消費を解明するための理論的枠組みを再検討し，消費研究の課題を提示しており，第2部では，流通活動の動態に影響され翻弄されがちな消費者像を多面的に取り扱い，第3部では，流通や経済活動において主体的に参加する消費者の姿やその役割の高まりについて明らかにしている。

　第1章では，流通動態と消費生活の関係を幅広く読み解く必要性を示し，流通活動によって侵食される生活過程とともに，消費者の参加や連帯を含む消費研究の課題と方向性を論じている。

　第2章では，流通経済における消費者像の変遷と消費の脱市場化について論じ，消費者市民が改革力を発揮する時代の流通経済論に求められる視点を

市場の進化概念とともに提示している。

　第3章では，消費生活問題の歴史的変遷と消費者の権利について概観したうえで，現代的な消費者問題の解決を目的とした制度設計と社会的協働について消費者参画の視点から検討している。

　第4章では，マクロマーケティングや快楽的消費論などの最新の消費分析の方法を駆使しながら，ポストモダン時代のブランド消費の実像に多面的に接近している。

　第5章では，社会環境の変化とコンビニエンスストアの展開について整理しながら，それが食と健康の問題をはじめとする消費生活に与えている影響に言及している。

　第6章では，携帯電話とMコマースの急速な成長とケータイ文化の特徴について明らかにしながら，わが国の携帯電話サービス消費の独自の展開について論じている。

　第7章では，インターネットが消費におよぼしている影響について，消費規模の拡大と新しいビジネスの展開から整理したうえで，消費生活転換の可能性について展望している。

　第8章では，電力に関する消費者選択の問題を取り上げている。電力料金における原子力発電の費用を分析し，ドイツの先進事例をふまえて，再生可能エネルギー普及に必要な優先接続と発送電分離を主張している。

　第9章では，ゴミ処理と循環型チャネル・ネットワークの構築について論じ，消費者参加型のネットワークを形成するうえでの問題点とその解決策を提案している。

　第10章では，生活協同組合における消費者参加についての歴史的な関係性をふり返りながら，組合員参加の原理的考察をおこない生協における参加の意義を模索している。

*

　本書の構成をご覧いただいておわかりのように，本書は流通・マーケティング領域における従来の消費研究の出版物とはかなり様相が異なっている。まず第1に，従来の消費研究とは比較にならないほどに対象領域が広がっている。そして第2に，流通過程における最終局面に出てきて受動的な役割を

引き受ける消費者だけではなく，積極的に流通過程に参加する消費者の姿を明確に射程に入れている。もっとも，現在のところ以上のような新しい試みを包摂する方法については議論が始まったばかりである。執筆者全員が現代的な消費生活の全体像に迫るべく各章に与えられたテーマに取り組むという姿勢は共有しているものの，全体の統一感という点では不十分な点も残っている。ただし，本書が取り扱っている個別のテーマは流通研究にとって緊急の課題ばかりである。これまでのところ現実世界の展開が先行し，理論がその後を追いかけているといった状況であろう。本書の試みが，そのような流通研究の状況を打開し，方法論的にも確かな一歩を踏み出すことに貢献することができていればと願っている。読者からの忌憚のない批判をお待ちしている。

冒頭で述べたように，本書は出版プロジェクトの一環として刊行されるものであり，企画の段階から，プロジェクトの全体編者である大石芳裕（明治大学）および佐久間英俊（中央大学）両先生とのコミュニケーションのなかで，内容や方向性が固まっていったことを記しておきたい。また，このような新しいテーマを含む研究成果が発表の機会を得ることができるのも，自由で寛容な日本流通学会の空気によるところが大きいと思っている。松尾秀雄（名城大学）会長他会員各位の日頃からの支えに感謝したい。最後になってしまったが，シリーズ本の特質から編集作業は繁雑を極めた。粘り強くこの任に当たっていただいた白桃書房の大矢栄一郎社長に感謝申し上げる。

2012年10月13日

　　　　　　　　　　　　第2巻　編著者　吉村純一，竹濱朝美

目　次

まえがき　i

第Ⅰ部　流通理論における消費研究の役割

第1章　現代流通研究における消費分析の課題と役割 …………3

1　はじめに　3
2　現代消費分析の方向性　4
　2－1　現代消費の歴史的位置　2－2　生活への関心の増大
　2－3　拡大する消費分析の方向性
3　侵食される生活過程と新たな消費文化の形成　9
　3－1　流通活動に同期するライフスタイル
　3－2　ジャグリング消費と情報アーカイブ化
4　連帯する消費者の可能性　14
　4－1　グローバリゼーションに対抗して連帯する消費者
　4－2　「まちづくり」で連帯する消費者
5　おわりに　消費分析の課題と役割　19

第2章　流通経済と生活世界 ………………………………25

1　はじめに　25
2　流通経済　25
3　現代の消費者像と消費の脱市場化　26
　3－1　生活者概念　3－2　消費者市民（消費者・生活者）の登場　3－3　「心の豊かさ」の重視との関連　3－4　「脱市場

　　　　　性」としてのコミュニティへ
　　4　脱市場性の現状と課題　32
　　　　　4－1　未だ弱い拘束力（心理的起動力）　4－2　消費行動と社会貢献　4－3　消費者市民の改革力
　　5　市場の進化と流通経済　36
　　　　　5－1　市場の進化概念　5－2　これからの流通経済分析に必要な視点
　　6　おわりに　40

第3章　消費生活問題群の制度設計と社会的協働 ……………45

　　1　はじめに　45
　　2　現代社会と消費生活問題群　48
　　　　　2－1　現代日本の消費生活問題群の所在　2－2　戦後日本・消費生活問題群の歴史的構造の形成　2－3　消費生活問題群の4領域
　　3　消費者の権利と消費生活問題群　54
　　　　　3－1　消費者の権利の淵源　3－2　消費者の権利と法制度　3－3　消費者基本法と消費者の権利
　　4　「消費者市民社会」構想と社会的協働　57
　　　　　4－1　「消費者市民社会」構想の系譜と変遷　4－2　日本における「市民社会論」の対抗の構図
　　5　おわりに　「社会変革の市民」育成のための制度設計と社会的協働　63

第Ⅱ部　流通行動の動態と消費生活

第4章　快楽的ブランド消費の解読 ……………71

　　1　はじめに　71
　　2　マクロ消費研究のブランド消費分析　72

2－1　支配的消費パターン　2－2　ブランド消費の構造
                2－3　マクロ・ブランド消費分析の意義と問題点
        3　ポストモダン消費研究のブランド消費分析　76
                3－1　消費の劇場　3－2　解放のポストモダニズム
        4　偶有的ブランド論　79
                4－1　ポストモダンと偶有性　4－2　ブランドの価値形態論
                4－3　ブランドの交換過程論　4－4　リフレクティブ・フロー
        5　快楽的ブランド消費の病理　84
                5－1　快楽的消費と経験的消費　5－2　露出症と窃視症
        6　おわりに　85

第5章　「コンビニ社会」と日本的消費 ……93

        1　はじめに　93
        2　長期不況下でのコンビニの成長と顧客層の変化　94
                2－1　コンビニとはどのような店か　2－2　コンビニの成長
                を支える仕組み　2－3　顧客層の変化
        3　社会変容のなかでの消費生活の変化　98
                3－1　1970年代以降の社会変容　3－2　食生活の変化
        4　おわりに　109

第6章　携帯電話とライフスタイルの変貌 ……117

        1　はじめに　117
        2　携帯電話市場の現状　117
                2－1　固定電話の現状　2－2　携帯電話の機能拡大と携帯電
                話加入者の増大
        3　Ｍコマースの進展　121
        4　ケータイ文化の進展　124
                4－1　集客装置としての携帯電話　4－2　文化としての携帯
                電話の役割と新たな価値の提示　4－3　ソーシャルゲームとし
                てのビジネスモデル

vii

5　情報通信関連支出の増大　128
　　　6　ガラパゴス化とグローバル化の闘い　130
　　　7　おわりに　133

第7章　拡大するインターネット消費……………………137

　　　1　はじめに　137
　　　2　インターネット消費の規模拡大と生活の変化　137
　　　　　2−1　インターネット消費とは　2−2　拡大する電子商取引
　　　　　2−3　拡大・進化するインターネットと生活の変化
　　　3　インターネットとは何か　140
　　　　　3−1　ネットワークとは何か　3−2　インターネットとは何
　　　　　か　3−3　インターネットの利用技術
　　　4　インターネット・ビジネスの階層区分とビジネス形態　144
　　　　　4−1　インターネットビジネス階層区分　4−2　インターネ
　　　　　ット・ビジネスの形態
　　　5　消費の情報化　149
　　　　　5−1　消費の情報化　5−2　商品生産の情報化・商品の情報
　　　　　化　5−3　インターネット消費とネットワーク構造
　　　6　消費の個別化　153
　　　　　6−1　消費の個別化要因　6−2　消費の個別化の意義
　　　7　おわりに　絆を育む消費生活への転換　154

第Ⅲ部　グリーンと参加の消費生活

第8章　電力における消費者選択，再生可能エネルギーによる
　　　　　電力グリーン化 ……………………………………161

　　　1　はじめに　161
　　　2　大手電力会社の地域独占，電力をめぐる消費者選択の不在　162
　　　3　電力小売自由化の必要性，電力会社と電源の選択　162

4　資産と経費が大きいほど事業報酬が拡大する総原価方式　164
　　5　電気料金に占める原子力発電の費用　166
　　　　5－1　料金原価の11％は原子力関係　5－2　燃料費以外にも多額の費用がかかる原子力　5－3　停止中の原子力発電所からも膨大なコスト　5－4　原発は再生可能エネルギーより大きな負担　5－5　電気料金から原子力に7年間で4兆6340億円
　　6　買取制による再生可能エネルギー普及　176
　　　　6－1　再生可能エネルギー特別措置法　6－2　賦課金による電力料金への影響，原発の費用との比較　6－3　回避可能費用の問題点
　　7　ドイツ買取制による普及効果と費用　179
　　　　7－1　再生可能エネルギーが飛躍的に拡大　7－2　ドイツにおける賦課金の状況　7－3　収益性IRRで7〜9％なら，順調に普及
　　8　買取制の必須条件，優先接続義務，発電・送電分離　185
　　9　おわりに　187

第9章　循環型チャネル・ネットワークと消費者の参加　……193

　　1　はじめに　193
　　2　ごみの処分状況　194
　　　　2－1　一般廃棄物と産業廃棄物　2－2　一般廃棄物のごみ総排出量と処理方法
　　3　循環型チャネル・ネットワーク　198
　　　　3－1　フォワード・チャネルとリサイクル・チャネル　3－2　循環型チャネル・ネットワークのコントロール・メカニズム
　　4　消費者の態度と行動の矛盾　201
　　5　消費者の行動変容に向けた取り組み　203
　　6　企業と行政の役割　206
　　7　おわりに　208

第10章　生活協同組合における現代的参加 ……………………211

 1　はじめに　211
 2　生活協同組合と組合員の歴史的「関係性」　212
  2－1　戦後直後の生活協同組合　2－2　「市民生協」の設立
  2－3　店舗型生協への挑戦　2－4　改正生協法下の生協
 3　現代的参加の原理的考察　220
  3－1　事業と参加　3－2　地域と参加，あるいはCSR
  3－3　消費者の自立（律）　3－4　職員労働の位置づけ
 4　おわりに　229

第Ⅰ部

流通理論における消費研究の役割

第1章

現代流通研究における
消費分析の課題と役割

1 はじめに

　生産と消費を架橋することに流通の役割があるとするならば，もとより消費は流通を成すうえで欠くべからざる前提条件であり，流通機構にとっては生産とともにもっとも重視される環境要因として位置づけられるはずである。ところが，流通経済を取り扱う伝統的テキストにおいて明示的かつ総合的に消費の問題が取り扱われるようになるのは，ごく近年になってからといってよい[1]。これには理由がないわけではなく，19世紀の自由競争市場におけるように消費を明示的に取り扱わなくても，企業間競争の動態とその結果もたらされる商業資本による売買の集中について理解することによって，流通の仕組みをある程度理解することができた特殊な時代が存在しえたからである。

　そのような時代においても，実際には消費の側の需要のあり方は，恐慌という乱暴な清算の仕方によってではあるが，最終的に生産と流通の動態に対して審判を下すことになったのである。20世紀に入り，企業規模が拡大化しいわゆるビッグビジネスが商品流通においても大きな影響力を行使するようになると，生産と消費の事前的調整という明確なテーマを持った流通の手法が登場する。マーケティングの時代である。この頃になると，消費についての理解は，格段に重要な問題として各企業によって認識されることになる。私たちの議論もこのような時代を前提としてなされることになる。しかし，消費者についての理解が企業活動の正否を分けるほどに重要性を帯びている

ことが現実であることを否定するものはいないが，それによって消費者は幸せを手に入れることができたといえるのだろうか。

20世紀以降のマーケティング時代の企業活動には前提として「消費者志向」が課せられているはずである。それにもかかわらず，企業責任を怠った活動の結果として消費者が被害を被ったり，過剰なマーケティング圧力によって歪められた消費者の購買行動が生じたりすることは少なくない。関係性マーケティングの構築といわれて久しく，その中心部分には消費者と企業との協働があるとされてきたが，未だその実例は乏しく，仮にマーケティング戦略上の成功事例が示されている場合においてさえ，その内実はレベルにおいて協働というにはほど遠いものであるというのが実情であろう[2]。

もっとも，今日の消費生活は受動的な性格だけで説明できるほど単純なものではない。近年の消費文化理論に基づくブランド論の成果のなかで，ベントソン＆オストバーグ（Bengtsson, A. and Ostberg, J.）は，企業と消費者の関係を弁証法的（dialectical）な関係として見るモデルを示し，企業と消費者の間で繰り広げられる反復的な相互行為によってブランドの意味が形成されるとしている[3]。本章では，現代の消費を，企業活動によって消費生活が侵食される側面と，積極的に消費者が流通の諸局面に参加していく側面というふたつの側面から概観しながら，現代の流通研究における消費分析の課題と役割を明らかにすることを目的にしたい。

2　現代消費分析の方向性

2－1　現代消費の歴史的位置

20世紀型のマーケティング活動を中心とする流通の仕組みができあがると，消費者の活動について分析することが格段に重要になった。その発生から100年以上の時間が経過し，依然としてマーケティングは流通の中心にあり続けているが，私たちの暮らしとそれに対応する流通の仕組みは100年前とは格段に変化したものになっている。したがって，100年間といった長期的な時間軸だけではなく，もう少しだけ短い時間軸を設定してより現実に接近しながら流通や消費の変容を捉えてみてはどうかという考え方が生まれつ

つある[4]。

　伝統的な時間軸の設定は，20世紀初頭の独占資本主義の成立とそれ以前，あるいは国家による有効需要政策や企業による生活管理が進行する1930年代あたりを転機として捉える議論が大半を占めてきたといえるであろう。両者は相互補完的な関係にあることからすれば，基本的には同一の枠組みのなかに入るということができる。そしてこのような理解に基づきアメリカ的生活様式やフォーディズム的な消費ノルム，あるいはまた都市的生活様式[5]といった生活についての理解が，長期的な時間軸設定のなかで用いられてきた。後で取り上げる消費パターン分析もこのような消費生活理解の系譜に位置づけられるといえよう。

　問題は，消費生活現場においては，このような長期的な時間軸の設定からもたらされる生活理解だけでは説明できない現象が増大していることにある。もちろん，超歴史的で固定的な生産者と消費者との関係のなかで消費者行動分析をおこなっても，これらについて意味のある分析ができるとは思えない。しかし，長期的な時間軸のなかで分析をおこなっても，多様な消費現象にアプローチすることは難しく，これらの多くは意味不明なノイズ[6]として処理されるにしかすぎないというところにより困難な問題がある。近年，このような分析の枠から漏れ落ちる消費現象が急増し，そのことが消費文化理論の導入のような新しい方法に機会を与えることになっている。

　例えば，ホルト（Holt, D. B.）は，カルチュラル・ブランドをめぐる方法論を論じるなかで，社会的あるいは国家的な文化的矛盾の時期にブランド戦略上の機会を見出している[7]。生産者と消費者，あるいはその両者の関係が埋め込まれている社会の動態を把握することが，長期的な時間軸の設定に代わり，いわば中間的な分析を可能にする時間軸の設定においてもっとも大切である。例えば，わが国においては，終戦，高度経済成長のスタートと終焉，バブル経済の崩壊などに時間軸設定の契機を見出すことができよう。

　1990年代以降に消費文化研究の潮流が明らかになってくるが，これは，消費研究にとって，もはや従来の19世紀型と20世紀型といったふたつの消費類型では説明できない多くの消費現象が現れたことに対応しているといえる。

2－2　生活への関心の増大

　20世紀初頭にマーケティングが登場する以前において，消費の問題は，総量としての需要の問題として認識されており，社会的な需給の一致こそが最大の課題とされてきた。また，それぞれの消費者の活動については，家計消費の問題として所得をいかにしてそれぞれの財に配分するかという問題として論じられてきた。基本的には，消費の側には欠乏が存在し，その欠乏をいかに解消するのかということが消費の課題であった。このような課題が支配的な時代においては，顕示的な消費について論じられることがあったとしても，そのものとしてはごく限定的な「有閑階級」[8]の消費を取り扱っているにすぎず，そのものが全面化してしまう現代消費の悩みとは遠く離れたものでしかなかったのである。

　図表1－1の図式を見てみよう。上段には，産業資本の循環が示されている。下段には，労働力の再生産が示されている。これまでに述べてきたように，経済学における伝統的議論が総量としての需要に着目する場合にも，そしてマーケティング論から派生した消費者行動論において購買プロセスに着目する場合にも，下段の労働力の再生産過程の購買過程にのみ着目してきたことを確認してもらいたい。

　この労働力の再生産過程における購買過程は，産業資本の循環における価値実現過程に対応している。購買過程が資本によって対応すべき最重要のプロセスとしてみなされてきたとしても不思議なことではない。とはいえ，価値実現そのものが生活過程全般の動態によって左右される度合いが高くなる20世紀以降の商品流通においては，しだいに生活過程への関心が高まるのである。

　20世紀以降の生活過程が企業活動によって侵食されていく姿を経済制度の分析に組み入れたものとしてフランスのレギュラシオン学派による一連の業績があった[9]。マーケティング論においては，企業による戦略的な課題をそのものとして議論するのではなく，マーケティング活動が社会経済的な環境要因とどのような関係にあるのかを総合的に分析するマクロマーケティングの研究者による試みにおいて，同様の問題意識が見出されるようになり，消費者の生活過程への関心が高まった。一連の業績の初期に現れたフィラト＆

図表1－1　産業資本の循環と労働力の再生産

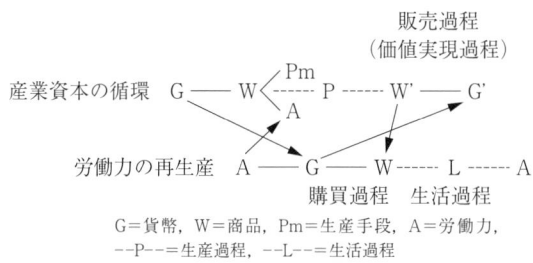

ドラキア（Firat, A. F. and Dholakia, N.）による論文[10]は，いくつかの点でより現代的な生活過程を解明するためには修正を加えることが必要だが，今なお重要な論点を提起している。

　財の購買過程に着目する消費者行動研究においては，財やサービスの選択，購買，評価のプロセスに関心は集中していた。しかしながら，近年の流通あるいはマーケティングの課題から消費研究の重心は，消費者の生活過程の分析へと移っているといってよい。そこでは消費者としての活動に加えて，人間関係や社会的行動，さらには自己実現についても言及されることになる。これらを総合的に分析した成果としてフィラトとドラキアの業績がある。そのひとつの到達点をまとめたのが図表1－2である。分析は，「人間

図表1－2　支配的な消費パターン

分析次元	消費パターンの幅
人間的かかわり （Human Involvement）	受動的 ←●→ 能動的
社会的関係 （Social Relationship）	個人的 ←●→ 集合的
利用可能性の範囲 （Domain of Availability）	私　的 ←●→ 公共的
疎　外 （Alienation）	疎　外 ←●→ 共　働

（出所）Firat and Dholakia（1982）p.8.

的かかわり」,「社会的関係」,「利用可能性の範囲」ならびに「疎外」の4つ
の次元から構成されている。そしてそれぞれの次元における消費者の活動の
パターンは，受動的，個人的，私的ならびに疎外の状態にあると結論づけら
れたのであった。

2－3　拡大する消費分析の方向性

　ただ，ここでことわっておかねばならないのは，分析対象を購買過程から
生活過程へと単に引き延ばせばことが足りるわけではないという点である。
消費生活を消費パターンあるいは消費生活の様式として分析する場合，研究
するものの歴史的パースペクティブを反映せざるをえない。つまりわれわれ
が明らかにしようとしているのは，超歴史的な消費生活一般ではなく，中長
期的な特定の歴史的段階における具体的な消費生活活動から抽象される消費
パターンということになるであろう。

　ここでは，さきのフィラトとドラキアによる業績を参考にしながら現代の
消費生活を考えるうえでの分析枠組みについて検討してみることにしよう。
フィラトとドラキアの業績は，20世紀後半，とりわけアメリカ合衆国におけ
る消費生活を念頭に置きながら構成されている。

　図表1－3は，マクロの消費パターンの分析枠組みをフィラトとドラキア
の業績などを参考にしてまとめてみたものである。多くの消費分析は，図表
中左下の財およびサービスの購買過程に視点を定めているものが多かった。
これまでに述べてきたように現代消費の分析に要請されているのは，図表中
右方向，すなわち生活過程への拡張であるといえよう。また，その拡張され
た日常的な消費プロセスの観察から得られた成果は，中長期的な時間軸を設
定したうえでひとつのパターンとして理解される必要がある。これが図表の
上部へ向けての拡大である。まとめるならば，この図表に示された領域のう
ち，もっとも研究が積み重ねられてきたのは左下の財・サービスの選択の領
域であるが，その重要性を否定するわけではないけれど，その成果をより総
合的な消費生活過程のなかで評価するうえでも，分析の枠組みは生活過程へ
と引き延ばされる必要がある。さらに，そのような生活のあらゆる場面でな
された分析の成果は，その時代を代表する消費パターンとして確定される必

図表1－3　拡張される消費生活分析

認識レベル ＼ 対象	購買過程	生活過程
生活様式	財・サービスの選択様式	＊全般的消費生活パターン ＊quality-of-life
生活実践	財・サービスの { 選択／購買／評価 }	人間関係・社会的行動・自己実現の { 選択／実行／評価 }

（注）＊は重視されるべき研究領域を示している。

要がある。

　ただし、彼らの業績が発表されてからおよそ30年が経過していることからしても、追加して考慮するべき点や評価を見直すべき点などがありそうである。例えば、フィラトとドラキアは、消費において人びとが引き受けてきた受動的な役割に注目しているが、現時点でもなお、受動性は能動性を上回る消費の特性なのだろうか。あるいはまた、マーケティング現場では生産と消費の協働についていわれることが多くなってきたが、それでもなお消費者は、「疎外」されているといえるのだろうか。

　これらを念頭に置きながら、以下の節では、いくつかの消費現象を取り上げながら、流通過程におけるより現代的な消費者の姿を描いてみることにしたい。そのうえで、最後にもう一度、流通研究における消費分析の課題と役割について整理してみることにしよう。

3　侵食される生活過程と新たな消費文化の形成

3－1　流通活動に同期するライフスタイル

　各種マーケティング活動や小売業態の変貌、さらには新種のサービス商品の登場などによって、消費者の生活は大きく変化している。視点をこれらの提供者である流通業者の視点に移すならば、変貌してやまない消費者行動の日々の動態に対応するという困難に業者側が立たされていることになる。

マーケティングによって，消費生活が管理され変質を迫られているというような単一の論理で説明できるほど両者の関係は単純ではない。ここでは，より近年の消費現象を取り上げながら，現代的な流通と消費の関係について考えてみよう。

伊藤園の「お~いお茶」は，同社のロングセラー商品である。味と品質にこだわる商品として育てられてきた。伊藤園の商品戦略の中軸に飲料化比率というコンセプトがある。ペットボトルや缶製品の形をとって飲まれているお茶，つまり飲料製品として流通している製品の量が，茶葉を含むお茶全体の市場に占める割合を，飲料化比率という。この比率の推移を将来にわたるまで推計し，その動きに適合しながらマーケティング戦略を組むという考え方が伊藤園ではとられている[11]。まさに消費者のライフスタイルの変動を引き起こしながらそこに対応していくというマーケティングと消費の対応関係を示している。

伊藤園は，1985年に缶入り緑茶を開発販売している。ウーロン茶に続き，世界初の開発であったとされる。したがって，伊藤園の缶入り緑茶の歴史が，缶入り緑茶の歴史そのものである。伊藤園では，緑茶の場合，飲料化比率は将来的に30％を超えると想定している。この長期的視点からすれば，過

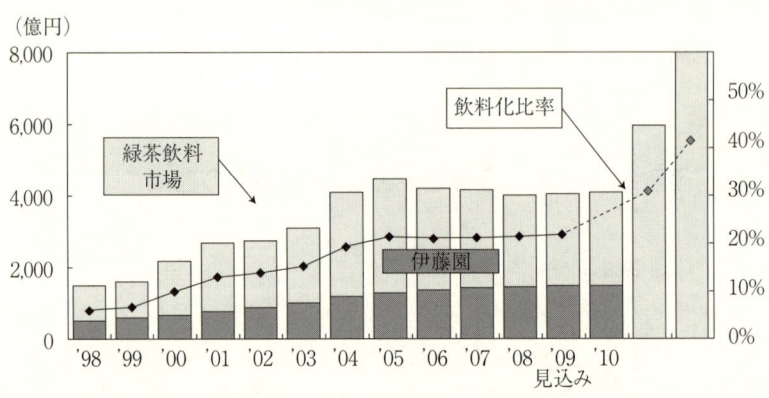

図表1－4　緑茶飲料市場と緑茶飲料化比率

（出所）伊藤園公式サイト＜http://www.itoen.co.jp/csr/cultivate/concept/＞より2011年9月11日取得。

去数度にわたる「緑茶戦争」も,缶入り緑茶市場の全体パイを増やしていくプロセスにしかすぎなかったという見方もできる[12]。

しかし,缶入り緑茶の普及は,伊藤園を代表とする缶入り緑茶のメーカーによる普及戦略とそれに呼応した消費者の変化という対応関係だけで決まるわけではない。むしろその対応関係を取り巻く,より大きな枠組みの変化に目を向ける時にこの缶入り緑茶という製品カテゴリーや「お〜いお茶」というブランドの成功の仕組みが明らかになる。例えばそれは,コンビニ生活文化の形成という製品それ自体にとっては外部環境の形成によってもたらされている[13]。

コンビニの店舗数の推移を見てみよう。互いに助け合ったとでもいうべきか。緑茶飲料の生産量とコンビニ店舗数は,ほぼパラレルに成長していったことが明らかである(図表1−5)。コンビニエンスストアが提供するライフスタイルの中心にお茶飲料が存在の根拠を与えられたのである。そのような意味で,「お〜いお茶」が目指す味と品質のベースがコンビニ生活文化に

図表1−5 コンビニエンスストアの売上高と店舗数

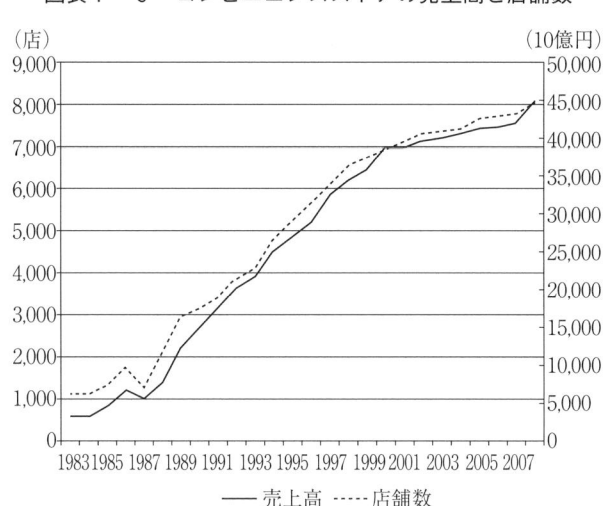

(出所)日本フランチャイズチェーン協会「FC統計調査」<http://www.jfa-fc.or.jp/particle/29.thml>より作成。

あることは明らかといえよう。しかし，近年ではこのように安定したマーケティングと消費の関係が継続しているケースは必ずしも多くない。

3－2　ジャグリング消費と情報アーカイブ化

　コンビニエンスストアが徹底して商品の「売れ筋」と「死に筋」を分類していることはよく知られている。とはいえ，このビジネスモデルを他の小売業態に当てはめた場合に，どこでも成功が保証されるのかというとそのようなことはない。

　一見節操のない消費者行動は，目的意識を持たない消費とされ，メディアやマーケティング活動によって支配された様子は「飼育された消費」[14]として論じられることもある。もっとも，これがマーケティング活動と適合的であれば，それはそれなりに一時的であるにせよマーケティング努力による需給斉合に対応した現代的な消費の現れとして理解することができる。ところが，そのような調和を逸脱するところにまで消費者行動が散発的なものになると，消費者操作であれ，あるいは需給斉合であれ，これまでのマーケティング努力が成果に結びつくことが困難になる。

　生活雑貨の専門店チェーンであるロフトは，その品揃えの「深さ」において定評がある。ロフトの取扱商品は，「インテリア」，「バラエティ雑貨」，「文具」，「健康雑貨」，「家庭用品」の大きく5つのカテゴリーに分類される。旗艦店とされる池袋，新宿，梅田の各店においては，全てのカテゴリーで「深い」マーチャンダイジングが実施される。その他の店舗では，カテゴリーの縮小がおこなわれ，マーチャンダイジングの深さが維持される。つまり5つのカテゴリーを3つのカテゴリーに絞り，それぞれのカテゴリーにおいては旗艦店とほぼ同様の深い品揃えを目指すというのである[15]。

　経験的に，収益率の向上を目的にしてコンビニエンスストアと同様の単品管理を実施した場合，ロフトの場合，主要顧客であるOL層が逃げていくことを知っている[16]。売り場の楽しさが損なわれてはならないという。注意を要するのは，ロフトが表現する「楽しさ」は，ブランドの物語性ではないという点である。ひとつのカテゴリーで300坪を使うとされ，深く掘り下げた品揃えこそがロフトにおける不変の基本であるとされる[17]。

ここでは，市場に分散する消費者需要を一定のグループに統合し市場細分化の単位として糾合することで物語形成の土台とする伝統的なマーケティング手法は否定されており，またPOS情報というチェーン店間の共有情報を利用した単品管理に基づく業態のあり方も否定されている。これらに代わって登場しているのは，もはや物語の形成を軸にしながらマーケティング活動をおこなうのではなく，その物語の形成自体は消費者にゆだね，ひたすらその素材を提供する情報アーカイブ化[18]とでもいえる戦略である。例えば，インターネット上においてはリアル取引では実現不可能であった膨大なアイテムが世界中のニッチな需要を呼び込むべく待っている。Amazonの書籍販売はいうまでもなく，eBayに代表されるネットオークションなどその事例には事欠かない。むしろこれらインターネットの世界では常識的なビジネスのモデルがリアル社会においても一般化し始めているということができるのかもしれない。図表1－6はわが国における近年のインターネットショッピングにおいて購入された商品の内訳である。興味深いのは，初期にこのサー

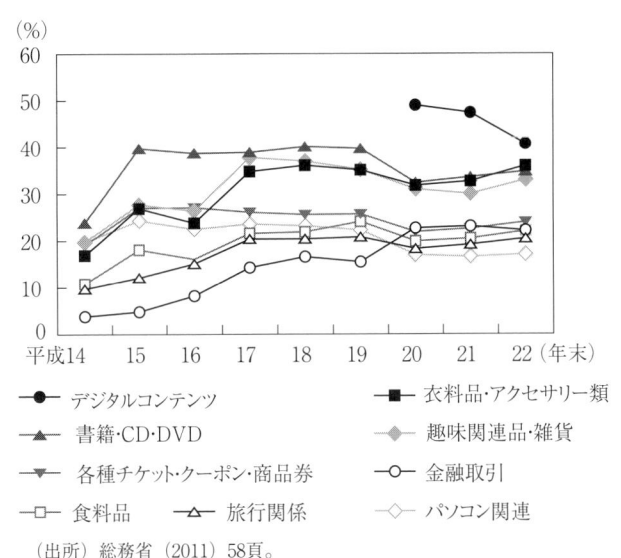

図表1－6　インターネットショッピングでの主要購入商品の推移

(出所）総務省（2011）58頁。

ビスを牽引した書籍や音楽ソフトなどのパーセンテージが下がり，金融取引の他に，衣料品・アクセサリーや，趣味関連品・雑貨などのパーセンテージが上がっている点である。

　トンプソン（Thompson, C. J.）らは，ベビーブーマー世代の女性の消費行動について解釈学的な分析をおこないジャグリング消費（とっかえひっかえのお手玉のような消費）という言葉をそれにあてた。「彼ら彼女らは自分に都合の良い時しか姿を現さず，しかも常に企業の一歩さきを走っているため，ところどころに残された足跡しかたどることができない」[19]。このような消費は，ファッション産業のマーケティング戦略から逃れるための一風変わったスタイルの創造＝ブリコラージュや，一見理解に苦しむ大学街におけるインテリ層によるライフスタイルの形成などで検証されている[20]。

　トンプソンは，ブリコラージュによって消費者はマーケティング戦略に反抗する自立的な感性を持つようになるという。「自分なりの個性化されたミックス・アンド・マッチを通して，ブランド・イメージを仕立て直す」[21]のだと。そうだとするならば，さきに述べたロフトによる品揃えの「深さ」は，このような消費のあり方に対応するものだということができよう。もはや物語を作り出すのは，マーケティングの仕事ではなく，消費者自身の手に移っているといえるのかもしれない。

4　連帯する消費者の可能性

4－1　グローバリゼーションに対抗して連帯する消費者

　マーケティング主体を中心とする流通環境の側からの力によって消費活動が影響を受けることは，古くから指摘されてきたのに対して，消費者の側が自律的に連帯し流通過程に影響力を行使する姿については，伝統的な消費生活協同組合などの活動を除いてはあまり論じられることがなかった。しかし，1990年代以降，グローバリゼーションの勢いが強くなるのに伴って，消費者自身による連帯の動きが強くなってきた。

　1999年に米国シアトルで開催された第3回WTO（世界貿易機関）閣僚会議は会議そのものもさることながら，会場周辺に世界中から集まったNGO

(非政府組織)の勢力に注目が集まった。会議は,発展途上国に対してよりいっそうの市場開放を求めようとするものであったが発展途上国の反発によって合意へ向けての立ち上げができなかった。この時期からあらゆる局面でNGOによる影響力の行使が目立つようになる。反グローバリズムと呼ばれる運動である[22]。

　この反グローバリズムの運動のなかで中心的な勢力のひとつになっていったのが反ブランド(No Logo)を唱えて運動をおこなってきた人びとである。反マクドナルドの活動家たちは,農民や工場労働者と肩を並べてデモに参加した。他にも環境保護,第3世界の債務免除唱道者,フェミニスト,人権擁護運動に携わる人びとがここに含まれていた。彼らは一様に,WTOの新自由主義的な姿勢を批判した。この時期から,マクドナルドやスターバックス,あるいはナイキやカルバンクラインといった有名ブランドが若い活動家たちによる攻撃に晒されるようになる[23]。根底には,これらのブランドがその生産において依拠している,搾取工場と呼ばれるような劣悪な状況で発展途上国の人びとを働かせているグローバルな生産システムを告発するという意図があるものの,同時にブランドというマーケティング手法に対する強い批判が込められていたといってよい[24]。

　皮肉なことに,グローバリゼーションを推進する勢力によって用いられてきたインターネット関連のテクノロジーは,国際的に広がりを見せ一見つながりが希薄かに思われる多様な人びとをいとも簡単に結びつけ,そのスピードと効果は日を追うごとに高まっている。

　以上のような告発的な強い影響力を行使する活動と同時に,近年同じく注目されているのは,フェアトレードという思想に基づき市場社会の不備を是正していこうとしているオックスファムなど国際的な組織による活動である[25]。フェアトレードという用語には,必ずしも統一された定義が与えられていない。一方で,その用語のままに国際的な「公正取引」と,広く捉えられることがある。他方で,コーヒーを代表とする特定の作物をめぐる顔の見えるかたちでの生産者支援のことを直接的に指す場合もある。もちろん,両者は分ちがたく結びついており,それはまたさきに述べた反ブランドを含む反グローバリズムの運動とも結びついている。

スティグリッツ（Stiglitz, J.）は，WTOなどの国際経済の制度的な枠組みとの関連で公正な取引を実現するうえでの問題を論じている[26]。私たちの消費生活が，このような国際的な枠組みによって保証されているのであれば，無関心でいることはできない。反グローバリズムの運動がかつての消費者運動の枠組みを超えて広がっている点も興味深い点であるが，より直接的に公正を実現するための運動としてフェアトレードが一般的に認知されるところまで大きな運動になっているのは，消費者の新しい連帯のあり方として新鮮であろう。

　巨大な企業が市場を支配し，その戦略が世界中の市場を統合していくというイメージは現実の市場の実態とは必ずしも一致しない。消費者の活動も，これらグローバル企業の活動に影響を受けながらも，それぞれの国で独自性を有している。それは，標準化が進むなかでの多様性の確保といった消極的なものばかりではなく，みずからの活動によって新しい流通の秩序の形成を目指し，場合によってはみずから流通活動そのものに従事するというようなことも起こりうるのである。

　これらの消費者の活動が着目されるのと時を同じくして，企業の社会的責任や社会的貢献について厳しく問われるようになり，それへの対応がグローバルなブランド戦略に組み入れられていっていることをわれわれは目の当たりにしている。

4－2　「まちづくり」で連帯する消費者

　国際的な流通のあり方をめぐって消費者間の連帯が進むのと同時に，それと連動しながら国内的で日常的な商品流通のあり方をめぐっても消費者間の連帯が試みられている。例えば，都市と流通のあり方に関連して展開される消費生活者による活動もそのひとつといえるであろう。グローバル化や情報化の波は，都市の流通のあり方にも大きな影響を与えつつある。規制緩和によって力を得た大規模商業施設は郊外を席巻しただけではとどまらず，外資系流通・外食資本などとともに都心部にもその影響をもたらし始めている。結果的には都市中心部は，そこで形成されていた物語性を後方へ退かせ，情報アーカイブ化の拠点へと変容しつつある。

現代的な都市のあり方を考える際に，ジェイコブズ（Jacobs, J.）の『アメリカ大都市の死と生』[27]は必読の文献のひとつといってよい。生きた人びとがいき交う街路そのものが有する創造性を描き出している。著書の舞台はニューヨークであるが，都市計画のあり方をめぐる行政と市民とのあいだの軋轢が彼女の議論の背景を成している[28]。半世紀も前の議論が今日これほどまでに参照される理由は，それが都市の有する多様な創造性に言及していることにある。つまり，行政や巨大資本による都市への計画的な介入は，多様性の確保というより現代的な課題の達成にとって必ずしも効果的とはいえない。

都市の多様性を担保するためには，行政機関や企業組織による多様性の吸収という方法によってではなく，むしろ住民みずからがその多様性を表現する方がより適切な方法といえるのかもしれない。そのような視点に立って都市と流通のあり方を考えるうえで，無視することができないほどの成長を遂げているのが，市民による主体的な努力である。ここではその市民による活動を非営利組織の活動によって見ていくことにしたい。まず，非営利組織全般の動向について概観しておきたい。多くの生活問題を解決するために，国内外を問わず実に多くの非営利組織が活躍する時代を迎えている[29]。必ずしも活発とはいえなかったわが国の非営利組織であるが，非営利法人をめぐる法制定などを機会に成長がいちじるしい。図表1－7は，NPO法人の認証を受けた法人の数と，年度ごとの増加数を示している。1998年の特定非営利活動促進法（NPO法）の制定以降，近年その伸びが若干鈍化してきてはいるものの，法人数は一貫して増加していることがわかる。

活動分野として多いのは，保健・医療または福祉の増進を筆頭に，社会教育の推進を目的とする団体という順番になる。そしてこれらについでまちづくりの推進を団体の目的としたNPO法人が多いとされる。例えば，2009年4月1日から2010年3月31日までの期間に法人認証されて誕生した特定非営利活動法人は，熊本県だけをとっても57団体存在するが，そのうちまちづくりを活動目的のひとつに掲げた団体は実に27団体にのぼる[30]。まちづくりを目的のひとつに掲げた団体が，その他に挙げた目的は，全般的な傾向と同じく，保健，医療または福祉の増進，子どもの健全育成，さらには社会教育

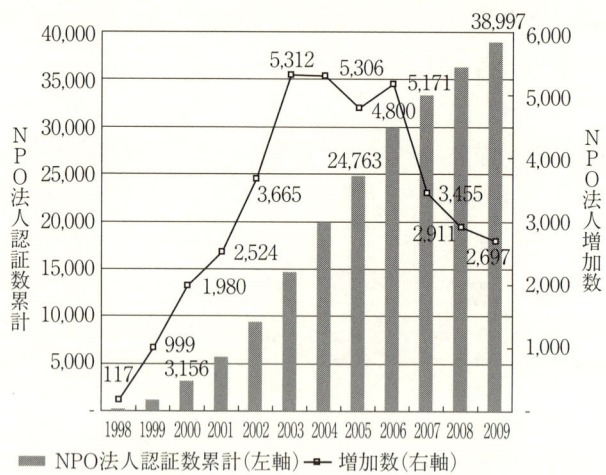

図表1－7　NPO法人の認証数累計と増加数

(出所) 三菱UFJリサーチ&コンサルティング「非営利セクター・社会的企業の雇用等について」＜www.mhlw.go.jp/shingi/2010/04/dl/s0416-4d.pdf＞2011年9月12日PDFファイルにて取得。

の推進などであった。

　都市の中心部の流通活動の一翼を担ってきた商店街は，規制緩和以降の大規模小売業者との競争に敗北し，また中心地と郊外という商業集積の立地をめぐる競争においても敗北を喫した。放置すれば商店街は機能不全を起こし街の中心部が空洞化してしまう事態に陥り，商店街それ自身が再建の努力を成すのはもちろん，自治体によるてこ入れもおこなわれ始めた[31]。市民にとっても生活風景のなかにシャッター街が出現することが望ましいはずもなく，無関心でいられる問題ではなくなってきている。疲弊する街の再興においても非営利組織が活躍の場を与えられるようになっている。

　もっとも，商店街で事業を営むものにとっての中心市街地の活性化とは，みずからの事業基盤の回復にほかならないのに対して，市民による街への関心は，コミュニティの再構築という課題を抜きには語ることができない。しかも，それぞれの街への思い入れは多様であり，決して商店街の再生という単一のテーマに還元できるものではない。より総合的な方向性を示すうえで

も行政と市民組織との公民パートナーシップの行方に注目が集まっている。

5 おわりに　消費分析の課題と役割

　現代の消費現象を解き明かすには極めて不十分であるとしかいえないが，具体的な事例を交えながら，生産者によるマーケティングや流通企業の活動が，消費者の生活領域に深く介入し影響力を増していることや，他方で，これらの介入に対して消費者が連帯することで消費生活領域からの異議申し立てがおこなわれ，消費者自身による流通過程への参加も増していることを概観してきた。さきにフィラトとドラキアの業績を紹介するかたちをとって，消費分析の方向性について論じておいたが，ここでは，より現代的なこれらの消費現象を踏まえながら，再度，今後の流通研究を展開するうえでの消費分析の課題と役割について，いくつかのまとめを試みておきたい。

　第1に，現代の消費を理解するためには，生活過程全般を射程に含みうる分析枠組みの設定が必要になってきている。購買過程を内包した生活過程全般の分析がマーケティング時代の消費分析として必要不可欠であるのはもちろん，生産者のマーケティングや流通企業の活動への対抗・参加といった消費者自身による流通過程への積極的な介入を射程に入れるためにも，このような分析枠組みの拡大が必要とされている。

　第2に，より現代的な消費現象を捉えようとするならば中期的な時間軸の設定が必要になってきている。19世紀型と20世紀型といった長期的な時間軸の設定では解明できない消費現象が増加している。ブリコラージュのようなマーケティング主体の意図から逸脱する消費活動や，消費者自身が商品の流通やマーケティングに関わる姿を見ることができるようになった。このような現象を明らかにするためには，社会経済的な変動や流通過程の動態と連動しうる中間的な時間軸の設定が必要になっている。

　そして第3に，消費者の参加や連帯を含む消費生活過程が流通過程に対して与えるインパクトの重要性を理解する必要がある。より具体的な流通の内実を決定するのは，日常的に繰り返される消費生活と生産者のマーケティングや流通企業の活動とのあいだの相互関係である。消費生活のあり方そのも

のが，流通機構の形成と維持にとって重要な規定要因になりうることを明確化することは，消費分析の現代的な大きな役割であるといえるであろう。そのような考え方に思想的なアイデアを提供するのが生活世界概念である。

最後に，この生活世界概念について触れておこう。生活世界は，フッサールやハーバーマスなどが用いてきた概念であり，日常的に繰り返される生活そのものを捉える概念である。時代とともに，この生活世界から生産や流通の機構が分離独立するようになり，「システム」となって生活世界とは異なる領域として独立し生活世界と対面することになる。例えば，フィラト＆ヴェンカテシュ（Firat, A. F. and Venkatesh, A.）は，生活世界というコミュニケーション領域における独自の性格に「消費者解放」の可能性を見ており[32]，福田豊は，生活世界における消費者の情報化に，消費者が豊かな生活の擬似的性格を乗り越えていく可能性を見出している[33]。

市場や行政からなるシステムに対して，生活世界が独自の論理を有して対面しているという考え方は，現代流通が抱える諸問題を考察するための分析枠組みを構想するにあたって重要な示唆を与えてくれる。今後の消費研究においては，消費者が流通諸活動によって翻弄され管理される側面と同時に，消費者自身が，生活世界の論理を背景にしながら，いかに現代流通に参加し協働しているのか，あるいはその可能性がどのように切り開かれようとしているのかという側面ついて，具体的に分析されることがよりいっそう強く求められているといえよう。

　　　　　　　　　　　　　　　　　　　　　　　　　　（吉村純一）

注
（1）流通研究において，個人の消費分析から集合的な消費生活過程をも含む消費分析の拡大を意図した初期の業績として，阿部（1993）を参照願いたい。また，田村正紀は，近者において消費活動と消費関係によって構成される消費様式という概念を用いて，わが国における消費者の歴史を明らかにしようという興味深い試みをおこなっている。田村（2011）。
（2）消費者を含む企業外部との連携によってイノベーションを実現している事例を紹介した先端的な研究として，ヒッペル（2006），ラマスワミ・グイヤール（2011）などがある。
（3）Bengtsson and Ostberg（2006）p.90.

（4） 田村正紀の消費様式についての議論も同様の問題意識の現れであるといえよう。田村（2011）を参照。
（5） アグリエッタ・ブレンデール（1990），成瀬（1988），ならびに倉沢（1985）など。
（6） ノイズが発する意味を経済システムにおける秩序形成との関連で論じているものとして，以下を参照願いたい。斉藤（1990），須藤（1988）。
（7） ホルト（2005）159頁。
（8） ヴェブレン（1998）。
（9） 代表的な業績としてアグリエッタ（2000）などを参照。
（10） Firat and Dholakia（1982）.
（11） 伊藤園の「飲料化比率」を取り扱っている論稿として以下を参照されたい。吉田（2010）。
（12） 伊藤園（2011）および野村総合研究所（1993）などを参照。
（13） 伊藤園の商品企画本部商品企画一部長（2008年時）は，「コンビニという業態がなければ果たしてこれほど普及したかどうか……。コンビニの"お弁当文化"と一緒にのびてきました」と語っている。「伊藤園お～いお茶　緑茶　無料が常識だったお茶がコンビニ飲料になるまで」『コンビニ』（2008年12月号）59頁。
（14） Arndt（1979）p.69.
（15） 三田村（2008）98頁。
（16） 三田村（2008）91頁。
（17） 三田村（2008）99頁。
（18） 東・北田（2007）117頁および北田（2011）115頁などを参照。
（19） トンプソン（2001）114頁。
（20） Holt（1997）.
（21） トンプソン（2001）113頁。なお，消費文化理論がマーケティング研究に与えた影響についてまとめたものとして次の論文を併せて参照願いたい。吉村（2010）。
（22） スティーガー（2005）158頁。他に反グローバリズムを取り扱った書物として，アタリ（2001），グレイ（1999），スティグリッツ（2006）などを参照。
（23） クライン（2001）などを参照。
（24） クライン（2001）の他に，カルチュラル・ブランド論を展開し，現代ブランドの構造を鋭く解明しているものとしてHolt（2002）なども参照されたい。
（25） オックスファム・インターナショナル（2003），およびニコルズ・オパル（2009）などを参照。
（26） スティグリッツ（2007）79頁以下。
（27） ジェイコブズ（2010）。
（28） この点については，フリント（2011）に詳しい。
（29） 世界的な非営利組織の高まりとその背景を解明した優れた業績として，サラモン（2007）がある。
（30） 内閣府NPOホームページ内の特定非営利活動法人情報の検索ページ＜https：//

www.npo-homepage.go.jp/portalsite.html＞から整理した。
(31) 疲弊する都市・地域と商業集積の問題を政策的な問題も含めて総合的に取り扱った業績として，宇野・吉村・大野編（2008）などを参照願いたい。
(32) Firat and Venkatesh（1995）p. 258.
(33) 福田（1996）196頁。併せて本書第2章を是非参照願いたい。もっとも，生活世界について単に言論が支配するコミュニケーション領域であるというように狭くそれを捉えることは避けられるべきである。吉村（2004），とくに終章において生活世界概念について詳しく論じているので併せてご覧いただきたい。

参考文献

アグリエッタ，M. 著，若森章孝・山田鋭夫・大田一廣・海老塚明訳（2000）『資本主義のレギュラシオン理論』大村書店。
アグリエッタ，M.・A. ブレンデール著，斉藤日出治訳（1990）『勤労者社会の転換』日本評論社。
東浩紀・北田暁大（2007）『東京から考える』NHK ブックス。
アタリ，J. 著，近藤健彦・瀬藤澄彦訳（2001）『反グローバリズム』彩流社。
阿部真也監修（1993）『現代の消費と流通』ミネルヴァ書房。
「伊藤園お～いお茶　緑茶　無料が常識だった　お茶がコンビニ飲料になるまで」『コンビニ』（2008年12月号）。
伊藤園（2011）『コーポレートブック2011』（年次報告書）。
ヴェブレン，T. 著，高哲男訳（1998）『有閑階級の理論』ちくま学芸文庫。
宇野史郎・吉村純一・大野哲明編（2008）『地域再生の流通研究』中央経済社。
オックスファム・インターナショナル著，村田武監訳（2003）『コーヒー危機―作られる貧困―』筑波書房。
北田暁大（2011）『広告都市・東京』ちくま学術文庫。
クライン，N. 著，松島聖子訳（2001）『ブランドなんか、いらない』はまの出版。
倉沢進（1985）「都市的生活様式論序説」鈴木広・高橋勇悦・篠原隆弘編『リーディングス日本の社会学7　都市』東京大学出版会。
グレイ，J. 著，石塚雅彦訳（1999）『グローバリズムという妄想』日本経済新聞社。
斉藤日出治（1990）『物象化世界のオルタナティブ』昭和堂。
サラモン，L.M. 著，江上哲・大野哲明・森康博・上田健作・吉村純一訳（2007）『NPOと公共サービス』ミネルヴァ書房。
ジェイコブズ，J. 著，山形浩生訳（2010）『アメリカ大都市の死と生』鹿島出版会。
スティーガー，M.B. 著，櫻井公人・櫻井純理・高嶋正晴訳（2005）『グローバリゼーション』岩波書店。
スティグリッツ，J. 著，楡井浩一訳（2006）『世界に格差をバラ撒いたグローバリズムをただす』徳間書店。
スティグリッツ，J. 著，浦田秀次郎監訳（2007）『フェアトレード』日本経済新聞社。

須藤修（1988）『ノイズと経済秩序』日本評論社。
総務省（2011）『平成23年版情報通信白書』。
田村正紀（2011）『消費者の歴史―江戸から現代まで―』千倉書房。
トンプソン，C. J.（2001）「とらえどころのないポストモダン消費者」『ダイヤモンド・ハーバードビジネス・レビュー』6月号。
成瀬龍夫（1988）『生活様式の経済理論』御茶の水書房。
ニコルズ，A.・S. オパル著，北澤肯訳（2009）『フェアトレード―倫理的な消費が経済を変える―』岩波書店。
野村総合研究所（1993）「お茶の高技術を背景に飲料文化を創造する伊藤園」『NOMURA SEARCH』4月号。
ヒッペル，E.F. 著，サイコム・インターナショナル監訳（2006）『民主化するイノベーションの時代』ファーストプレス。
福田豊（1996）『情報化のトポロジー』御茶の水書房。
フリント，A. 著，渡邉泰彦訳（2011）『ジェイコブズ対モーゼス』鹿島出版会。
ホルト，D.B. 著，斉藤裕一訳（2005）『ブランドが神話になる日』ランダムハウス講談社。
三田村蕗子（2008）『論より商い』プレジデント社。
吉田満梨（2010）「不確定な環境における市場予測と遂行的実践―株式会社伊藤園　飲料化比率を参照点とした市場創造の事例―」『マーケティング・ジャーナル』第29巻第3号。
吉村純一（2004）『マーケティングと生活世界』ミネルヴァ書房。
吉村純一（2010）「消費文化理論がマーケティング研究にもたらすもの」『熊本学園大学商学論集』第16巻第1号。
ラマスワミ，V.・F. グイヤール著，山田美明訳（2011）『生き残る企業のコ・クリエーション戦略』徳間書店。
Arndt, J.(1979)"Toward a Concept of Domesticated Markets," *Journal of Marketing*, Vol. 43.
Bengtsson, A. and J. Ostberg (2006)"Researching the cultures of brands," R. W. Belk, *Handbook of Qualitative Research Methods in Marketing*, Edward Elgar.
Firat, A. F. and A. Venkatesh (1995)"Liberatory Postmodernism and the Reenchantment of Consumption," *Journal of Consumer Research*, Vol. 22, No. 3.
Firat, A. F. and N. Dholakia (1982)"Consumption Choices at the Macro Level," *Journal of Macromarketing*, Vol. 2, No. 2.
Holt, D. B. (1997)"Post Structuralist Lifestyle Analysis : Conceptualizing the Social Patterning of Consumption in Postmodernity," *Journal of Consumer Research*, Vol. 23, No. 4.
Holt, D. B.(2002)"Why Do Brands Cause Trouble? A Dialectical Theory of Consumer Culture and Branding," *Journal of Consumer Research*, Vol. 29, No. 1.

伊藤園公式サイト
　＜http : //www.itoen.co.jp/csr/cultivate/concept/＞
内閣府 NPO
　＜https : //www.npo-homepage.go.jp/portalsite.html＞
日本フランチャイズチェーン協会
　＜http : //www.jfa-fc.or.jp/particle/29.html＞
三菱 UFJ リサーチ＆コンサルティング
　＜www.mhlw.go.jp/shingi/2010/04/dl/s0416-4d.pdf＞

第2章

流通経済と生活世界

1 はじめに

　これから流通経済はどのように変容していくと考えられるか？　このことについての考察は流通業の実践的デザインのためにも，また，流通経済論の理論的枠組みの検討のためにも必要である。それを生活世界[1]の浮上という現代的文脈[2]のなかに定位させながら試論として展開し，流通経済の射程とその理論的インプリケーションを明らかにするというのが本章の課題である。

2 流通経済

　流通経済とは一般に諸商品の流通という観点からみた経済をいい，いわゆる流通業（商業資本）のみならず，産業資本も流通主体として含むものと考えられている。われわれもこの一般的理解から出発する。まず，その定義からして，W—G—Wの側面に注目するということであるが，このことに含意されている点を確認しておこう。
① 商品の命がけの飛躍の過程であり，貨幣所有者のイニシアティブが示されている。
② 使用価値の持ち手変換という意味で社会的な観点を内包している。
③ 上記②と関連するが，商品による人間関係（相互依存関係）の代替・補完と拡大という社会的機能に結びつく。
　これらのうち最も基本的である①は，購買者の優位的なポジションを示し

ており，購買者（需要者）と販売者（供給者）の関連において，購買者側に関する情報のフィードバックが，販売者の意思決定に重要な影響をおよぼす可能性があることが示されている。購買行動がリカーシブないしリフレクシブに作用し，販売者（供給者）のふるまいに影響をおよぼす経路ともなりうるのである。

とくに，最終消費者は経済的な存在としてばかりでなく，人間的存在として，コミュニティ的契機や社会的契機を含んだりそれらと重なったり接続したりするという特性を持つことから，広範で多様な観点からの分析・考察の可能性ないし必要性を示唆している。したがって，理論のアクチュアリティを確保するためにも，最終消費者としての消費者（顧客）像の設定の仕方にとりわけ柔軟性が要求される。

このことが含意ないし示唆することは少なくない。流通経済の考察・分析をとおして，経済の実態を理解するための理論的枠組みに関する知見が得られる点がそのなかでも重要な点のひとつであろう。流通経済から経済理論のあり方を考える視座が得られる。例えば，流通経済が扱う最終購買者が，もはや単純な経済人モデルでは現実味を持たなくなってきている場合，これまでとは違った要素を加味したいわば新たな「顧客」モデルを設定したうえで分析・考察をおこなうことになるが，このことは，流通経済理論の基盤をなす経済理論にも，そのような流通経済に接続しうる理論構成や方法的視座を用意することを求めることにもなるだろう。その意味では流通経済は，原理論と現状分析を結ぶ役割を担うといって良いのではないか？

3 現代の消費者像と消費の脱市場化

3−1 生活者概念

現代の消費者像をどのように描いたら良いか？ 現代の消費者を特徴付ける際に，かつての高度消費者（消費の高度化を実践する消費者をこう呼ぶことにする）とは異なる新たな消費者を表現するために，「生活者」が使われることが今でも多い。はたして現代の消費者はこの「生活者」に転換したのであろうか？ 「生活者」という表現はやや手垢にまみれてしまった感があ

るが，この曖昧に使われることの多い「生活者」概念を整理したものに，天野正子『「生活者」とはだれか』[3]がある。天野は，そのなかで「生活者」の系譜をたどったあと[4]，「生活者という概念は時代により，さまざまな意味をこめられ，ひとつの理念型として使われてきた。しかし，それらに通底しているのは，それぞれの時代の支配的な価値から自律的な，いいかえれば『対抗的』（オールターナティヴ）な『生活』を，隣り合って生きる他者との協同行為によって共に創ろうとする個人——を意味するものとしての『生活者』概念である。」[5]と締めくくっている。

　天野のいうように時代とともに「生活者」概念は変わる可能性があるが，さらに，「オールターナティヴ」な価値を内包するひとつの「理念型」であるとする本質規定にもある程度修正が必要かもしれない。例えば，かつての高度消費者とは異なって現代の消費者に特有な性格に，社会指向性があると指摘される。詳しくは後段で論ずるが，この人びとの社会指向性は，「オールターナティヴな価値」という思想性を含む価値意識概念で説明できるものであろうか？　意識的な思想性を含まない，気風，気質や生活態度のようなものである可能性もある。しかも，それがこれまでの価値にいわば外から対置されるのではなく，これまでの価値のなかから生まれてきているとすれば，どう説明すれば良いのだろうか？

3-2　消費者市民（消費者・生活者）の登場

　かつての高度消費者と異なって，最近の消費者は社会指向的要素を持つようになってきている。このような社会指向的消費者を，「消費者市民」（または「消費者・生活者」）（『平成20年版国民生活白書』）と呼ぶことがある[6]。まず『平成19年版国民生活白書』（以後「h19白書」と略記），および『平成20年版生活白書』（以後「h20白書」と略記）に基づき，社会指向的消費者ないし消費者市民の形成の現状と課題の確認から始めよう。白書の多様なデータや資料のうちからわれわれのテーマに関連することに絞って，やや立ち入ったオーバービューを描いてみることにする。

　まず，指摘しなければならないのは，社会指向的な人びとが増えてきていることである。具体的なデータを見てみよう。近年，個人の利益よりも国民

図表2－1　社会貢献意識の推移
●社会に役立ちたいと思っている人は7割近く●

社会のために役立ちたいと思っている　69.2
あまり考えていない　28.5
わからない　2.3

（出所）内閣府『平成20年版国民生活白書』38頁。

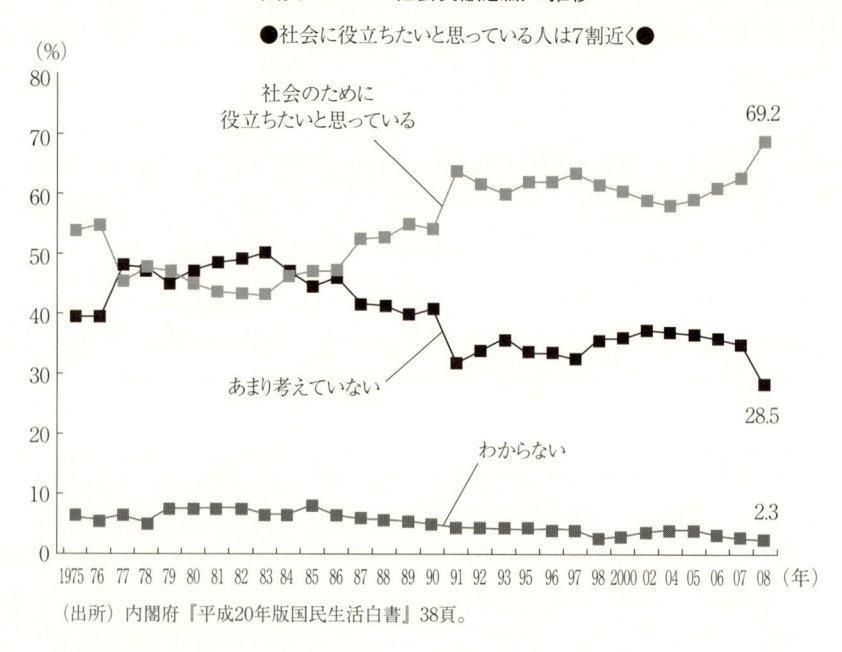

全体の利益を大切にすべきだと考える人が全体の50％を超えるようになってきており[7]，さらに，自ら社会のために役立ちたいと思っている人が90年以降60％前後を占めるようになった[8]。このような社会への貢献意識の増大はいつ頃から見られるのであろうか？　その推移については，明快で注目すべき傾向が見て取れる。1980年代の後半から「社会のために役立ちたい」と思っている人の割合が「あまり考えていない」とする人の割合を上回る傾向がはっきりし，1990年以降は前述のように60％前後で推移，2008年時点では，前者が69.2％，後者が28.5％であった（図表2－1参照）。白書はこれを「社会的価値行動の重要性に対する意識の高まり」と表現している[9]。

3－3 「心の豊かさ」の重視との関連

この傾向は，「心の豊かさ」の重視度の傾向と関連がありそうである。「心の豊かさと物の豊かさのどちらに重点を置くか」という問いに対して，1978

図表2−2　心の豊かさ・物の豊かさ

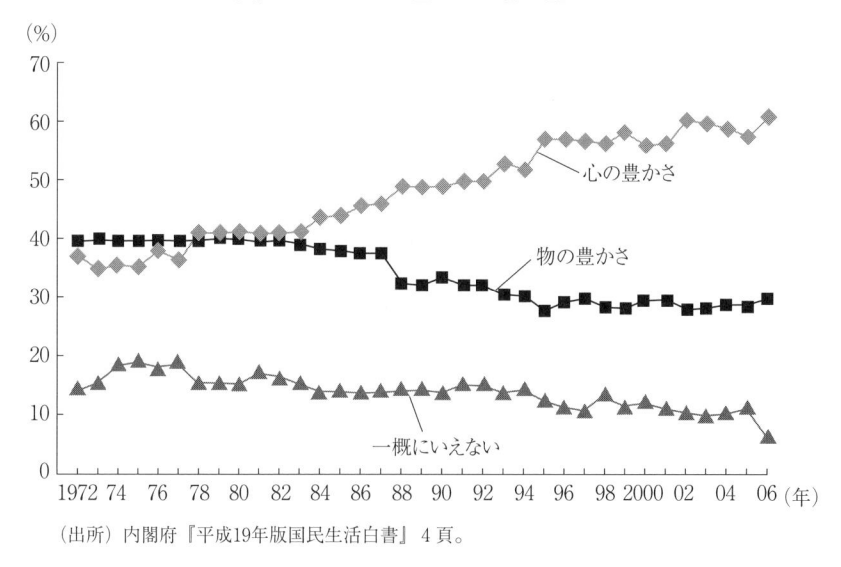

（出所）内閣府『平成19年版国民生活白書』4頁。

年には「心の豊かさ」が「物の豊かさ」を上回るようになり，2005年には62.9%となった（図表2−2参照）。

　1970年後半から見られる「心の豊かさ」重視傾向は，経済発展の成果ないし市場経済の成熟化を意味することであると考えられてきている。心の豊かさを求めることが，心の充実感とか精神的な安定などに関連し，したがって人びとの一種の生活態度ないし気質を意味すると考えられるのではないか。これは条件ないし社会環境如何によっては，社会変容に結びつく可能性があることを示しているように思われる[10]。このような観点から「心の豊かさ」重視に関わる社会環境の違いを見てみると，同じ「心の豊かさ」重視であっても，70年代後半〜80年代後半とそれ以降では，何によってそれを得るのかという点で質的な変化が生じている。

　70年代後半〜80年代後半は，前述の消費の高度化現象が見られ始めた時期であり，現代との対比を意識していうと商品経済的心の豊かさを追求した時期であったといえる。人びとの生活態度は基本的には私生活中心的であって社会指向性を欠くものであった[11]。つまり，一点豪華主義としてのブラン

ドものや，そんなに高価ではないが人とはちょっと違う商品の購入を通じて自己規定ないし自己表現を試みた。また，モノ離れとして，サービスの購入により，趣味や教養文化活動へ参加したり，気遣いや自らのかけがえのない存在感を手に入れたりしたのであった。だが，いずれも貨幣を介したふるまいによる「自己表現」であったり「心の豊かさ」の獲得であったわけである（消費の高度化による主体性の回復は依然としてコンテクスト依存的であることについては，拙著『情報化のトポロジー』[12]を参照されたい）。

このような高度消費者を「新中間大衆」と呼んだのは村上泰亮であった。「新中間大衆」は，現代社会に豊かさをもたらした産業主義や手段的合理性を批判しつつも，他方では，社会指向性を欠如しており，具体的には地域への参加志向の減退を露わにしていたと指摘されている[13]。この点は現在との比較において重要なポイントになる[14]。

これに対し，1980年後半以後は，「社会のために役立ちたい」という「脱市場」的意識や願い（価値観）と密接に関連していると見るべきだろう[15]。この意識や価値観は，商品経済的関係の成熟化を基盤として，非市場的な関係性が重視される文脈が形成されてきていることを示していると考えられるのであり，近代化の進展にとって重要な意味を持つと思われる。われわれは，この方向性を持った非市場性をとくに「脱市場」性と呼ぶことにしたい。

この心の豊かさを求める心理的起動力がどれほど人びとのふるまいを方向づけるか，その程度が問題であるが，それを考えるためにもまず，どのように役立ちたいと考えているかということを確認しておこう。h19白書によれば，社会のために役立ちたい内容については１位が自然・環境保護に関する活動（37.9％），２位が社会福祉に関する活動（35.8％），３位が町内会などの地域活動（35.0％）であった。これらから h19白書は「地域活動を通じて社会に貢献したいと考えている人が多い」と分析している[16]。

これは，前述のように，消費の高度化が始まった頃の消費者のふるまいの様式の特徴がまだまだ「私生活中心的」であったのに対し，近年の消費者行動は社会指向的ないし脱市場的傾向を含み始めているということを意味している。このような社会指向性ないし脱市場性は，コミュニティ意識の変化と

も関連している。

3-4 「脱市場性」としてのコミュニティへ

　近隣関係についてのh19白書は，近所付き合いに関するふたつの異なった時期にとられた調査データに基づき（詳しくは同白書を参照されたい），「それぞれの質問内容は異なることから，単純に比較できないことに留意する必要がある。しかしながら，それぞれにおいて希薄化が確認できることに鑑みれば，75年から2007年までの間についても，全体としては近隣関係が希薄化し続けてきた」[17]としている。

　しかし他方では，近隣での付き合いはどんな場合でも不要であると考える人が過半かといえばそうではなく，むしろ必要とするというデータもある。やや立ち入って数字を挙げてみよう。地域での望ましい付き合い方に関する2004年時点の調査によれば，「住民全ての間で困ったときに互いに助け合う」というのが36.7％，「気の合う住民の間で困ったときに助け合う」が25.8％と，あわせて60％を超えているのである。「多くの人は，日常的には深い付き合いは望まないものの，困ったときには助け合いたいとの希望を持っており，いざというときは近隣関係を頼りにしている」[18]。白書にはその考察はないが，ここに問題解決のための新たなコミュニティが志向されていると見ることができよう。

　近隣の煩わしい人付き合いはどちらかというと，自分の意思とは無関係に組み込まれてしまった地縁的な，その意味では第1次集団的なコミュニティであり，人びとの意識では旧来のコミュニティという範疇に分類されるとして良いだろう。人びとが解放されたいとするのは，このような意味での旧来型コミュニティなのである。しかし他方では，生活シーンにおける問題解決のために協働できる場としてのコミュニティが求められていると考えられる。一般的には，旧来のコミュニティが商品経済的関係によっていったん平準化ないし解体されて初めて，人びとの自律的つながりの総体としてのコミュニティが形成されてくると考えられるが[19]，まさに，このことがアンケート結果によって示されているのである。

4 脱市場性の現状と課題

4－1　未だ弱い拘束力（心理的起動力）

　他方，脱市場性ないし社会指向性を持つ，心の豊かさを求める心理的起動力の，ふるまいへの影響力ないし拘束力は，現状ではまだまだ弱いといわざるをえない。例えば，社会に役立つ活動への参加の実態はこれとかなり乖離したものとなっているからである。NPOなどのボランティア・市民活動へ参加頻度については，「参加していない」が81.3％と圧倒的に多いのである[20]。

　この原因となっているのは何か？　割合が大きなもの順に整理すると①「活動する時間がない」35.9％，②「全く興味がわかない」15.1％，③「参加するきっかけが得られない」14.2％，④「身近に団体や活動内容に関する情報がない」11.1％，⑤「身近に参加したいと思う適当な活動や共感する団体がない」6.6％となっている[21]。

　つまり，意識が高まり意欲もあるが，時間的制約や情報不足，意味のある活動や共感できる団体が見つからないなどということが原因となって，人びとの脱市場的なふるまいが実現していないということであろう。

　ということは，これらの障害を回避ないし乗り越えることができる手段，条件，取り組みや環境がなどがあれば，心の豊かさを求める心理的起動力が実効化し，人びとの新たなふるまいが顕在化する可能性が大きいということになるだろう。

4－2　消費行動と社会貢献

　脱市場性を持つ人間関係や社会関係の形成が目指され始めているのであるが，NPO活動やボランティアなどといった直接的行動にはなかなか結びついてきていないのが現実であった。しかし，人びとの行動の市場的側面を表す消費行動を通じてならば社会指向的行動はより現実味を帯びてくるはずである。

　例えば，h20白書は，「国民生活選好度調査」（2008年）に基づき，自分の

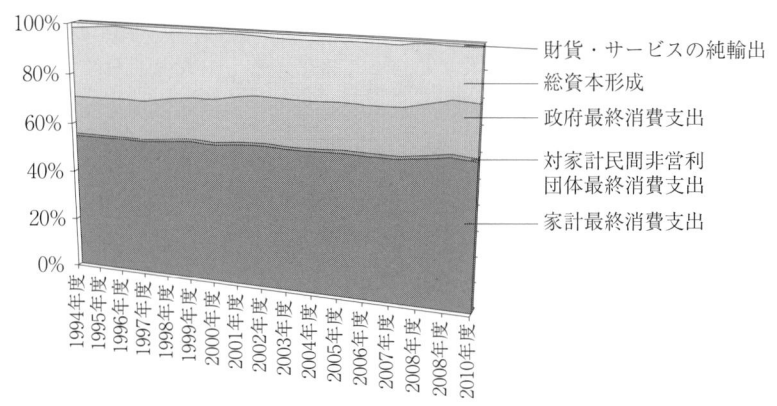

図表2－3　家計最終消費のGDPシェア

（出所）国民総生産（支出側）（内閣府国民経済計算）より筆者作成。

消費行動で社会は変わると思う人が58.9％，思わない人が13.4％，わからない人が27.6％であることを報告している[22]。

現在の社会的文脈のなかで社会指向的行動を顕在化させる有力な方法のひとつが，消費行動に社会指向的行動を重ね合わせることである。人びとが消費行動を通じて社会指向的行動を遂行するようになる社会を「消費者市民社会（Consumer Citizenship）」とし，その考え方が欧米に生まれてきていることにh20白書は注目している。市場経済が成熟するにつれ人びとは従来型消費者としてではなく，新たな行動原理（脱市場性）を併せ持つようになってきている（その意味で両義的消費者）という認識であろう[23],[24]。

4－3　消費者市民の改革力
4－3－1　大きい消費者市場

このような両義的な存在としての「消費者市民」の存在が，近未来社会を形成する中心的な役割を担うという位置づけが可能な主な理由のひとつは，消費者市場のウェイトの大きさにある。家計最終消費支出のGDPシェアは1980年度以降，50％以上であり，2010年度では58％であった（図表2－3参照）[25]。

4-3-2 対企業行動

このように消費者市場のウェイトの増大を背景に，消費者市民の行動が企業へおよぼす影響はますます大きくなってきている。しかし，日本においては，企業不祥事等に対する買い控えが当該企業を業務縮小，倒産などに追い込むなど，「ペナルティ」として機能するにすぎなく，優良企業などを支援し，企業や市場のあり方まで変えていくようなものにはなっていない[26]。つまり，消費者市民の行動は，これまでのところその可能性を活かすようには，なされていない。

例えば，消費者市民の側からする積極的な対企業行動の代表的なものに，SRI（Socially Responsible Investment）やフェアトレード（Fair trade）ラベル製品の購入があるが，日本においてはどちらも欧米に比べあまりはかばかしくない。消費者行動を通じた社会的価値行動の現状はむしろ低迷しているといって良いほどである。

SRIについてであるが，この起源はキリスト教にあるといわれ，現在では米国ソーシャル・インベスト・フォーラム（米国SIF）の分類に従って，次の3つの手法が採用されることが多い。①スクリーニング，②株主行動，③地域投資，がそれである。①はSRI投信といわれるものであり，一般にSRIというときにはこのことを指すことが多い。ポートフォーリオを構成する際，銘柄選択に一種のフィルターをかけ，投資行動を通してCSRを支援しようとするものである[27]。日本においてはSRI投信の増加ペースは急速であるが，欧米に比べ投機規模は極めて小さい。このことに関して平成20年版国民生活白書は図表2-4のようなデータを示している。

次に，フェアトレードであるが，これは発展途上国の生産者や労働者により良い取引条件を提供したり権利を保護したりすることによって持続的な発展に貢献しようというものであり，「公正な貿易」，「オルタナティブ・トレード」（Alternative Trade）などとも呼ばれることがある。「生産者に前払いで必要な費用を渡したり，長期契約を結んだうえ，市場価格よりも一定程度，高い価格を維持して仕入れるため，販売価格も割高」[28]になる。しかし，日本のフェアトレードの認知度は低く，h20白書によれば，2007年における日本における売上高は約10億円で，米国，英国の1／100以下であると

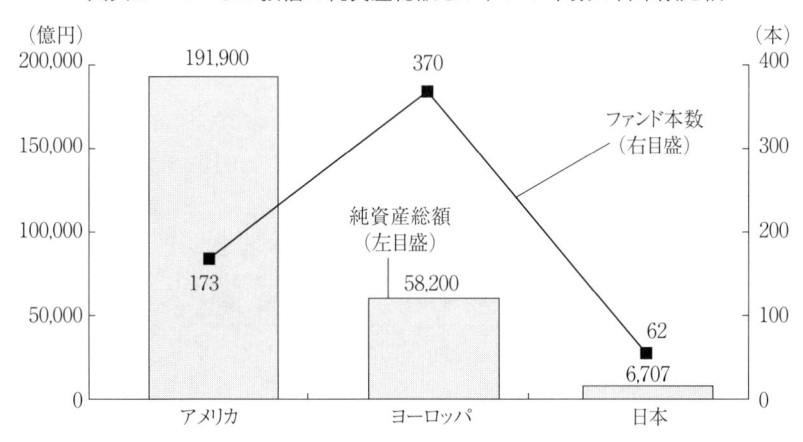

図表2－4　SRI投信の純資産総額とファンド本数の日米欧比較

アメリカ：191,900（億円）、173（本）
ヨーロッパ：58,200（億円）、370（本）
日本：6,707（億円）、62（本）

ファンド本数（右目盛）
純資産総額（左目盛）

（出所）内閣府『平成20年版国民生活白書』41頁。

いう。

　以上のように消費者市民の社会的価値行動はいまだ定着しておらず，同白書は「意識と行動の乖離」が見られると指摘している。

　このような乖離の原因として，白書は，経済学の効用分析，社会心理学的分析，脳科学的分析を試みているが，とりわけ脳科学の発展と応用可能性に期待を寄せている。政府は脳科学の発展を支援し，意識的なものばかりでなく無意識的な意思決定過程に関するその成果に基づき，「消費者市民の意思決定過程に沿った制度設計の在り方を検討していくことが求められている」[29]とするのである。

　価値意識の変容が現実の社会的価値行動に結びつかない原因の究明とその対策に脳科学が有用な面があるのかもしれないが，ここではもっと社会的文脈に内在して分析・考察を進めるべきではなかったか？　前述のように，社会的価値行動は，日本の場合，社会的コンテキストに埋め込まれた心の豊かさを求める心理的起動力と密接な関連がある。それによって引き起こされているといって良いだろう。せっかくの消費者市民という位置づけが活かされていないように思われるのである。消費者市民は，自らは両義的な性格を有する存在であった。そしてそれは社会的なコンテキスト自体が両義性を増加

させていることと密接に関わるはずのものである。したがって，環境配慮行動にしても，フェアトレードにしてもそれが望ましいことはわかっていても，もうひとつの文脈に沿う行動をとってしまうことは，ある意味では自然なことといって良い。変容の「現実的可能性」は，この両義的文脈にいわば共振してこそ増大するものと思われる。そしてそれが市場の進化と流通業によるその支援なのである。

5　市場の進化と流通経済

5－1　市場の進化概念

　消費者市民が形成され始めている社会的コンテキストにおいては，その支援のために，企業の非市場的活動も正当に評価することができる「市場の進化」が必要である。市場こそが私たちが現実に第一歩を踏み出しやすい場であり，人びとの環境保護活動やコミュニティへの参加など社会的価値行動を促進する基盤になるからである。そして他方ではCSR[30]の継続的発展の必要条件を形成することにもなる。

　ここで，「市場の進化」という概念を確認しておくと，経済同友会が2000年に「21世紀宣言」のなかで提唱したものである。少し長いが引用しておこう。

　　　我々は，市場機能のさらなる強化とともに，市場そのものを「経済性」のみならず「社会性」「人間性」を含めて評価する市場へと進化させるよう，企業として努力する必要がある。市場は，価格形成機能を媒介として資源配分を効率的に進めるメカニズム備えているが，社会の変化に伴い市場参加者が「経済性」に加えて「社会性」「人間性」を重視する価値観を体現するようになれば，それを反映して市場の機能もより磨きのかかったものとなるダイナミズムを内包している。いわば市場は社会の変化と表裏一体となって進化するものである[31]。

　これは，CSRは市場の進化がなければ減速ないし停滞してしまうことも意味する。経済同友会の『第15回企業白書』[32]では，その立場や性格から個々の企業の認識の向上と努力をさらに求めているが，個々の企業の努力だ

けで市場の進化が進むわけではないだろう。消費者市民を何らかのかたちで巻き込むことが必要である。

5－2　これからの流通経済分析に必要な視点
　これからの社会経済システムに必要な市場の進化を，的確に位置づけ評価するためには，流通経済からするアプローチないし分析が必要不可欠となる。その際，以下のような視点ないし領域が含まれる必要があるだろう。

5－2－1　消費者政策・教育および啓発活動
　これらには公的な機関や教育機関によるものと，流通業者によるものとがある。前者の必要性については，h20白書においても詳説されている[33]ことなので本稿では触れない。その他の啓発活動に関しては，流通業者の役割が大きい。例えば，フェアトレード商品の消費推奨・促進活動やさまざまな環境配慮活動や社会貢献活動へのコミットメント推進（いわゆるコーズ・リレイティッド・マーケティング「Cause Related Marketing」を含む）など，流通業者からの啓発的な協働プログラムが考えられる。

5－2－2　新たな社会環境としてのIT（情報技術）
　IT化は両義的な社会的文脈の生成の主要な牽引力である。IT化の展開は半世紀を経て多層的なインパクトを社会におよぼし始めているが，とくにITが日常生活やコミュニティのなかにコミュニケーション技術として浸透する現フェーズに至ると，それによりエンパワーされた人びとが相互につながり始め，産業システムの文脈にコミュニティのそれを対置ないし混入させるようになってきたのである[34]。これまで検討してきた消費者市民の生成は，このような基盤の上に可能となったのであった。IT化ないし情報化は，いわば全面化[35]することにより，新たな社会環境として今後さらに大きな影響力をもたらす可能性がある。その具体的なひとつの例にデジタルネイティブ digital native という人たちの登場がある。

　デジタルネイティブとは，ハーバード大学のバークマン・センター（The Berkman Center）によると「a generation "born digital"」であり，デジタル技術に浸って育ち，デジタル機器が日常生活のなかに深く浸透していることがごく自然であるような世代を指す[36]。通常，1980年代以降に生まれた

第2章　流通経済と生活世界　37

人びとを指し，日本では現在人口の3割を占めているといわれる。今後社会の中核を担うことになるこの世代の情報行動，対人関係，生活様式，価値観の変化についての研究が世界中で進められている。

いずれにしても，このようなデジタルネイティブの特有な行動様式や思考様式のなかに，「協働」とか「コミュニティ」というのが含まれていることは，重要である[37]。これまで見てきた「両義性」の増大を促進し，消費者市民の形成の拡大とその行動力の強化を実現する可能性があるからである。

5-2-3　新たなPB（プライベート・ブランド）商品戦略

対メーカーおよび消費者への流通業の対応力を左右するのは，市場集中化・寡占化である。市場集中化・寡占化は，流通業に関しては日本においてもますます進むと予想されているが，その評価をする際，消費活動の高度化を促進・先導しているか，CSRを展開する企業の商品を積極的にマーチャンダイジングの対象にしているかどうかなどが，重要な項目のひとつとして付け加えられなければならない。そして，その突破口的な役割を果たすのが，PB商品戦略である。これまでのPB商品の位置づけは，低価格化による販売促進，供給業者（とりわけNB［ナショナル・ブランド］商品供給業者）との取引交渉力の強化，品揃えの豊富化による集客力強化など，小売店の収益力強化の戦略としてであった。日本では，そこに市場経済的要素を超えるものを含んだり，提示したりするものを見出すことは困難である[38]。こうした従来のPB商品とは異なるベクトルを有するPB商品の開発，提供の現状と課題に関する研究は重要である。

試みにイギリスと日本の代表的流通業者を取り上げ，脱市場的取り組みについて簡単な比較をしてみよう。

（1）Marks and Spencer

CSR先進国のひとつであるイギリスのMarks and Spencer（以後M&Sと表記）[39]はヨーロッパでも有数の小売業者であるが，「プランAクォリティ」という独自の商品品質基準を作ることによって，多少割高であっても，環境に配慮した商品とか，フェアトレード商品のように発展途上国の労働者の労働環境や生活環境の改善に役立つような商品を購入するよう，顧客の購買活動を支援したり誘導している。2015年までに取扱商品の50％にこの基準

を満たしたものを少なくとも1商品は提供するという計画であるという[40]。

「プランA」というのは，M&Sの独自な社会的責任活動プログラムのことであり，その展開で高く評価されている[41]。

（2）イオン

次に日本を代表する流通業者であるイオン[42]を見てみよう。イオンは，CSR活動に関するシンクタンク調査により高い評価を得てきており，1989年から本格的に取り組み始めたそのCSR活動[43]と連動するようにPB商品の開発もおこなっている。イオンのPBは「トップバリュ」で，Webで確認できる品目は全3274（2012年2月末現在）品目と日本のPBとしては最大級の展開をしているとみて良いだろう[44]。トップバリュのカテゴリのなかにCSRに対応するものは「トップバリュ共環宣言」と「トップバリュグリーンアイ」である。トップバリュの品揃えに関しては同社から公式な情報提供を得ることができなかったが，Webサイトで見るかぎり，これらのトップバリュブランドに占める割合は，それぞれ，0.09%，0.18%であり，極めて低い。また，今後の展開予定についても明確な予定は公表していない。

このようにイギリスと日本とではCSRに連動したPB商品戦略には，公開情報から判断するかぎり，かなりの差がある。CSR活動の企業パフォーマンスは，日本が見劣りするけれど，CSRが目指すサステーナブルな社会へのパスが現実に伸びているのは日本の方であろう。高度消費者から消費者市民への成長が進んでいるからである。イギリスは，CSR先進国とされているが，階級的，エリート主義的文脈で一種の差別化の手段として導入されている面があり，いわば文化的，教養主義的戦略である。必ずしも生活世界に接続しているとは言えない。これに対し，日本は，消費の高度化の延長に位置づけられるような脱市場的性格に即しており，その意味で，あらたな生活態度，気質につながる可能性が高いのである。したがって，日本におけるPB戦略がCSRを考慮したものになると，その社会的インパクトはかなり大きいと言うことになる。

6 おわりに

　本章の新たな知見や主張するところについては、これまでの分析・考察の中で逐次明らかにしてきたが、ここであらためてその概略を示せば次のようになる。すなわち、市場経済の発展という歴史的コンテキストにおいて、流通経済では採用すべき消費者像は、消費者市民（消費者・生活者）である。彼らの気風ないし生活態度はこれまでの社会経済的文脈に質的異なるものを付加する可能性を秘めているが、しかしまだ具体的な行動として十分なレベルに達していない。それを支援する環境となるのが、「市場の進化」である。それによって初めてCSRも、サステーナブルな社会に向けてパスを現実に伸ばしていくことができるであろう。これに対し、流通業は多数回転の媒介という独自的な機能に基づき、CSRをPB商品などをテコに推進し、市場の進化を誘導することが期待される。流通経済研究はこれらの活動を分析・評価するための理論的枠組みを用意しておかなければならないことを意味している。

　　　　　　　　　　　　　　　　　　　　　　　　　　　（福田　豊）

注
(1) フッサールに始まる「生活世界」Lebenswelt という概念についてさまざまな解釈や用いられ方があるが、本稿ではそのこと自体の検討が目的ではないので、さしあたり、日常的で自明な相互主観的世界と考えることとする。そしてこの生活世界の住人を生活者と呼ぶことにする。
(2) 直接的には日本を対象とするが、近代化ないし市場経済化の進展に伴う一般的な考察という側面もある。
(3) 天野 (1996)。
(4) 天野は、生活者概念の担い手の系譜を次のように整理している。三木清→新居格→今和次郎→思想の科学→溝上泰子→大熊信行→ベ平連→生活クラブ（天野 1996, 231頁）。
(5) 天野 (1996) 236頁。
(6) 『平成20年版国民生活白書』によれば、「…期待される消費者・生活者像は、自分自身の個人的ニーズと幸福を求めるとしても、消費や社会生活、政策形成過程などを通じて地球、世界、国、地域、そして家族の幸せを実現すべく、社会の主役として

活躍する人々である」2頁。
(7) 「h20白書」3頁。
(8) 「h19白書」86頁。
(9) 「h20白書」37頁。
(10) これはマックス・ウェーバーのいう「エートス」の問題に対応するようにも思われる。マックス・ウェーバーは彼の代表的著作『プロテスタンティズムの倫理と資本主義の精神』のなかで，新たな時代を準備した人びとの生活態度（エートス）に影響を与えた「心理的起動力」を信仰との関連で考察し，「ピュリタニズムの人生観は近代の『経済人』の揺籃を守ったのである」（ウェーバー 1962, 231頁）と述べている。
(11) 村上泰亮によれば，彼らは「新中間大衆」に属することになるが，「自らの中に矛盾を含んだ存在」であり「行政依存的であって自立的ではなく，私生活中心的であって社会指向的ではない。」「ある意味で『市民』とは裏返しの存在ですらある」村上（1984）234-235頁。
(12) 福田（1996）第6章。
(13) 村上（1984）236頁参照。
(14) このような「新中間大衆」をもって，あるいはその延長上に，生活者を唱えても，その生活者は実は消費者と本質的には何ら変わるとことはないのである。例えば，もの離れを「モノ余り」と捉え，生産者と消費者とではどちらが優位な立場に立つかという観点から消費者の優位性を指摘し，そこに消費者の「自己実現」的欲求が発現することをもって「生活者からの発想」を指摘する主張もあった（片山 1994）。これは生活者という表現を使いながらも，あくまでも商品経済的枠組みのなかにおけるふるまいの微細な変化を取り扱っているだけである。
(15) このふたつの変数間の相互関連は，私たちの内部にある互恵性の傾向や贈与原理の存在によって経験的に理解できると考える。
(16) 「h19白書」86-87頁参照。
(17) 「h19白書」77頁。
(18) 「h19白書」84頁。
(19) このことをドラッカー（Drucker, P.F.）は「コミュニティは意志となる」と表現している。ドラッカー（1993）296頁。
(20) 「h19白書」70頁。
(21) 「h19白書」88頁。
(22) 「h20白書」4頁。
(23) このように消費者市民はある意味では両義的存在である。依然として利便性を追求しながら他方では利便性への反省・放棄を同時に試みるなど，市場経済の進化の結果としての豊かさを基盤にして，豊かさをもたらしたメカニズムにある種の異議申し立てをすることにつながるからである。そしてこれは消費者市民が暮らす社会的コンテキストそのものの両義性が増大してきていることを反映しているとみなけれ

　　　　ばならない。近年の世界金融システムのメルトダウン，ギリシアのデフォルト危機
　　　　やユーロ危機等，市場経済システムが非市場からの支援なしには立ちゆかないこと
　　　　が明白になっているのである。
(24)　天野のいう「オールターナティヴな価値」が他者によってもたらされるだけでな
　　　　く，一人の人格のなかに共存するようになっている点で，かつての「生活者」とは
　　　　異なる。
(25)　国民総生産（支出側）（内閣府国民経済計算）＜http://www.esri.cao.go.jp/jp/sna/
　　　　kakuhou/kekka/h22_kaku/h22_kaku_top.html＞。家計最終消費支出は，2010年度
　　　　に58.0%（2009年度は58.8%）であった。
(26)　例えば，「h20白書」5頁を参照。
(27)　SRI に関しては，例えば足達・金井（2004）参照。
(28)　「h20白書」40頁。
(29)　「h20白書」55頁。
(30)　Corporate Social Responsibility（企業の社会的責任）。いわゆるトリプルボトムラ
　　　　インをバランスのとれた水準にする活動は，現実にはかなりの困難を伴うようだ。
　　　　単なるポーズとなる危険性も孕む，両義的活動ということができる。
(31)　社団法人経済同友会（2000）2012年4月19日現在。
(32)　社団法人経済同友会（2003）。
(33)　「h20白書」第2章「消費者政策の経済分析」参照。
(34)　福田（2005）205-208頁参照。
(35)　「全面情報化」については次の拙論参照。福田（2010）139-175頁。
(36)　＜http://cyber.law.harvard.edu/research/youthandmedia/digitalnatives＞2012年
　　　　3月19日現在。
(37)　IT が生活日常やコミュニティに浸透してくることによって，協働（コラボレーシ
　　　　ョン）やコミュニティ，共有，オープン等をキーワードとするビジネスモデルが数
　　　　多く提案されるようになった。新たな産業フロンティアは非市場的領域をいかに取
　　　　り入れるかというところに広がってきているといえよう。
(38)　宮下（2011）117-135頁参照。また，大野（2010）195-215頁参照。
(39)　イギリスの小売業チェーンとしては最大手であり，世界に広く店舗を展開するグ
　　　　ローバル企業でもある。イギリス国内では，中産階級向けのイメージであると言
　　　　う。「スーパー以上，デパート未満」と言われたりすることがある。また，M&S
　　　　は，販売している商品が全て PB 商品であることも有名である。戸田（2008）参
　　　　照。
(40)　Marks and Spencer（2011）Your M & S-How We Do Business Report, p. 22.
　　　　＜http://plana.marksandspencer.com/media/pdf/how_we-do_business_report_
　　　　2011.pdf＞2012年3月26日現在。
(41)　M&S の Web サイトによれば，2011年時点で次のような賞を得ている。Oracle World
　　　　Retail Awards, Gold Standard in the MCS Supermarket Seafood Survey 2011, Sus-

tained Excellence in the RSPCA Good Business Awards 2011, The Green Business Awards 2011(Built Environment category)その他。<http://plana.marksandspencer.com/about/our-awards>2012年4月19日現在参照。
(42) 2010年度売上高を見ると,イオンは5兆965億6900万でトップのセブン&アイ・ホールディングスに僅差で続き,2位であった。『日経MJ』2011年06月29日参照。
(43) 『イオン 環境・社会報告書2011』11頁。
 <http://www.aeon.info/export/sites/renewal/common/images/environment/report/2011pdf/data.pdf>2012年3月31日。
(44) イオンのPB戦略については渦原(2012)143-147頁参照。

参考文献

足達英一郎・金井司(2004)『CSR経営とSRI―企業の社会的責任とその評価軸―』財団法人金融,財政事情研究会。
天野正子(1996)『「生活者」とはだれか』中公新書。
ウェーバー,M.,梶山力・大塚久雄訳(1962)『プロテスタンティズムの倫理と資本主義の精神』下巻,岩波文庫。
渦原実男(2012)『小売マーケティングとイノベーション』同文舘出版。
大野尚弘(2010)「プライベートブランド開発の展開と小売改革の方向性」高嶋克義・西村順二編著『小売業革新』千倉書房,195-215頁。
片山又一郎(1994)『生活者からの発想―逆転する流通―』評言社。
社団法人経済同友会(2000)『21世紀宣言』<http://www.doyukai.or.jp/policyproposals/articles/2000/001225a.html>2012年3月31日。
社団法人経済同友会(2003)『第15回企業白書「市場の進化」と社会的責任経営―企業の信頼構築と持続可能な価値創造に向けて―』<http://www.doyukai.or.jp/whitepaper/articles/no15.html>2012年3月31日。
戸田裕美子(2008)「マークス&スペンサー」マーケティング史研究会編『ヨーロッパのトップ小売業―その史的展開―』同文舘出版。
ドラッカー,P.F.,上田惇生訳(1993)『ポスト資本主義社会』ダイヤモンド社。
内閣府『平成19年版国民生活白書』。
内閣府『平成20年版国民生活白書』。
福田豊(1996)『情報化のトポロジー』御茶の水書房。
福田豊(2005)「多層化する情報技術の社会的インパクト」『日本社会情報学会第20回全国大会研究発表論文集』日本社会情報学会。
福田豊(2010)「全面情報化とCSR,Civic Engagement」斯波照雄編著『商業と市場・都市の歴史的変遷と現状』中央大学出版部。
宮下雄治(2011)「日本におけるPB商品の開発動向と発展可能性―国際比較の観点から―」『城西国際大学紀要』第19巻,第1号,経営情報学部。
村上泰亮(1984)『新中間大衆の時代』中央公論社。

Huysman, M. and W. V. Volker ed.（2004）*Social Capital and Information Technology*, The MIT Press, p. 9.

『日経 MJ』。

イオン
　＜http : //www.aeon.info/export/sites/renewal/common/images/environment/report/2011pdf/data.pdf＞

内閣府
　＜http : //www.esri.cao.go.jp/jp/sna/kakuhou/kekka/h22_kaku/h22_kaku_top.html＞

Berkman Center for Internet & Society
　＜http : //cyber.law.harvard.edu/research/youthandmedia/digitalnatives＞

Marks and Spencer, Your M & S
　＜http : //plana.marksandspencer.com/media/pdf/how_we-do_business_report_2011.pdf＞
　＜http : //plana.marksandspencer.com/about/our-awards＞

第3章

消費生活問題群の制度設計と社会的協働

1 はじめに

　2001年1月6日からの内閣省庁再編により，1府22省庁から1府12省庁になった。消費者行政の総合調整担当庁であった経済企画庁は廃止となり，内閣総理大臣直轄の内閣府の財政諮問会議と国民生活局に分割された。国の消費者行政の総合調整は国民生活局の消費者企画課が所掌し，地方の消費者行政は消費者調整課が担当となったが，消費者行政自体に変更をもたらすものではなかった。

　しかし，2003年5月の国民生活審議会消費者政策部会の報告書『21世紀の消費者政策の在り方について』において，かねてから検討を進めていた「21世紀型消費者政策」として「事業者に対する規制を中心とした政策手法から，市場メカニズムを活用する政策手法に重点をシフト」するとし，消費者については「消費者の権利を政策推進上の理念とするとともに消費者は自己責任を負う」とした。政府はこの報告書に基づき旧消費者保護基本法の改正と中心的改正点5点（①消費者政策の理念—消費者の権利の位置づけ等—を明確化，②行政・事業者の責務と消費者の役割を明確化，③施設に関する規定を充実，④苦情処理体制の明確化と裁判外紛争解決の位置づけ，⑤行政の推進体制を充実・強化）を決定した。そして翌6月，産業構造審議会消費者経済部会は「消費者政策の実効強化に向けて」をまとめ，この報告書が「特定商取引法」の改正のための土台となり，04年5月に改正公布された。

　ところが，「市場メカニズムの活用」は，消費者契約に限らず安全性や価格などでも新たなしかも構造的な被害を発生させており，業法などによる事

前規制の撤廃や緩和は，むしろ消費者と事業者との間の情報の非対称性や交渉力格差を拡大させる結果となっている。さらに，近年の市場競争の激化により，事業者の違法な活動が横行し「企業倫理」や「コンプライアンス（法令遵守）経営」などの用語が事業者側からも強調されるに到っている。

またこのような政治・経済・社会的状況の下で，2004年6月，消費者基本法（旧消費者保護基本法の改正，改称）が「消費者の権利の尊重とその自立の支援」を基本理念として成立しながら，同時に「規制改革」と「市場メカニズムの活用」が明記されたことは，「消費者」にとっては看過できない。

この消費者基本法は，今後の消費者政策の推進役を果たす基本法として消費者団体から概ね肯定的な評価が与えられているが，同時成立した消費者安全法も同様で行政の掌上ではなく，今後の制度設計の場で消費者や消費者団体が運動を通じて参画することが不可欠であろう。

歴史的にふりかえるとすれば，敗戦後の食糧難と悪性インフレによる物価高騰は，生命の維持すら困難な状況を生み，その後，食品や日用品の安全の確保，表示の適正化，契約関係の適正化（とくに消費者信用，投機，金融商品取引など），医療，情報化問題へと多種多様化してきた。経済のグローバリゼーションから発生する被害や消費生活問題群は21世紀に入りより拡大し深刻の度を加えている。他方，戦後の消費者運動は食糧・生活物資の確保に「日本協同組合同盟」を中心とした運動や「主婦の会」，「主婦連合会」，「日本生協連」，「全国地域婦人団体連絡協議会」，「消費科学連合会」，「日本消費者連盟」などの団体がそれぞれの要求を掲げ，その後「全国消団連」として連携し協同し，消費者の権利や消費者行政・訴訟に運動を展開してきた。そして，IOCU（International Organization of Consumers Union 現在のCI：Consumer International　国際消費者機構）などとの国際的連携が強化されてきた。なかでも消費者の権利をめぐる損害賠償請求訴訟などにおいては被害者団体と支援組織（弁護士，専門家など）が協働して地域・全国組織へと運動を展開し，そうした社会的圧力のもとで消費者行政も一定程度前進してきたといえる。

本章の目的は今日の国民生活に発生する消費生活問題群の解決のための制

度設計を考えることにある。消費者はこれまで多種多様な問題に対し豊富な経験と組織づくりで対抗し運動を進展させてきた蓄積がある。しかし，今日の消費生活問題群は，より高度化した科学技術，金融工学の発展，経済のグローバル化などに加え，人類の生存すら脅かす自然環境問題や核施設などの未知の広範かつ深刻な問題に直面している。

　その意味で消費者の権利侵害の現状，法や制度の不備，行政・司法・立法の不条理への指摘や批判とともに，消費者がそこで次に何を為すべきかを考えることが焦眉の課題となっている。つまり，制度設計を権利の主体者として消費者自らが率先して示し行動すること，21世紀段階の重大な消費生活問題群を包含する新たな運動を「社会的協働」として制度設計する必要性が増大している。それは，消費者基本法の期待する役割を含みつつ，新たな消費生活問題群を視野に入れた独自な責任といえよう。

　「社会的協働」は，個別の本来異なった目的を持つ複数の社会的組織（専門的職業集団）や，専門的知識と技術を持つ個人が，社会的目的を共有するなかで一致して個別の機能を相互に協調させながら組織的に稼働する内容を持つ。消費者運動としてみれば，物価，商品供給，「公害」，薬害，食品・家電・自動車などの商品の安全性，税制度，そして訴訟に関する問題（被害）に関し共感或いは支援する立場での協働過程には歴史的蓄積がある。しかし，事業者や行政との関係では，これまで多くは消費生活問題群の「発生源」と認識してきたため対峙する対象でしかなかった。21世紀段階の「社会的協働」の制度設計にあっては，「発生源」との接点をなんらかの「対話」と「熟議の過程」から始める必要がある。もちろん，対話するには相互理解と信頼関係が前提となる。現在すでに消費者と事業者を能動的に媒介しうる専門家集団（弁護士や研究者など）が対話の仲介の役割を担い，双方が事例研究などを通じて議論する試みが進められている。こうした「消費者市民権」ともいうべき固有の権利の行使により，行政や事業者を含めた社会的協働圏の拡大と，政治的経済的民主主義の実現を強く働きかける行動は，消費者の制度設計への参画を可能にする鍵となろう。

2 現代社会と消費生活問題群

2−1 現代日本の消費生活問題群の所在

　現代社会の消費者はほとんど選択の余地なく，高度経済成長期につくりあげられた大量生産体制下の，国内の重要な市場として構造的に位置づけられてきた。その下でのほぼ強制された消費生活は，今日の低成長・不況期における生産と消費（供給と需要）の間の諸矛盾の集積・集中の場へと変化し，そのなかから，消費生活問題群が必然的に顕在化してきた。このような消費者問題は，高度に発展した資本主義の下で構造的に発生し，市場支配的な事業者を中心とする供給者のマーケティング活動によってさらに深刻化・多発化していく必然性を持っている。

　消費生活問題群が個人的な問題から社会的問題として顕在化し，広範化・大量化していく過程は，消費者被害・苦情の各種相談受付件数の1970年代以降の急増からも窺われる。しかし，あくまでもこれらは認識され，届け出た被害に限られ，むしろ氷山の一角であり，それらの原因や構造的内容についての解明には多くの分野からの分析・研究が必要となる。

　また，消費者問題は，商品の安全性や価格的側面に関する直接的被害認識が容易なもの以外に，市場支配的な事業者のマーケティング活動である「製品政策」「販売促進」「広告・宣伝」などのあらゆる過程で発生している。そのため，被害のうちの間接的・長期的・複合的な要素が増加するに従い，その実態の認識すらも困難な事態となっている。

　消費者被害が消費者問題として社会的に認識されるようになった理由は，「事業者」と「消費者」の分離，乖離が資本主義発展とともに進行したことにある。その時期は大量生産・大量販売・大量消費が実現する時期，すなわち，欧米では20世紀の初頭，日本では1950年代後半といえる。日本の消費者問題は高度経済成長の下で消費社会が成立するなかでより一層顕在化し，構造的に多様な内容の被害が多発するようになった。

　次にその構造の形成過程を再検討しておこう。

2－2　戦後日本・消費生活問題群の歴史的構造の形成

　ここでは，戦後日本の消費者を取り巻く経済的環境と社会的背景の変化をもとに時期区分し，各段階の消費者問題の歴史的構造の特徴について概括したい。

（1）第1期（1945～54年）

　敗戦直後の日本経済は，戦中の軍事部門工業への特化，空襲による被害に引き続く第1次産業の停滞と極端な生活必需品の不足にみまわれた。さらに，大量の失業者と激しいインフレの下で配給も不十分なため，国民大衆は飢餓状態にあった。その後，傾斜生産方式により経済復興の兆しがみられたが，インフレはさらに進行し，国民生活は不安定のままであったため，47年7月，物価統制令の破綻の代替として新物価体系が決定施行された。徐々に生活物資の生産は向上したが，量・質ともに問題があった。

（2）第2期（1955～70年）

　1950年の朝鮮戦争特需を契機とし，1955年体制下で高度経済成長が始まり，70年のニクソン・ショック，71年ドル・金交換停止に至る15年間，GNPは年率平均10％の成長を記録した。

　そして，高度経済成長の基盤である科学技術などの発達により新商品も多種多様化，大量生産化し，消費者の選択的購買も拡大した。しかし「にせ牛缶事件」の発生をはじめ（60年），商品の安全性に関しては，54年黄変米，55年森永ヒ素ミルク事件やキノホルムによるスモン事件，62年サリドマイド薬害事件，67年ポッカレモン不当表示事件，68年カネミ油症事件，69年チクロ（人口甘味料）や欠陥車事件など，食品や医薬品その他による深刻な被害が続発した。さらに外資系百科事典の訪問販売事件などをきっかけに，被害者団体や消費者団体を中心とする事業者への抗議や行政への対応を求める運動が発展し，広く国民の間に消費生活問題群への意識と関心が高まった。

（3）第3期（1970年代）

　1960年代後半のドル危機発生は74年の世界不況の誘発原因となった。

　他方，1973年10月の第1次オイルショックは，2ヵ月余りの間に3倍以上の原油価格の上昇によって引き起こされた世界同時のスタグフレーションであった。日本は高度経済成長が破綻した。このような世界および日本国内の

経済状況は国民生活の基盤をも揺るがす影響を与えた。

1960年代の消費者問題に加え，オイルショック，不況期を反映した新たな消費者問題が多発し，商品テスト，告発，訴訟などの消費者運動も新たな多様な形態へと進化した。70年代は，欠陥電子レンジ，残留農薬，欠陥車，PCB汚染，人口甘味料，食品添加物，食品への放射線照射，殺菌剤などの安全性問題，カラーテレビ二重価格や灯油ヤミカルテルの価格問題，SF（新商品普及会）商法など，詐欺的販売方法なども増加した。

1970年代後半には高度経済成長の破綻による不況の下で，マルチ商法，ネズミ講，さらにはサラ金，クレジットトラブルなどの契約や金融に関する被害や問題が急増した。またアメリカの要求によるポストハーベスト容認（77年）以来，政府は国内の強い反対運動にもかかわらず，輸入食品を政治的対応として受け入れた。これは，今日のBSE（牛海綿状脳症）牛肉輸入問題に連鎖する，安全行政に対する消極的な姿勢を示している。

（4）第4期（1980年代）

この第4期は，従来の消費者問題に加え，テレビなどの家電の発火や石油ファンヒーターによる中毒事故や不況を背景として，消費者取引や契約トラブルに関する，先物・ペーパー商法（豊田商事事件，抵当証券事件，海外先物取引，霊感商法，国債ネズミ講）などの詐欺的行為が続出し，全国の若年層から高齢者まで被害が拡大した。またこの間，法改正により85年電電公社，専売公社，87年日本国有鉄道が民営化され，それぞれNTT，JT，JRとなり，89年には消費税（3％）が導入された。

（5）第5期（1990年代）

1990年代の日本経済は，不況の本格化の下で消費税が増税(91年5月，3％から5％へ）され，実質成長率のマイナス化，企業倒産の増大，さらに完全失業率の拡大（2.1％から4.7％へ）などに示される「90年代不況」と新たな長期不況の幕開けとなった。政府の規制緩和政策の下で，市場競争は激化し，消費者問題は新たな段階に達した。96年の病原性大腸菌（O-157）による食中毒事件，環境ホルモンやダイオキシン汚染問題，金融ビッグバンによる派生的商品，不況下での多重債務問題，商工ローン，内職・モニター商法など，消費者を取り巻く生活環境の変化に伴い消費者問題もいっそう多様化

した。

　長期化する不況と企業のリストラクチャリングの強化の下で，企業は，契約や競争において優位に立とうとするなかで消費者取引に関連する被害が拡大・深化し，その方法はより巧妙になっていった。そして，食の安全や商品の欠陥に関わる被害がますます重大な内容をはらんで続発した。まず，2000年夏に雪印乳業の食中毒事件が発生（経営者の虚偽説明），三菱自動車の危害情報・リコール隠し事件など連続的にナショナル・ブランド（主に大企業）の経営上の欠陥が指摘され，企業の社会的責任（CSR：Corporate Social Responsibility）が問われた。

（6）第6期（2000年以降）

　「90年代不況」以来，日本の製造業の海外生産比率が増大するなかで，国内外の生産分担を再配分するようになった。他方，一般デフレや資産デフレも進み低価格競争の激化は生産・流通の全産業および，さらに金融の量的緩和政策は継続された。

　日本における食品安全の問題が国民的レベルの関心事になったのは2001年に発生したBSE事件が契機であった。1986年にイギリスで最初に確認されて以来，日本でも01年9月に発生が確認され，1996年，さらにヨーロッパ中のBSE感染牛情報を受けながら，政府はその後も政策・対応をとらなかった。2004年には，鳥インフルエンザが発生した。BSEや鳥インフルエンザは，従来の食品リスクは1企業あるいは1地域での問題であったが，今日では加工・流通・消費の全過程，さらに国際貿易へと問題は拡大しており，ダイオキシン，遺伝子組み換え問題，発がん性物質など新たなリスクが出現し，世界一の食料輸入国である日本は深刻な状況のなかにある。

　2002年には，輸入野菜の規準超えの農薬検出や違法農薬の輸入，多数の食品メーカーによる未指定の食品添加物の使用など，多くの企業が組織的に，また故意に違法行為を重ねていた。他方，引き続く金融派生商品による被害はより拡大し，違法な金利，無許可営業などのヤミ金融事件も続出している。

　2002年の雪印食品の牛肉偽装事件に引き続き，中国産輸入農産物，加工食品の原産国偽装，東京電力の原発ひび割れ隠蔽事件などが次々と発生した。05年4月，JR西日本福知山線の脱線事故が発生し107人が死亡，55人以上が

負傷した。過密ダイヤ，ATS の未設置など安全性の問題が指摘されたことに加え，「日勤教育」や「再教育」などの人事管理面の問題も明白となった。企業間競争の下で，消費者への安全軽視に加え，労働者の権利への軽視が招いた惨事といえる。

　生命・健康に関する問題として，ようやく石綿（アスベスト）健康被害救済法が制定された。2005年6月に大手機械メーカーのクボタが企業として初めてアスベスト被害としての中皮腫（癌）発生を公表したことによる。しかし，すでに1972年に WHO が発がん性を指摘，80年に発がん物質に指定し，2000年までには欧州諸国では全面禁止措置がとられていた。今日もなお，政府の消費者政策が事業者優先であることが明白となった顕著な事例といえる。

　また，2005年11月，国交省がマンション等の耐震強度偽装事件を公表し，その後も，瞬間湯沸かし器による中毒死，エレベーター圧死事故，多くの食品偽装事件，中国輸入冷凍餃子中毒事件，輸入等事故米横流し事件，口蹄疫発生，「茶のしずく」石鹸による小麦アレルギー事件，福島県核発電施設事故による放射性物質による大気，水，農水産物などへの汚染が続き，人命を危険に晒している。

　このように，戦後は「水俣病」，「サリドマイド」などの薬害，「チクロ」，「PCB」，「食品添加物」，「ポスト・ハーベスト」，「NOx・PM」，「農薬」，「殺虫剤」，「ダイオキシン」，「BSE」，「HIV」，「遺伝子組み換え食品」などの人の身体・健康に重大な影響をおよぼす問題が発生してきた。他方，金融商品取引による経済的被害についても同様のことがいえる。主として，中小零細業者や高齢者を標的にした悪質リフォーム，薬効をうたう健康食品，また，生命保険契約，海外商品先物，オプション取引等の金融派生商品関連の被害は日本版金融ビッグバンの延長線上で拡大し，悪質な金融（サラ金・ヤミ金）・利殖商法の新手も続出した。未公開株関連の詐欺事件も大きな社会問題となった。

2－3　消費生活問題群の4領域[1]

　消費者問題の歴史的構造的特徴は，上記のような消費財やサーヴィスを購

買し，使用・消費することによって発生する問題に限定されないことはいうまでもない。その典型例は，1970年以来，数多の事故を隠蔽しながら稼働を続けた核発電施設のひとつである福島の施設の大事故であり，また，軍事基地問題がもたらす生命などへの危険性を含め，そうした消費者の生活基盤領域で発生する生活疎外要因の全てを含んでいるといってよい。それらは概括的に以下の4領域にまとめられる。

（1）私的な消費を中心とする領域

　生活維持のため商品やサーヴィスを市場で購入し消費することにより発生する問題群である。消費者は営利を目的とする事業者とは市場における性格が全く異なる経済主体であり，そのため生命や健康に被害を受ける危険性は大きい。食品や生活用品の安全性確保のため，行政に対しては制度・法令の制定・改善を，事業者には不当行為（マーケティング活動を含む）の中止・是正を求めることが急がれる領域である。

（2）社会的な共同消費を中心とする領域

　鉄道，電気，ガス，電信電話，郵便，道路，水道，医療，教育，文化，スポーツなど，多くが私的資本が経営している公共事業の領域の問題群である。公共料金は国や地方自治体が決定に関与する料金・価格であるが，地域独占事業の特質により消費者は料金決定に参加する権利保障はなく料金の選択肢も不十分である。近年，「新しい公共」と呼称される民間委託（指定管理者制度など）に移行した施設等の安全性も社会問題化している。

（3）公租公課など世帯家計に関する領域

　直接税（所得税，固定資産税など），間接税（消費税，酒税など）の公租公課は経済生活に大きな影響を与える領域である。例として，近年，法人税引下げと所得税の最高税率引下げとともに「恒久的減税」であった所得税・住民税の定率減税は定率減税のみが廃止され，結局給与所得者は増税となった。高齢者への控除科目が廃止され，連動する国民健康保険や介護保険も負担増となった。さらに，消費税にいたっては5％から7％，10％などの計画増税が2012年に法制化され，引き続く不況の下で逆進性と可処分所得の減少は，生活の質をさらに劣化させることになる。

（4）自然的環境の領域

大気，海洋，河川，湖沼，土壌などの汚染や破壊により発生する領域の問題は，生命や健康を脅かし，生産，物流や商流だけでなく，消費や廃棄の段階でも環境破壊に加担する結果となる。今日，自然環境問題は，地球温暖化，オゾン層破壊，化学物質汚染，森林破壊，生活，産業，核廃棄物問題など多岐にわたり，さらに複合的に連鎖している。そして長期におよぶ破壊や汚染は局地的な問題から国境を越えた地球規模の問題へと拡大し，深刻化しているもとでグリーン・コンシューマー運動などの環境コミュニケーションが重要な課題となっている。

この4領域こそ，21世紀段階に到達した消費者問題群の基盤そのものであり，次にこの全過程に内在する重要な課題である「消費者の権利」を取り上げたい。

3 消費者の権利と消費生活問題群

今日，消費者基本法の目的にある「消費者の権利を尊重し消費者の自立を支援する政策」が実行されることは当然のことと考えられている。消費者基本法やその他の消費者関係法，そして，消費者庁の新設，また，国や地方自治体の消費者行政も一定程度進展している。さらに，学校教育や生涯学習をとおして消費者の権利や消費者問題の内容や知識も普及し始めている。しかし，現実の社会においてはますます新しい消費生活問題群が発生し，今もなお消費者の権利は現象的にしか捉えられていない。

経済のグローバル化の進展に伴い，国内・国際競争も一段と激化する一方で，メーカーや流通企業のマーケティング技術もさらに高度化し，価格・品質・安全性・供給などの諸問題はいっそう深刻の度を深めている。消費者問題が，消費者の権利侵害に基づく内容であるかぎり，被害の認識・対応（苦情や被害への対応）・予防（法制度など）を求める問題ごとの個別の行動が，被害当事者である消費者の側から生起するのは必然である。さらに，問題や被害が構造的な要素の程度が高まるにつれて被害者団体の組織化や支援体制（弁護士や消費者団体などによる）の設立が進み，行政，司法，立法機関への働きかけや運動が拡大するのも当然であろう。これらの行動全体が，ある

べき消費者の権利に基礎を置く「権利の回復」（矯正的正義 rectificatory justice）としての問題別運動から，しだいに「権利の実現」としての運動に統合されていくにつれて，公共性と公正さを担保する国家の介入を求める組織として確立してきている。

消費者の権利は，「消費者の利益の回復，増進，保護，擁護」などの法規定にその根拠が与えられているが，実際の条例適用や訴訟過程においてはむしろ消費者の「権利の実現」は，消費者と消費者団体などによる消費者運動そのものが，政治過程や訴訟過程に関与する入力過程，さらにどのような具体的で実効力を持つ政策として定式化・定型化されて，政治過程や訴訟過程から出ていくかという出力過程への関与がますます重要な課題となっている。

3－1　消費者の権利の淵源

消費者問題（被害）は生産と消費の分離，すなわち，市場の成立とともに生成したことは今日では広く認められている。市場における事業者（供給者）と消費者は取引主体であり当事者ではあるが，両者はその目的と性格は異質で，しかも消費者は取引主体としても特殊性を持つ。消費者は，専門的商品知識について事業者とは非対称的地位にあるため，事業者の提供する商品の表示に依存し購入せざるをえない。消費者の取引上の地位と比較して，事業者の優越的地位は明らかである。市場がこのような実態で存在している下で，例えば資本家と労働者の労使関係に明らかなように，労働者の資本への依存性，企業への帰属意識の強さが労使関係外の社会関係にまで持ち込まれ，消費者問題の認識や解決への方向性にブレーキ役を果たすことすらある。公益通報者保護法の不備と相俟って，監視センサーとして消費者被害の未然防止の役割を期待できない現実がある。

このように社会的人間として構造的に組み込まれた消費者は，事業者と対等な取引主体ということはできない。

ここに，消費者の権利の回復のみならず，その実現という独自の課題の淵源がある。それは，歴史的な労働者の権利の回復・実現過程と照応する側面を持つといえるだろう。

3-2　消費者の権利と法制度

　消費者基本法が，消費者の権利を侵害する消費者問題に対応する法であることはいうまでもない。しかし，市場における消費者と事業者を対等な取引当事者として同一視できない現実が社会的に認識されるに伴い，具体的な消費者像が再検討され再定義されることになった。これを消費者の特性（事業者との比較においての）と捉え，①情報の非対称性，②交渉力の劣位性，③判断力の劣位性，④経済力・身体的被害の非転嫁性に着眼した結果，消費者を概念規定するための消費者像が明確化された。

　消費者の権利が1962年のアメリカのケネディ大統領の4つの権利[2]，75年のフォード大統領の5番目の権利[3]，その後さらにこれらにCIが追加した3つ[4]を合計し，今日，8つの権利が国際的に承認されており，消費者基本法も第2条の基本理念に掲げている。しかし，消費者の権利の内容が私法的権利として認められた権利と，理念としての権利に分離させられている現実の前で，消費者基本法は「理念としての権利」として規定された。

　同時に，権利の性質に着眼し，消費者の権利を人権として捉える立場[5]は，「消費者の権利は国民生活の基本原則」であるとする。「消費者弱者論」や「消費者の利益擁護論」とは一線を画し，事業者と消費者の間の利益の調整や，政治的配慮を排除する消費者行政を主張する。そのための権利の内容としては，市場支配力の形成阻止に関する価値観を育成し，公正な競争，公益事業など広範囲にわたる問題や制度設計に参画する権利の保障も含めている。さらに，訴訟による権利の具体化として，団体訴訟と集団的損害賠償請求訴訟について，差止請求権の制限（後訴制限）問題や選定当事者制度の具体化を求めている。消費者の権利を「社会権的人権」として，「消費者保護の客体」から「権利の主体」と位置づけ，個別法のなかに具体的権利規定を要求することになる。その点では具体的権利規定のための消費者基本法を十分に活用しうると考えられよう。

3-3　消費者基本法と消費者の権利

　日本における消費者の権利の根拠については，1968年制定の消費者保護基本法に規定はなかった。2004年の消費者基本法には，第1条に「権利の尊

重」を基本理念として明文化され，第2条も同じく「権利であることを尊重する」のであり「実現」するわけではない。さらに，「総合的な施設の推進」が「消費者の自立の支援」を基本としておこなわなければならないとする規定は，新自由主義的経済観とその政策実施過程で事実上消費者に自己責任を求めているという現実を反映している。それは消費者の権利義務という関係にまで進ませないための深謀遠慮の結果ともいえよう。「消費者法」そのものが，市民法原理や法体系を改修する原理を具備することによって生成・発展してきた歴史を考えれば，実定法規範としての実効力の担保を消費者側が強く要求することは当然であろう。

　このようにみてくると，法制度のレベルに表れた見解の相違は，社会的基礎のレベルでどのような新たな構想とその運動が準備されているのかという領域まで視野を拡大することで，消費者問題の新たな位置づけ，再定義が可能となると考えられる。

4 「消費者市民社会」構想と社会的協働

　近代市民社会は封建的諸関係を解消し，全ての人間を自由・平等・独立の者として認め，そうした市民相互の人間関係を中心とする社会を実現しようとする社会であると考えられる。その意味で，市場での商品交換は，（消費者）個人と事業者という権利主体の間の自由な意思に基づく契約のみをとおしての関係であり，原則として国家権力が直接的に介入する余地はない。しかし，日本の場合は市民自身がそうした社会を自ら生み出し，育ててきたとはいいがたい。企業内・企業間，あるいは企業と消費者との取引関係・契約についても，対等・平等の関係でないことは周知の事実であり，1960年代の高度経済成長時代以降の多種多様で大量の消費者被害の発生や訴訟・その解決方法をみてもそのことは歴然としている。

　21世紀の今日でも，消費者の権利意識については，未だ定着したとはいえない状況であるが，社会の「経済主体」としての意識と行動を育てる環境は徐々に整備されてきた。その事例は2009年9月1日の消費者庁と消費者委員会の創設である。これらの制度設計の経緯のなかでは08年6月28日に閣議決

定された消費者行政推進基本計画で，「消費者市民社会」（Consumer Citizenship, 以下 CC と略す）の構築に向けての画期的第一歩として位置づけられた。そして，同年12月に内閣府が編集・公表した『平成20年版国民生活白書 "消費者市民社会への展望―ゆとりと成熟した社会構築に向けて―"』が09年2月9日発行された。同白書の扉に，内閣府特命担当大臣（当時，野田聖子）は「消費者市民社会への転機に向けた課題」として「消費者教育」と「消費者政策の大きな転換」の必要性を挙げていた。さらに「むすび」ではCC構築に向けた展望のための「課題と方策」を提言し，同時に「CC教育」の重要性も強調していた。

ここでは，現在政府が推進しているCC構想について，その系譜，国際的影響と受容の状況と，そしてCC構想の内容を検討することにより，CC構想が消費者問題解決の制度設計の柱となりうるのかどうかについて分析を加えたい。

4－1　「消費者市民社会」構想の系譜と変遷

白書の「消費者市民社会」という用語は前述したように 'Consumer Citizenship' の訳語である。「翻訳者」の高橋義明（当時，内閣府国民生活局総務課）は，「特に日本では成熟した市民社会自体の構築が進んでこなかったことを踏まえる必要がある。つまり，消費社会（市場）に市民性を持たせるだけでは協働や社会的弱者を包み込む社会に転換するのは難しくなっている。Consumer Citizenship を『消費者市民（権）』ではなく『消費者市民社会』と訳した意味もここにある」という。

日本に新しい「市民社会＝市民団体」論（官民パートナーシップ論）が受容されたのは第2次石油ショック後の1979年だと考えられる。しかもそれが日本型の「新自由主義」の先駆であったといえるのは，同年8月に経済企画庁が「新経済社会7ヵ年計画」を発表し，「個人の自助努力と家庭や近隣・地域社会の連帯を基礎としつつ，効率のよい政府が適正な公的福祉を重点的に保障するという自由経済社会のもと」で "家庭化する" "経済化する" に加えて "市民社会化する" という戦略も付け加えられる」ことになったことにある。

この用語は，二十数年を経た2003年5月に公表された国民生活審議会報告書『21世紀型消費者政策の在り方について』にも継承された。すなわち，21世紀の経済社会のグローバル化やIT化の急激な進展，規制改革，市場主義の推進の下で，消費者行政は「事業者への事前規制を中心とする政策」から「行為規制・ルールの遵守状況を監視する手法」へと転換を遂げ，消費者は市場において自己決定に基づいて行動しうる者と前提され「その結果に対して自己責任を負う自立した消費者」像を提起するに至った。そして，この報告書を露払いとして直ちに04年には消費者基本法を制定した。すでに1998年のNPO法，その後の2006年の公益認定法は，自己責任原則下の自由競争社会である「市民社会」において，政府や自治体が関わらない形態で主として福祉分野にNPOを投入する制度化に道を拓いた。09年9月には「市民社会」組織が「新しい公共」の担い手であるとする議論と結びつきNPOは急増した。

　さて，2003年の上記『報告書』発表後，08年12月に登場したのが前述した『国民生活白書』(2009年2月刊) である。

　この白書は「消費者市民社会」構築を目指すとする消費者教育の推進，消費者政策の転換を提起しており，その意味で，日本政府は「自立した消費者像」を政策導入した「消費者市民社会」の主体に据えることになった。そこで，消費生活問題解決への制度設計と，実現手段としての社会的協働のあり方という視点から，「消費者市民社会」構想の思想的系譜を辿り，その今日的段階とその役割を明らかにしておこう。

　まずその前提として「消費者市民社会」の概念についてふれておく。

　2008年6月の「消費者行政推進基本計画」で使用された「消費者市民社会」論は，09年2月刊行の白書で基本的課題として位置づけられた。ほぼ時を同じくして，09年11月6日開催の日本弁護士連合会「消費者問題対策委員会」は，同年の第52回人権擁護大会の決意宣言文の結語で「"消費者市民社会"の確立をめざして」と明記した。もちろん，弁護士をはじめ大会参加団体（消費者団体，研究者，行政職員，NHK職員）や消費者被害者のそこでの発言は，日本語としての「消費者市民社会」論を共通認識として一定の了解・理解したものと判断しうる内容を持つものであった。

しかし，外来語が日本の行政官庁においてどのように日本語訳され普及させられ「公用語」化されるのかというプロセスの起点を捉えておく必要がある。

そこでまず，日本語訳される前の CC の概念と考え方については，トーレセン博士（Victoria, W. Thoresen）（ノルウェー・ヘードマルク大学教育学部准教授／CCN プロジェクトマネージャー）に対する日弁連の島田広弁護士によるインタビュー記録から確認しておきたい。CC の考え方は「個人が高い意識と批判的精神を持ち，社会で消費者として建設的な役割を果たすこと，そしてその人は，自分の購入や行動の結果について地球規模で考えるという社会である」という。この概念化は1990年代，カナダとオーストラリアで始まりヨーロッパで急速に発展してきたが，グローバリゼーションに大きく関連している考え方であるという。また，Consumer Citizenship の Network（CCN と略す）は EU の資金によりヨーロッパ規模のプロジェクトとして7ヵ国で準備され03年に設立された。その後，ヨーロッパ本部，アメリカ，カナダ，チリ，アルゼンチン，日本など37ヵ国の大学や国際機関をメンバーとしている。国際機関としては国連環境計画（UNEP），UNESCO そして CI（Consumers International 国際消費者機構）が参画し，なかでも CI はオッチェン会長（Samuel Ochieng）自身が08年9月，東京で開催の「国際消費者政策シンポジウム」（内閣府主催，閉会挨拶は福田康夫首相）で基調講演をおこない，CC の活動を報告した。そして，1年後の09年9月1日，消費者庁及び消費者委員会設置法が成立したのである。

以上の経緯を俯瞰すれば，内閣府が「CC」を「消費者市民社会」と政治的に日本語訳した目的が明らかとなる。90年代以後，急速に進展した消費者省（庁）と消費者委員会創設への消費者運動の高揚のなかで，消費者保護基本法改正（消費者基本法に改称，04年），公益通報者保護法（04年），「消費者基本計画」（05年），消費者契約法改正（消費者団体訴訟制度開始，07年）「消費者行政のあり方に関する最終とりまとめ」公表（08年）と，これまで等閑視されてきた消費者行政・立法が顕著な動きを見せた。これら制度設計から実施に至る周到かつ迅速な進捗は，いずれも法を根拠とする施策として国民生活全体を，「市場原理」と「自己責任」を基盤とする新自由主義的経

済政策に組み込むものであった。

　ここでは，CCNの提示している上記CCの概念規定に基づき，CCを経済主体としてだけではなく社会の構成員として捉えるオッチェン会長の見解を紹介しておく。

　「A consumer citizen is an individual who makes choices based on ethical, social,economic and ecological considerations. The consumer citizen actively contributes to the maintenance of just and sustainable development by caring and acting responsibly on family, national and global levels.」

　すなわち，「消費者市民は，倫理，社会，経済及び生態系への考慮に基づいた選択を行う個人であり，家族，国家及び地球規模での責任ある行動と配慮を通して，公正且つ持続可能な発展の維持に積極的に貢献する人である。」と定義している。またこの定義は，CIの掲げる使命，ビジョン，すでに3－2で示した8つの権利と5つの責任（1995年の消費者保護〈および持続可能な消費〉に関する国連ガイドラインを含む各種国際協約でも定められている）と共通する内容を持っている。そして，とくに「5つの責任」としての(i)批判的意識，(ii)行動，(iii)連帯，(iv)社会的関心，(v)環境への配慮，を実現するために08年10月15日に第1回世界消費者責任デーを開催し，8つの権利の実現と5つの責任の自覚を促す「行動指針」の運動化を図った。CCN，CIが推進するCCの概念を実現するための国際消費者運動は，今日のグローバル社会における消費者の新たなプラットホームを提示したといえる。

　その意味で，この新消費者像を実体化することが今後の課題にほかならず，それは消費者問題解決の主体が消費者であるということであり，「消費者市民権を行使しうる社会」として「消費者市民社会」を構築するという意味である。そこではまず，消費者の「責任」に関するより具体的な今日的指針の明確化の必要性がある。なぜなら，今日の日本型市場原理主義的な新自由主義の柱である「自己責任論」との根本的違いを明確にしておかなければ，目指すべき「消費者市民社会」構築のための「社会的協働」へも接近しえないと考えられるからである。本来的に国家機構（行政・立法・司法）のほかに存在する「国民」は，民主主義諸制度としての，制度化された市場や企業活動に対し監視，告発，訴訟などの市民権を行使することがその「責

任」の本質である。いわゆる「自己責任論」を「市民社会論」へ持ち込むことは，現代経済社会を積極的に追認することになり，消費生活問題解決のための制度設計実現への社会的協働を具体化することとは対立する思考方法であり，むしろ，社会的協働を否定する言説といえよう。

CC の提言する消費者の「責任」とは，消費者市民権を行使する，あるいは行使しうる社会の実現への「行動する責任」を指していると捉えるべきであろう。

4－2　日本における「市民社会論」の対抗の構図[6]

ヨーロッパ思想における Civil Society が，日本語としての「市民社会」として定着したのは20世紀になってからとされる。その後，文学・政治学・経済学に持ち込まれ広く多くの研究者によって長く議論が続き，丸山眞男や高島善哉などの研究によって議論はさらに継承された。

ところが，1975年，中曽根康弘（当時，自由民主党幹事長）が「結党20年を迎えて―新しい市民社会への原動力たれ」（自由民主党機関誌『月刊自由民主』11月号）のなかで「市民社会」を肯定し，それ以後，政治団体の共通語として「市民社会」が多用され，70年以後の日本独自の「市民社会論」はその論争の場を政治的公共圏に移した。

高度経済成長・破綻を経て低成長・不況，そして90年代半ばから加速された新自由主義政策の下で，「自己責任」や「自立支援」が高唱された結果，「市民社会」が「市場」を制御するという坂本義和らの「市民社会論」[7]に対抗する，「企業主義論」と同化したともいえる「市民社会論」が優位を占めるに至った。例えば97年３月，経済同友会の提言する『こうして日本を変える―日本経済の仕組みを変える具体策』が典型的であった。そのなかで「欧米の近代化は市民革命を経て，『民』主体で進められ市民社会の上に近代国家が形成された。ところが日本では，近代民主主義国家の前提となる市民社会が十分に育っていなかった」と捉え，それは，「官主主義」の弊害を生みだすことになったから「構造改革」が必要であり，「市民社会」を育て機能させる必要があるとしていたのである。つまり，『提言』は「構造改革推進の基本理念は民主主義と市場原理の尊重である」という目的を実現するため

の社会装置の再編としての「市民社会」論にほかならないものであった。他方，98年には八木紀一郎らが「新しい市民社会論」として「社会生活に基礎をおく協同的な行動」が「権力主義的な国家活動と企業の営利志向の行きすぎをチェックすることができるというのがこの市民社会論である」とする市民の主権行使を基軸とした考え方を提起した[8]。

しかし，これらの「論」はいずれも「市民社会＝市民団体，NPO 等」の，権力や資本との関係性のなかでの立ち位置をめぐる両義性を問うものではなく，今日にあって「市民社会」を考える対抗的焦点を形成しているとはいえない。そして，2009年鳩山由紀夫政権は国家機能再編を補完する「民の担う公共」として「新しい公共論」を概念化した。

筆者は，今日の消費生活問題群解決のための制度設計と，その実現のための社会的協働の方途の具体化という視角からみるかぎり，今よりもより良い社会の実現のために，消費者が国家組織の政策立案過程に政治的公共圏（職場，地域，メディアなど）を通して影響力を行使するさまざまな回路を創出する責任があるということである。その政治的公共圏創出こそが市民社会をプラットホームとする社会的協働の実現の場になるであろう。そのための制度設計をまとめてみよう。

5 おわりに 「社会変革の市民」育成のための制度設計と社会的協働

前述の『国民生活白書』は，第1章の第2節に「社会変革の主体としての消費者・生活者消費社会的価値行動」を掲げ，「生活する主体としての市民」育成について，いわゆる「CC」への転換に向けた課題への処方箋の枠組みを示している。

政府は2004年改正・設定された「消費者基本法」2，9条の消費者基本計画に基づいて，教育の体系的推進について協議する「消費者教育推進会議」を10年11月，内閣府に設置した。この「会議」では消費者教育を社会的インフラ設備と位置づけている。それは，消費者庁策定の消費者基本計画の課題のひとつとして，『白書』のいう消費者市民社会を推進する，消費者の教育

と市民の養成を具体化する機関である。消費者教育は支援行政であるが，これほどまで政府機関や資本が「深刻に」対応を開始したことは注目すべきであろう。それは，05年に国連が「持続可能な発展のための教育の10年」をスタートさせ，10年3月ドイツ（ボン）での国際会議のあと，14年には10年目の最終会議が日本開催予定となったことと関係があると思われる。さらに，すでに OECD から消費者教育に関する政策勧告（09年10月15日）が公表され，3年後に実施内容の報告を求められていることとも連動している。

　ところで，すでに触れたように消費者市民社会の実現に関し積極的に支持する立場で09年11月に開催された日本弁護士連合会　消費者問題対策委員会主催の第52回人権擁護大会シンポジウム第3分科会報告書「安全で公正な社会を消費者の力で実現しよう―消費者市民社会の確立をめざして―」は，消費者教育による消費者の力の育成への提言は，極めて体系的で実効性があるプログラムと評価できる。「報告書」の「宣言」提案理由の「6．消費者が力をつけていくために」として「(2)消費者教育」の項目では，消費者教育の充実の効果について消費者の権利の実現としての意義，知見や批判する力をつけた消費者が市場の改善や企業への支援に寄与する条件の提供，そして社会的活動による社会の改善方法や行動力の養成を挙げている。また，消費者団体への支援，消費者への情報提供という相乗効果により，消費者被害のない安全で公正な社会を実現するための施策を提言する。つまり，学校教育，社会人教育に関しては，まず(1)消費者教育の所掌事務局の消費者庁が，文部科学省など関係省庁と共に推進することを前提に，(2)消費者団体がそれへの補完，仲介をするなかで，(3)教育現場へリアルタイムの情報を迅速にフィードバックする役割を期待している。同時に(4)担当教員の消費者教育の研修で弁護士会などの専門的実務家が担当することも不可欠であるとする。こうした「社会変革の市民」育成のための制度設計の具体化をさまざまな領域で推進する課題は，ますます重要となっている。

　さて今日，消費者の権利は，憲法13条・25条等が保障しているが，同時に，行政組織の所掌事務を明記した消費者基本法も，個別具体的に理念として規定し，職権の行使規定が関連法にも存在する。しかし，社会的協働が重

要視される理由は，政策決定と立法過程の不透明性とその内容の不備，そこから当然予測される現体制下の実効性確保の困難性にある。いうまでもなく制度設計前の問題把握段階から改善が必要であり，制度設計は誰が何を問題としているのかが大前提となるべきであろう。消費者基本法は，行政の責務として3，4条，事業者の責務として5条，消費者の役割として7条にそれぞれ規定しているが，それらを有機的に機能させ相互浸透させる仕組みの構想が欠如している。それは消費者の参画である。しかし，消費者個人の参画の困難性は明確であることから以下の4点が実効性確保の鍵となる。

まず第1は，現在一部形式的に実施している消費者及び消費者団体の消費者庁，消費者委員会などの直接参画と監視である。同時に第2は，消費者団体活動への助成施策が不可欠である。これらがまず確保されなければ消費者の権利はまさに画餅のままで終わる。第3に，消費者，消費者団体と事務者，事業者団体との公共的目標に向けての双方向コミュニケーションである。KC's[9]（消費者支援機構関西）は，10年に「双方向コミュニケーション研究会」を発足させ活動を進めている。そして第4は，消費者，消費者団体，生協，専門家（弁護士など）との連携をもとに各地域ネットワークを構築し，それを全国さらに世界組織（国連など）との一層の連携による教育，情報交換などによる相互浸透を図り[10]，行政や事業者のマーケティング活動に対抗しうる活動環境と条件整備を進める力を高めることである。

こうした開かれた社会的協働は，まさに21世紀市民社会の新たな可能性を切り拓き定着させることになりうるプラットホームであろう。消費者・消費者団体の社会的責任は，消費者市民としてその主権を行使する場としての社会的協働のプラットホームに主体的に参画することにある。

（西村多嘉子）

注
(1) 現代消費生活領域をめぐる消費生活問題群については，先駆的に柏尾（1980）240-243頁，柏尾（1984）14頁以下に詳しい。西村（1998）165頁以下も参照。
(2) 4つの権利は，① the right to safety（安全である権利），② the right to be informed（知らされる権利），③ the right to choose（選ぶ権利），④ the right to be heard（意見を聞かれる権利）。

(3) 5つ目の権利は，⑤ the right to consumer education（消費者教育を受ける権利）。
(4) 追加の3つの権利は，⑥ the right to redress（救済される権利），⑦ the right to a healthy environment（健康的な環境への権利），⑧ the right to satisfaction of basic needs（最低限の需要を満たす権利）。
(5) 正田彬は，消費者＝弱者という視点ではなく，市民社会の原則から消費者行政と機関のあり方にも言及し，生協や消費者団体（運動）の役割を具体的に提言した先駆的研究者である。正田（1972）。正田（1974）。最近では，正田（2001）。正田（2010）。宮坂（1990）43頁以下。また，消費者の権利を基底的人権として立論する土田和博や社会的人権を提唱する池本誠司（弁護士）などがある。このような見解に対し，市場への信頼を重視する立場の来生新は，「自由主義社会の基本的な構成原理を否定するもの」（来生（1997）281頁）として批判し，消費者の自立と自己責任を求める「賢くなりうる自立した消費者像」を前提とする。
(6) 植村（2010）は「市民社会」論の基本概念から今日の日本の公共圏を分析し，「政治的公共圏に参加」と「政治的回路の構築」を提言している。
(7) 坂本（1997）。斎藤（2000）。
(8) 八木（1998）ⅰ，ⅲ頁。
(9) KC's（NPO法人　消費者支援機構関西）は，2005年12月3日に発足し，翌年4月3日，特定非営利活動法人登記し，07年8月23日に適格消費者団体として認定を受けた。KC'sは消費者団体訴訟制度に基づく事業者への差止請求をその主たる業務としているが，企業に団体賛助会員資格を認めている点に特色がある。10年に「研究会」を開始し，現在，NACS（日本消費生活アドバイザー・コンサルタント協会），HEIB（企業内家政学士），ACAP（消費者関連専門家会議）などが参加している。
(10) 境井（2002）は国際関係論の領域から，国際消費者問題の政治的展開過程を国際消費者運動として取り上げ，市民としての消費者が国内および国際社会という公共圏で消費者の権利を実現する市民運動を「人間の安全保障（human security）」論として再構成した。今後，国際的消費市民運動が「民外圧」として制度設計に果たす役割は大きいといえよう。

参考文献

井村喜代子（2000）『現代日本経済論』有斐閣。
植村邦彦（2010）『市民社会とは何か』平凡社。
大村敦志（2011）『消費者法（第4版）』有斐閣。
柏尾昌哉（1980）『生活の経済』実教出版社。
柏尾昌哉（1984）「現代日本資本主義と消費者問題」柏尾昌哉・小谷正守編『現代日本の消費生活』大月書店。
来生新（1997）「消費者主権と消費者保護」『岩波講座・現代の法13』岩波新書。
KC's（特定非営利活動法人・消費者支援機構関西）（2011）『事業者と消費者の相互理解と

信頼再構築を目指して』.
国民生活審議会政策部会（2003）『21世紀の消費者政策の在り方について』5月.
斎藤純一（2000）『公共性』岩波書店.
境井孝行（2002）『国際消費者運動』大学教育出版.
坂本義和（1997）『相対化の時代』岩波書店.
産業構造審議会消費者経済部会（2003）『消費者政策の実効強化に向けて』6月.
正田彬（1972）『消費者の権利』岩波書店.
正田彬（1974）『現代経済と市民の権利』成文堂.
正田彬（2001）『消費者問題を学ぶ』有斐閣選書.
正田彬（2010）『新版　消費者の権利』岩波書店.
『消費者情報』（逐次刊行物，とくに2010年12月号，No.417）財団法人関西消費者協会.
『消費者法ニュース』（逐次刊行物）消費者法ニュース発行会議.
鈴木深雪（2002）『消費政策論―消費者政策―』尚学社.
坪郷實・中村圭介編（2011）『新しい公共と市民運動・労働運動』明石書店.
内閣府『国民生活白書』（逐次刊行物，とくに平成20年度）.
長尾治助・中坊公平編（1996）『消費者法の国際化』日本評論社.
西村多嘉子（1990）『現代日本の消費者と流通』法律文化社.
西村多嘉子（1998）『現代流通と消費経済』法律文化社.
西村多嘉子（2010）『市場と消費の政治経済学』法律文化社.
西村多嘉子・藤井千賀・森宮勝子編（2010）『法と消費者』慶應義塾大学出版会.
『日本消費者問題基礎資料集成・1～10巻』2004-2009年，すいれん舎.
日本弁護士連合会（2010）『安全で公正な社会を消費者の力で実現しよう』第52回人権擁護大会・シンポジウム第3分科会報告書，6月.
日本弁護士連合会・消費者問題対策委員会編（1995）『実践 PL 法』有斐閣.
ハーヴェイ, D., 渡辺治監訳（2007）『新自由主義―その歴史的展開と現在―』作品社.
深津健二（1994）『現代経済法と消費者参加』法研出版.
細川幸一（2007）『消費者政策学』成文堂.
松本恒雄（2007）『企業の社会的責任』勁草書房.
宮坂富之助（1990）「現代の消費者問題と権利」宮坂富之助他『現代経済法講座5　消費生活と法』三省堂.
八木紀一郎（1998）「序」八木紀一郎他編著『復権する市民社会論』日本評論社.
山口二郎　他編（2006）『市民社会民主主義への挑戦』日本経済評論社.
山本秋（1982）『日本生活協同組合運動史』日本評論社.

第Ⅱ部

流通行動の動態と消費生活

第4章

快楽的ブランド消費の解読

1　はじめに

　ルイ・ヴィトン，グッチ，エルメスなどに代表されるラグジュアリーブランドは，欧州債務危機の景気への影響が懸念されるなかでも，その売上げを伸ばし続けている。2011年1～9月期決算によれば，ルイ・ヴィトンの売上高は前年同期比15％増の163億ユーロ（約1兆7000億円），グッチは同じく7.4％増の109億5700万ユーロ（約1兆1000億円），エルメスは20.2％増の19億8900万ユーロ（約2000億円）である[1]。過去15年を見ても，世界的高級ブランドの売上高が前年に比べ減少したのは僅かに3回だけであり，この間の年平均成長率も6％に達する[2]。世界経済が減速するなかでも，ブランド消費は活況である。

　ブランド消費がおこなわれることには，合理的な理由がある。ブランドには，商品の品質を保証する機能や，その商品を類似した他の商品と識別し特定化する機能があり，ブランド消費は，知覚リスクを低減させながら商品を選択することを可能にする。

　だが，ブランド消費は合理的な理由だけでは説明ができない。ラグジュアリーブランドを購入するために必要とされる価格プレミアムは，品質保証機能や識別機能への対価であると説明できる水準を遥かに上回っている。では，なぜブランド消費はおこなわれるのであろうか。

　その理由として，ブランドの意味想起機能を挙げることができる。ブランドは，商品の品質や性能を超えた独自の意味を想起させる機能を持っており，ブランド消費は，個性化や他者との差異化を実現するためにおこなわれ

るという説明である。

　しかしながら，ブランド消費により個性化と差異化を実現することができるというのは，幻想である。企業のマーケティングは，特定のブランドを購入することで，「自分だけの卓越」を獲得することができるという観念を，「多数の人びとに向けて」，繰り返し説いてきた(3)。そうしてもたらされたのは，個性化と差異化を図ることで他者と同質化するという差異化の悲劇である(4)。

　それにもかかわらず，ブランド消費は活況である。これは，繰り返し悲劇に遭遇しながらもブランド消費を続け，個性化と差異化を実現しようとする消費者が多数存在していることを意味している。個性化と差異化を実現するものとしてブランド消費に快楽を覚え，熱狂する，ブランドトライブと呼ばれる消費者である。しかし，なぜブランドトライブは，快楽的ブランド消費を繰り返すのだろうか。何度となく悲劇を繰り返せば，いずれ個性化と差異化を実現することができるのだろうか。そうでなければ，快楽的ブランド消費を実現不可能な試みであると自覚し，やめることができないのは，なぜであろうか。本章の目的は，この快楽的ブランド消費を解読することにある。

2　マクロ消費研究のブランド消費分析

2－1　支配的消費パターン

　快楽的ブランド消費が実現不可能な試みであると自覚されずに繰り返されてしまう理由を，マクロの「消費パターン」を分析することによって明らかにしているのは，フィラート（Firat, A. F.）とドラキア（Dholakia, N.）である。

　フィラートらは，異なるニーズ・カテゴリーへの予算配分を意味するそれまでの消費パターン概念では，どのようにして予算配分の意思決定がおこなわれるのか，どんな手段がニーズを満たすために用いられるのか，どんなライフスタイルが消費者の支出パターンから生じるのかといった消費のダイナミクスを分析することができないとし，消費パターンを，「ニーズを満たすための方法や手段の差異」(5)，または，「消費主体が消費をおこなうなかで関

わり合う(消費対象や他の消費主体などとの——引用者)一連の諸関係」[6]と定義する。そして,4つの概念的次元を用いて,消費パターンの違いを識別している。

その第1は,消費対象を能動的に消費するか,それとも受動的に消費するかという人間的な関わりの次元である。スポンジで食器を洗うことは能動的な消費の例であり,食器洗い機で洗うことは受動的な消費の例である。第2は,他の消費者と集合的に消費するか,それとも個人的に消費するかという社会的関係の次元である。家族揃ってテレビを見ることは集合的な消費の例であり,一人部屋で見ることは個人的な消費の例である。第3は,消費対象を公共的に消費するか,それとも私的に消費するかという利用権の次元である。公衆電話を利用することは公共的な消費の例であり,携帯電話を利用することは私的な消費の例である。第4は,生産と消費のプロセスに共働作用できるか,それとも疎外されているかという疎外の次元である。スポーツを楽しむことは共働作用的消費の例であり,テレビゲームで遊ぶことは疎外された消費の例である。

消費パターンの違いをこのように識別したフィラートらは,先進資本主義社会に特徴的な支配的消費パターンが存在することを指摘する。それは,受動的で個人的,私的で疎外された消費パターンである。そして,生産と消費の「弁証法的な関係」[7]からすれば,そうした支配的消費パターンが発展してくるのは,「それが資本蓄積の論理と矛盾しないからである」[8]と主張する。

スポンジにとって代わる食器洗い機や自転車に代わるバイクなど受動性を引き起こす商品は,能動性を引き起こす商品に比べ貨幣価値に換算して巨大な買替需要を創出する。一家に一台であったテレビが一部屋に一台となれば,あるいは誰もが利用できる公衆電話の代わりに私的にしか利用できない携帯電話が普及すれば,自ずと市場は拡大する。生産と消費のプロセスから消費者を疎外し,規格化された商品を大量生産すれば,生産コストが削減される。今日見られる消費パターンは,まさに資本蓄積の論理と不可分に結びついている。したがって,現代の支配的消費パターンは,消費者の意識的で計画的な選択行動から生じたというよりも,「資本の偉大な文明化作用」[9]と

して形成されたということができる。

2−2　ブランド消費の構造

　支配的消費パターンが消費者の意識的で計画的な選択行動ではなく，資本蓄積の論理によって他律的に決定されるのであれば，消費によって自己実現を果たすことはできない。では，なぜ消費者の意識は，消費パターンの形成に作用することができないのであろうか。

　その理由を，フィラートらは，「消費可能な選択肢の構造」によって説明する。この構造は，「現時点で存在している全ての消耗品のことであり，全ての消耗品が，コストや補完性，魅力，（文化的）重要性，可視性などの点で互いに結んでいる関係の全て」[10]と定義される。そして，この構造のために，消費者は消費パターンの形成に作用することができないと論じられる。そのことを，フィラートは，カナダのモントリオールからテキサスのダラスへ引っ越した家族を例に説明している[11]。

　交通機関が発達しているモントリオールから，そうではないダラスへ引っ越した家族は，自動車を購入しなければ孤立してしまうため，自動車を選択しないという選択肢を持っていない。孤立も選択肢のひとつであるが，それには経済的にも心理的にも社会的にもコストがかかる。現時点で存在していない何か他の選択肢が状況打開のためにありうるのではないかと検討するには，その存在を可視化せねばならず，時間とエネルギーがかかりすぎる。残されているのは，どのブランドの自動車を購入するかという選択の自由だけであり，その選択に意識が集中する。結果として，他でもあり得る選択肢を考えることができず，今ここに存在している選択肢のなかから選択したブランドを，自らの意思で合理的に選択したと感じるようになる。つまり，他律的に決定された消費パターンを自律的に決定したと錯覚しているために，消費者は消費パターンの形成に作用することができないと考えられる。

　したがって，フィラートは，「独自性と自由な選択は神話である」[12]と主張する。現代資本主義社会には，高度に差別化されたブランドが豊富にあり，消費者は，主体的かつ合理的に種々さまざまなブランドを選択して，個性化と差異化を楽しんでいるように見える。しかし，それは資本蓄積の論理

と矛盾しない支配的消費パターンの枠組みのなかでの快楽にすぎないことが強調される。ドラキアらが強調するのは,「消費者の選択はマーケティング取引全てのなかのほんの一部分」[13]に制限されているということである。そして,その一部分の内部に多様なブランドがあるために,その選択に意識が集中され,他でもあり得る選択肢が隠蔽されて,快楽的ブランド消費が実現不可能な試みであると自覚されずに繰り返されてしまうと論じられる。

2－3　マクロ・ブランド消費分析の意義と問題点

　以上のようなフィラートらのブランド消費分析は,消費者行動論のメイン・ストリームである消費者情報処理理論とは異なって,個人レベルでのブランド選択分析ではなく,ブランドと社会の関係という幅広い文脈からブランド消費を分析しようとする議論であり,マクロ・ブランド消費分析と位置づけることができる。この分析で強調されたのは,ブランド消費の自由は資本蓄積の論理と矛盾しない支配的消費パターンの枠組みのなかでの自由にすぎないということである。「消費者が持っている選択の自由は,供給体制によって設定された,『檻の中の自由』にすぎない」[14]のであり,現代の供給体制を支配する「寡占企業は開発・訴求すべき属性とその方向を共有しあうことによって,全体としてのその需要補足の安全性を確保し,そのうえでその属性をいかに開発するかをめぐって競争する」[15]のであるから,そうした価値実現競争のなかから生まれ,自らそれを体現した「競争的使用価値」[16]は,「資本自身の本性に制限を見いだす」[17]ということにもなる。

　しかし,フィラートらは,「ブランド選択の自由は決して消費パターン相互間の自由な選択を意味しない」[18]ということを強調しすぎている。確かに,ブランドは寡占的供給体制の提供物であり,ブランド消費は資本蓄積の論理と矛盾しない支配的消費パターンに規定されている。だが,ブランド消費は,それ自体として相対的な独自性を持っているし,その独自性は,他ならぬ高度に差別化された豊富なブランドの存在によって高められているとも考えられる。そうであれば,ミクロのブランド消費が消費可能な選択肢の構造に変動を与え,マクロの消費パターンの形成に作用することも否定できない[19]。

消費者によるミクロのブランド消費がマクロの消費パターンの形成に作用するのであれば，マクロ・ブランド消費分析をもって快楽的ブランド消費は実現不可能な試みであるとすることはできない。快楽的ブランド消費が支配的消費パターンに規定されるということに異論はないが，ミクロの快楽的ブランド消費がマクロの消費パターンを規定するという逆の関係についても検討されなければ，快楽的ブランド消費を解読することはできないと思われる。

3　ポストモダン消費研究のブランド消費分析

3－1　消費の劇場

　消費パターンを資本蓄積との関連性を重視しながら分析したフィラートらのマクロ消費研究は，その後，ポストモダン消費研究へと急旋回する。その理由は，旋回がおこなわれた1990年代に入って，ミクロの消費実践が独自性を高め，マクロの消費パターンに作用するというポストモダン的消費現象が広く見られるようになったからである。

　その現象のひとつとして，フィラートらは，カスタマイズする消費者の出現を挙げる。市場に提供されたモノのなかの諸要素を取り上げ，そのモノが持つ本来の機能から離れて，カスタマイズされた消費体験を創り上げる消費者である。そして，本質的に生産行為であるカスタマイズがテクノロジーの発展によって簡単におこなわれるようになり，従来の消費が消滅し始めるにつれ，「製品はますます『完成した』モノではなく，『消費者』が熱中しインプットを与えることのできるプロセスになっていくように見える」[20]と指摘する。それは，消費者が，そのパーソナリティや気分，気紛れしだいで変更することのできるプロセスである。そうした「気紛れなポストモダン時代の消費者を引き付けるために，マーケターは専売のプロセスやシステムを開放するという方法にますます頼るようになる」[21]。議論を急旋回させたのは，「境界線がなく，移り気で，快楽的，気紛れで，シミュレーションを好み，体験を求める『消費者』の出現」[22]であり，「消費者は，とくに企業のマーケティングによって外部的にコントロールされたイメージを単に再生産する

よりもむしろ,自己イメージのコントロールに参加できるようになる」[23]と思わせるポストモダン時代における快楽的ブランド消費の高まりである。

　こうしたことから,フィラートらは,「ポストモダン消費は,消費者が自由に消費パターンあるいはスタイルを選ぶことができ,そのパターンやスタイルは,物質資源集約的ではまったくなく,市場交換に貢献しないということを含意している」[24]と述べる。そして,そうした消費を分析するには,経済的相互作用の媒体としての市場とは異なる文化的相互作用の媒体としての「劇場」というメタファーを援用しなければならないとする。

　この劇場は,舞台裏と聴衆が分割されておらず,誰もが種々の相互作用に没頭できる生活様式のコミュニティである。単なる経済的目的ではなく多様な関心や考慮を基礎としてかたち作られており,コミュニティメンバー間の相互作用や関係が多様な形態の交換によって変わる「オルタナティブとしての外部」[25]として構成されている。資本蓄積の論理と矛盾しない支配的消費パターンまたは寡占的供給体制の外部としての消費の劇場は,快楽的ブランド消費が実現可能な試みに変換された場であるということができる。

3－2　解放のポストモダニズム

　だが,そうした楽観的な観測だけが優先されるわけではない。フィラートらは,ポストモダン消費を,単なる個人的な破壊行為ではなく,象徴的な意味や社会的コード,関係,さらには消費者のアイデンティティや自己を再生産する社会的行為として捉え,現代の消費がそうした方向に向かいつつあることを指摘しながらも,それは今なお,資本蓄積の論理の尖兵を担うモダニティのマーケティングによって刺激された消費にすぎないことを強調し[26],消費における文化的相互作用は,依然として市場の成長に組み入れられていることを指摘する[27]。消費の劇場またはポストモダン消費が実現されるには,あるいは快楽的ブランド消費が実現可能な試みに変換されるには,モダニティのマーケティングをはじめとする抑圧的で合理的で技術的なシェーマから消費者が解放されなければならないのである。

　このような認識から,フィラートらは,「解放のポストモダニズム」という立場をとる。そして,解放の可能性は今の一方的な市場の論理に挑まずに

は実現できないと主張する(28)。それは，今日のポストモダン的現象を消費の劇場の幕開けであると楽観的に捉える「賞賛のポストモダニズム」とは異なるし，同じその現象を後期資本主義の状態と捉え，そこからの急進的な解放を主張する「批評のポストモダニズム」とも異なる。解放のポストモダニズムとは，ミクロの解放へ向かう実践であり，日々の生活におけるミクロの消費実践が市場の論理に規定されながらもそれを規定するという消費と生産の動態的な関係を分析しようとする立場である。

しかしながら，解放のポストモダニズムは，このダイナミズムの分析に成功しているとはいえない。確かに，消費を単に市場の論理に組み入れられる行為と見なすモダニストのアプローチにあるかぎり，消費者の解放可能性は実現しない。しかし，だからといって，「『生活世界』，つまり市場システムの外部に消費者を位置づけることにより，市場の手の届かない社会的な空間を識別することが必要である」(29)としては，生活の論理と市場の論理が交錯する生活過程のプロセスを分析することができない。解放的な性格を持った消費実践のひとつとして，カスタマイズする消費者の出現について検討されているが，カスタマイズ消費は初めからそうした特別な空間でおこなわれたのではなく，市場の論理と交錯するなかで発現したのである。生活世界が独自の論理を持っていることは確かであるとしても，あるべき生活世界像を市場の論理との関連を絶ったかたちでアプリオリに想定し，その独自の論理が消費者を解放に導くという議論では，今日のポストモダン的消費の内実に迫ることはできない。

フィラートらの議論を検討しながら，吉村純一は，「規範としての生活世界観にとどまるかぎりでは，あたらしいマーケティングが直面している需給整合の困難や，生活世界そのものが抱える病理には接近できない」(30)と批判している。繰り返される悲劇を繰り返すという点で現代消費における病理ということができる快楽的ブランド消費を解読しようとするわれわれにとって，極めて重要な批判である。確認すべきは，快楽的ブランド消費の解読のためには，それを市場の論理や生活の論理といった外部に還元して理解することなく，あくまで消費とマーケティングの相互作用的関係のなかから発現するものとして検討しなければならないということである。

4 偶有的ブランド論

4－1　ポストモダンと偶有性

　マーケティング研究発祥の地，アメリカで，多くのポストモダン消費研究が誕生したのと同じ頃，日本においても，多様化・個性化する消費とマーケティングのダイナミズムを分析しようとする研究が誕生した。石井淳蔵による，消費とマーケティングの相互作用的関係における偶有性の研究である。

　石原武政が提唱した競争的使用価値概念を検討しながら，石井は，交換に先立つ消費欲望，あるいは使用価値を仮定することはできないということを徹底する立場に立ち，「製品に内在した価値を根拠にして交換が起こるのではなく，交換が起こってはじめてそれなりの価値があったことが見いだされる」[31]ということを強調する。基本的必要や本質的使用価値といった「自ずからなる本性」[32]を仮定することができない以上，消費とマーケティングが従うべき「ルールは，その決定に遅れてやってくる」[33]ことになり，「安定・秩序は一時的。不安定カオスが常態」[34]となる。こうして導かれたのが，消費とマーケティングの相互作用的関係の帰結は，「他でもありえたけれども，たまたまそうであったという偶有的結果である」[35]という議論である。

　この偶有性の研究は，フィラートらのポストモダン消費研究と同じ強調点を持っている。いずれも，「意味の背後には，何も隠されていない」[36]ことを強調し，真実や客観性，単一的枠組み，論理の究極的基盤といった古典的概念を疑いながら，価値や構造を不安定・不確定で流動的なものと見ている。そしてまた，いずれも，ポストモダンあるいは偶有性のなかで，消費とマーケティングの秩序はいかにして生成するかを検討課題としている。

　とはいえ，課題に対する見解は大きく異なる。すでに見たように，フィラートらは，市場の論理に対抗的な生活世界の独自の論理が消費者を解放に導き，秩序がもたらされるとする。これに対して石井は，外部を仮定するのではなく，「価値や構造が不安定・不確定であるがゆえに成立する社会成立のメカニズムこそが，探られなければならない」[37]とし，偶有性のなかで，

ブランドの価値はいかにして，何によって創造されるのかという偶有的ブランド論[38]を展開しながら，そのメカニズムを明らかにしようとしている。

4－2　ブランドの価値形態論

　偶有的ブランド論は，ブランドの価値形態論と交換過程論からなる。ブランドの価値形態論は，商品という実体に従属した，あるいは実体をそのまま写しとる透明なメディアにすぎない名前が，創造的瞬間を経ることで，それが指示する実体に左右されない独自の意味を持ったメッセージを発し，それを契機に，第2，第3と創造的瞬間を繰り返すことで，その意味の領分を拡大させ，ブランド化していくことを論じている。

　それによれば，いずれブランド化する名前であっても，最初は，実体としての特定の商品の記述名として始まる。例えば，「ソニーの携帯型カセット・プレーヤー」という実体に対して「ウォークマン」という名前が付いている事態である。この場合，名前は実体を映す透明なメディアでしかなく，何であっても実体は変わらない。

　しかし，もし，「ウォークマン」という名前とそのロゴが可愛いということで人気が集まったとすると，事情は変わる。名前は透明なメディアではなくなり，その指示対象である商品を超越した独自の意味を持つ。その瞬間がまさに，「商品名がその指示対象である商品を超越しブランドとなる瞬間（創造的瞬間）」[39]である。

　創造的瞬間を経ることで，名前に基づいた発展が起こりうる。独自の意味を持った「ウォークマン」という名前の下で，携帯型CDプレーヤーやMDプレーヤーが発売される。「ウォークマン」というひとつの名前が，音の再生に「関係」する複数の実体を指示するようになる。新しい技術やデザイン，流行などを採用することで，名前は，その指示する領分を拡大していく。もともと喫煙に関係する商品群を指示していた「ダンヒル」は，紳士小物から時計や万年筆，スーツやジャケットなどにまで製品ラインを広げ，伝統的なエリートの風格という「スタイル」を指示するに至っているし，チーフデザイナーが代わってもそれとして受け入れられる「シャネル」は，スタイルを包括するより高次な「フィロソフィ」レベルでの統一性を指示するに

至っている。第2,第3と創造的瞬間を繰り返すことで,名前は,単体を横断する関係の記述名へ,関係を横断するスタイルの記述名へ,スタイルを横断するフィロソフィの記述名へ,フィロソフィを横断するメタ・フィロソフィの記述名へと発展し,その都度その意味の領分を拡大させながら,ブランド化していくことが論じられる。

4－3　ブランドの交換過程論

　ブランドが創造的瞬間を繰り返すたびに意味の深さを獲得して市場での魅力を高めていくのであれば,企業はブランドの創造的瞬間のためのマーケティングをおこなえばよいということになる。

　だが,マーケティングは偶有性に直面する。それが従うべきルールは遅れてやってくるのであり,これまでいかなるマーケティングによっていかなる新しい意味をブランドに「沈澱」[40]させることに成功してきたかを分析したところで,今ここでの創造的瞬間のためにいかなるマーケティングをおこなえばよいのかということがわかるわけではない。よかれと思い追加した新たな意味が,それまでそのブランドを支えてきた意味と衝突し,ブランドの価値を発散させ,崩壊させてしまうという可能性もある。

　だからといって,企業はマーケティングをおこなわないわけにはいかない。新しい技術やデザインなどを採用しなければ,消費者に適応することができず滅びてしまうからである。マーケティングが成功するかどうかの根拠はないままに,企業は追われるがごとくマーケティングをおこなわなければならない。石井の言う,「ブランド経営者の命がけの跳躍」[41]である。

　しかし,偶有性に直面するのは,消費者も同じである。合理的な購買意思決定では,必要な機能や品質水準,予算といった選択ルールが先に選択され,それに基づいて特定の選択代案が選択される。だが,基本的必要や本質的使用価値といった自ずからなる本性を仮定することができないなかでは,選択代案を選択するための確固とした選択ルールを確立することができない。

　これに対して,創造的瞬間を繰り返すことで豊かなメッセージ性を持ったブランドは,「今何が必要か」,「どんなライフスタイルが求められているの

か」といった自らの存在感を際立たせる選択ルールを提唱できる力，すなわち「争点（選択ルール）選択効果」[42]を持っている。そのため，発売されたブランドに基づいて，自身の必要やライフスタイルが決められるという逆選択がおこなわれる事態が起こる。消費者はブランドを選択すると同時に，それが提案するライフスタイルを選択し，そのライフスタイルを体現するブランドの下で販売されたさまざまな商品群を選択していくことで，選択したライフスタイルが自身に合っているとの判断の妥当性を高めていく。こうして，そのブランドが将来に向けて創り出していくライフスタイル，つまり，そのブランドを選択した今ここでは不在のライフスタイルへと誘導されていく。

　したがって，消費者は，ブランドが忍び込ませる新たなライフスタイルが自身に合ったものかどうかの判断がつく前に，そのブランドを選択することになる。選択の根拠があやふやなままに行為の選択がおこなわれるのである。こうした消費者のブランド選択を，石井は，自らのライフスタイルをかけての「消費者の命がけの跳躍」[43]と呼ぶ。

4－4　リフレクティブ・フロー

　消費とマーケティングが共に偶有性に直面するがゆえにブランド秩序が成立するメカニズムを，栗木契は，「リフレクティブ・フロー」という概念を用いて説明している。「リフレクティブ・フローとは，製品やサービスとその情報の提供が，並行してその受け手に，当の製品やサービスを消費する必要性や，その知覚や評価のための観点を想起させることで生成する，再帰的な情報の流れである」[44]。

　ブランドの機能や便益を消費者に伝達するだけのマーケティングでは，偶有性の問題を避けることができない。例えば，携帯型音楽プレーヤーの発売にあたって，企業が，「軽さ」や「音のよさ」を訴求しても，消費者が，「可愛いかどうか」という必要や観点で知覚し評価すれば，魅力は伝わらない。だからといって，企業が「可愛さ」を訴求したとしても，消費者は「可愛さ」とは別の必要や観点で知覚や評価をおこなうかもしれない。ブランド経営者の命がけの跳躍である。

だが，消費者にとっても，必要や観点のあり方は偶有的である。選択の根拠があやふやなままにブランドを選択するという命がけの跳躍をおこなっているのであり，商品を知覚し評価する際の確かな必要や観点を確立できているのではない。

　そのため，創造的瞬間によって，その携帯型音楽プレーヤーが「可愛い」というメッセージを発信するようになると，消費者が，そのブランド選択にあたって，「可愛いかどうか」という必要や観点で知覚し評価することが重要であったと想い起こす可能性が高まる。必ずしも確かなものではないかもしれないが，ひとたび「可愛いかどうか」という選択ルールで選択がおこなわれれば，消費者は他ではないそのブランドの携帯型音楽プレーヤーを選択する。そしてさらに，選択されたブランドは，「可愛い」というメッセージを発しているため，採用された選択ルールを妥当なものとして確立するための根拠となる。こうして，その選択ルールは持続し，そのブランドに対する知覚や評価は揺るぎないものとなっていく。

　企業が忍び込ませたブランド・メッセージが選択ルールを触発するリフレクティブ・フローとして機能することにより，ブランド選択とブランド選択のルールは，偶有性を排除する，循環する関係の下に置かれるようになる。循環する関係のなかでは，消費者の知覚や評価，そしてその前提となる必要や観点は一定のものとなり，ブランドは，「それでしかない」と思われる存在になっていく。「まさに，偶有的でありかつ他に代わりうるものがないのがブランドなのである」[45]ということになる。

　以上が，偶有性のなかでブランド秩序が成立するメカニズムである。企業と消費者の双方が命がけの跳躍をおこなうがゆえに，価値や構造が不安定・不確定であるがゆえに秩序が成立するメカニズムこそが探られている。

　しかし，ブランドの価値は，なぜ創造されるのか。つまり，なぜ偶有性を排除する循環のメカニズムが成立するのか。企業が命がけの跳躍を厭わないのは，「ブランドを通じて消費者のライフスタイルを，どの程度か，規制し，それにしたがった新たな消費欲望をつぎつぎに創出してみずからのブランドに固有の欲望とすることができる，と考えるからである」[46]ことは確かであるが，消費者が命がけの跳躍を繰り返してしまうのはなぜなのか。偶有的ブ

ランド論には，この点についての議論があまり見られない[47]。快楽的ブランド消費の解読のためには，この「なぜ」が問われなければならない。

5 快楽的ブランド消費の病理

5-1 快楽的消費と経験的消費

偶有的ブランド論に少なからぬ影響を与えていると思われる議論に，ハーシュマン（Hirschman, E. C.）とホルブルック（Holbrook, M. B.）の快楽的消費論と経験的消費論がある。芸術作品や文学作品，スポーツといった「文化的商品」の消費に注目することで，消費者を合理的な購買意思決定者と見なす消費者情報処理理論では，消費の快楽性や審美性，感情喚起の側面などを分析することができないと指摘し[48]，「消費はファンタジー，フィーリング，ファンという一様の流れを必然的に含んでいるものとして考えられ始めた」[49]と主張した議論である。商品の価値は，機能的使用価値や効用にあるというよりも，消費者の主観的な意識のなかでしか捉えられない象徴的な性質にあり，消費は，多様な象徴的意味，快楽的反応，審美的基準を持った主観的な意識の状態であると考えられている。

商品を主観的な象徴と見なし，消費者は商品に主観的な意味を植え付けて商品の持つ具体的な属性を補完すると考えれば，消費者という主体とそれを取り巻く環境との間のダイナミックな相互作用が消費を理解するうえでとくに重要な研究課題となる。石井によれば，それは，「『環境からの刺激に対する反応型』の消費者概念からの解放であり，いわば『意味構成的あるいは自省的』消費者概念の誕生である」[50]。

5-2 露出症と窃視症

快楽的消費論と経験的消費論は，ハーシュマンらによれば，消費者情報処理理論を補完し拡張する目的で提唱された。しかし，その後，そうした控え目な主張は見られなくなっていく。とくにホルブルックは，ポストモダン時代に入って，消費におけるファンタジー，フィーリング，ファンの3つのFは一般的になったと主張し，価値は消費経験にあり，企業の成功はエンター

テインメントに満ちた経験を創造できるか否かにかかっていると指摘する[51]。

ホルブルックも強調するのは，ポストモダン時代に入ると，「ルールは取り去られる」[52]ということである。だが，そこに，マーケティングから解放された，「『自分たちの手で現実を構成し確認する』有能な消費者像」[53]の誕生といった楽観的な観測は見られない。むしろ，ルールの消失は，社会階層や文化資本といった消費基準の消失であり，審美眼をつくる権限は個人から離れて市場の方へ位置を変えることになると主張している。

注目したいのは，このとき消費者が患うことになるという露出症と窃視症である[54]。ホルブルックによれば，消費基準が虚構化したポストモダンを迎えると，他者に強い印象を与えたいと思う消費者は，独自の消費行動を公然と見せびらかす先例のない好機を手に入れることになり，露出症を発症する。消費基準が虚構化しているのであるから，露出症の裏面で，露出に値する独自の消費行動を探るために他者の消費行動を覗きたいという窃視症患者にもなる。ポストモダンに入って，消費は，「幾何級数的に再帰的な露出症・窃視症共存関係」によって虚構化するのであり，そうした消費を伝道するマーケティングが，消費の意味をかたち作る救済のレトリックになると論じられる[55]。

ポストモダンを迎え消費基準が消失するなかで，消費者は幾何級数的に再帰的な共存関係にある露出症と窃視症を患うことになる。伝道のマーケティングによるこの再帰的な病理が，消費者に命がけの跳躍を繰り返させ，マーケティングにとって順機能的な再帰的に循環するリフレクティブ・フローの作動を成立させると考えられる。快楽的ブランド消費が実現不可能な試みであると自覚されずに繰り返されるのは，この病理のためであると考えられる。

6 おわりに

消費者は，他者の消費を窃視して自らの消費を露出する。それは，他者の欲望を模倣して自らの欲望を発生させるということであり，欲望は他者の欲

望を模倣することから発生するということである。

この「欲望の本質は模倣である」という命題を提起したのは，ジラール (Girard, R.) である。欲望主体は，対象それ自体が魅力的であるからそれを自発的に欲望するのではなく，他者が欲望しているからそれを欲望するという三角形的欲望理論を展開し，対象の価値は，その具体的性質ではなく，対象への他者の欲望の量によって決まることを論じている[56]。誰もが欲望する対象であればあるほど，その価値は増大するのであり，消費者は，自らが独自的だと思うブランドに価値を見出して露出しているのではなく，他者の消費を窃視して，誰もが独自的だと思うブランドを露出しているのである。

ジラールは，欲望の模倣的性格が超歴史的な現象であることを繰り返し強調しながらも，近代社会の成立に伴い，その性格が激化すると考えている。身分制度の撤廃により諸個人間の差異が希薄化した近代では，万人が万人の欲望を互いに模倣し合うことを妨げる法的規制が消失しているからである。そうであれば，あらゆる消費基準が消失した今日のポストモダン社会は，欲望の模倣性と露出症・窃視症共存の病が最も重症化した社会であり，個性化と差異化を図ることで他者と同質化するという差異化の悲劇を繰り返させる快楽的ブランド消費が全面化した社会であると考えることができる。

快楽的ブランド消費の病理が蔓延する今日において，消費者は，自分の消費が他とは異なり，より個性的で優れていることを示すためにブランドを消費する。けれどもまた，その目的のために用いるブランドは，全ての他者たちのそれと同一の手段である。それぞれが自分自身の欲望の優先権と先在権を主張しながらも他方を模倣するという「不毛な対立」に陥るのであり，自分の方が優れているということを，自分よりも劣っていると軽蔑する他者に認めてもらいたいという「本体論的病い」[57]を悪化させていく。マーケティングが導くこれら病理のために，現代の消費者は快楽的ブランド消費を実現不可能な試みであると自覚し，やめることができないのだと考えられる。

では，かつてないほどに快楽的ブランド消費の病理を患った現代の消費者が，それを発症させるマーケティングから解放されることはできるのか。

ホルト (Holt, D. B.) は，今日の「消費文化」についてインタビュー調査をおこない，反ブランド運動や，カスタマイズ消費とほぼ同義のブリコラー

ジュなど，フィラートらに従えば，解放的な性格を持った消費実践が広がっていることを明らかにしている[58]。だが，ホルトによれば，それらはマーケティングからの解放を実現する消費実践ではない。なぜなら，それら消費実践もまた，市場に媒介されることなしにはおこなえないからである。権威的ブランドに対抗的な反ブランド運動といえども，そこではマーケティングがその権威性を意図的に忍ばせたブランドが消費されているし，ブリコラージュは，快楽的ブランド消費に熱狂する消費者との差異化を図っておこなわれているのであり，快楽的ブランド消費の病理をいっそう重症化させている。ホルトは，フィラートらの解放のポストモダニズムを楽観的であると批判し，今日の市場は解放的性格を持った消費実践で成長すると主張している[59]。

したがって，マーケティングが導く快楽的ブランド消費の病理から解放されるには，消費者は，ジラールの言う「回心」，または，ベイトソン(Bateson, G.)の言う「学習Ⅲ」に達しなければならないと考えられる。それは，「代替可能な選択肢群がなすシステムそのものが修正されるたぐいの変化」[60]であり，単に快楽的ブランド消費を実現不可能な試みであると自覚するだけでなく，ブランド消費そのものを相対化することである。自覚するだけでは，快楽的ブランド消費か，それとも快楽的ブランド消費を否定する解放的な性格を持った消費実践かという選択肢群そのものが修正される変化にとどまり，解放の可能性は実現しない。今日見られる解放的な消費実践は，快楽的ブランド消費と相反する消費に見えるが，快楽的ブランド消費からの差異化と，それによる個性化を図っておこなわれている点で快楽的ブランド消費の病理を患っていることに変わりはなく，そのかぎり，いかなる消費実践も市場の成長に組み入れられるのであって，マーケティングからの解放には結実しないのである。解放のためには，論理階型をもう一段上がり，快楽的ブランド消費でも，それを意識した消費実践でもない新たな選択肢群を発見するという代替可能な選択肢群がなすシステムそのものが修正されるたぐいの変化を実践することが必要であると思われる。

（中西大輔）

注
(1)　『日経 MJ』2011年11月18日。
(2)　『日経 MJ』2011年10月 7 日。
(3)　Ewen（1988）p.58，邦訳，87頁。
(4)　Baudrillard（1970）邦訳，113頁。
(5)　Firat（1977）p.291.
(6)　Firat（1982）p.7.
(7)　Firat（1982）p.9.
(8)　Firat（1982）p.12.
(9)　Marx（1953）邦訳，338頁。
(10)　Firat and Dholakia（1998）p.169.
(11)　Firat（1987）p.254.
(12)　Firat（1977）p.296.
(13)　Dholakia and Dholakia（1985）p.177.
(14)　田村（1996）63頁。
(15)　石原（1982）137頁。
(16)　石原（1982）59頁。
(17)　Marx（1953）邦訳，338頁。
(18)　Firat（1977）p.294.
(19)　阿部真也は，国家や自治体の介入による公共セクターの拡大，大都市の形成による消費者の集住，教育・医療・レジャー産業などのサービス消費の急成長などに注目し，「現代資本主義のもとで生産システムや社会構造が徐々に変動をとげ複雑な性格をもちはじめるとともに，消費パターンそれ自体も徐々に変化し多様性をもってくる点も否定できない」と指摘している（阿部 1993，62頁）。
(20)　Firat, Dholakia and Venkatesh（1995）p.51.
(21)　Firat, Dholakia and Venkatesh（1995）p.51.
(22)　Firat, Dholakia and Venkatesh（1995）p.52.
(23)　Firat, Dholakia and Venkatesh（1995）p.52.
(24)　Firat and Dholakia（1998）pp.98-99.
(25)　Firat and Dholakia（1998）p.156.
(26)　Firat and Venkatesh（1993）p.246, Firat, Sherry and Venkatesh（1994）p.315.
(27)　Firat and Venkatesh（1996）p.248.
(28)　Firat and Venkatesh（1995）pp.244-245.
(29)　Firat and Venkatesh（1995）p.258.
(30)　吉村（2004）223頁。
(31)　石井（1993（2004））278頁。
(32)　石井（1996）第10章。
(33)　石井（1998a）5 頁。

(34) 石井（1998b）327頁。
(35) 石井（1998a）8頁。
(36) Firat and Venkatesh（1993）p.231，石井（2003）17頁。
(37) 石井（1999a）205頁。
(38) 石井（1999b）。
(39) 石井（1999b）130頁。
(40) 石原（1993）9頁。
(41) 石井（1999b）173頁。
(42) 石井（1999b）185頁。
(43) 石井（1999b）194頁。
(44) 栗木（2003）193頁。
(45) 石井（1999b）75頁。
(46) 石井（1999b）196頁。
(47) 久留間鮫造は，宇野弘蔵との論争のなかで，マルクスの価値形態論，物神性論，交換過程論はそれぞれ，貨幣の「如何にして」，「何故」，「何によって」を論じていると指摘している（久留間 1957, 37-41頁）。ブランドの価値形態論ではブランド制作者と消費者という当事者を登場させず，ブランドの交換過程論において当事者がいかなる帰結を得るのかを論じるとする石井が，久留間と方法を同じくしていることは明らかである。しかし，石井の偶有的ブランド論には，ブランドの物神性論がなく，ブランドの「なぜ」があまり論じられていないように思われる。篠原三郎は，石井の議論にはブランドの「なぜ」の分析がなく，ブランドの現実とそれをめぐる現象の解説が読み取れるのみであると批判している（篠原 2000, 65-73頁）。
(48) Hirschman and Holbrook（1982）pp.92-101，邦訳，69-80頁。
(49) Holbrook and Hirschman（1982）p.132.
(50) 石井（1993（2004））235頁。
(51) Holbrook（2000）pp.178-192.
(52) Holbrook（1993）p.70.
(53) 石井（1993（2004））235頁。
(54) Holbrook（2001）pp.81-95.
(55) Holbrook（2001）pp.181-198. 以上の，経験，エンターテインメント，露出症，伝道が，3つのFから拡張されたというホルブルックの4つのEである。
(56) Girard（1961）邦訳。こうした欲望の三角形論と物神性論との間に共通性があることを読み取っているのは，ゴルドマン（Goldmann, L.）である（Goldmann 1964, 邦訳）。
(57) Girard（1961）邦訳，309頁。
(58) Holt（2002）pp.70-90. ここで「消費文化」とは，支配的な消費のモードのことであり，それが企業のマーケティングにどの程度規定されているかを意味する概念として用いられている。

(59) Holt (2002) p.88.
(60) Bateson (1972) p.293, 邦訳, 399頁。ルビは原文イタリック。

参考文献

阿部真也（1993）「『公共的集合消費』と生活の質」同監修『現代の消費と流通』ミネルヴァ書房。

石井淳蔵（1993（2004））『マーケティングの神話』岩波現代文庫。

石井淳蔵（1996）「使用価値の恣意性論争と言語ゲーム」石井淳蔵・石原武政編著『マーケティング・ダイナミズム』白桃書房。

石井淳蔵（1998a）「ルールは遅れてやってくる」石井淳蔵・石原武政編著『マーケティング・インタフェイス』白桃書房。

石井淳蔵（1998b）「マーケティング・インタフェイスのマネジメント」石井淳蔵・石原武政編著『マーケティング・インタフェイス』白桃書房。

石井淳蔵（1999a）「競争的使用価値：その可能性の中心」石井淳蔵・石原武政編著『マーケティング・ダイアログ』白桃書房。

石井淳蔵（1999b）『ブランド　価値の創造』岩波新書。

石井淳蔵（2003）「マーケティング秩序は，いかにして生成するか」加藤司編著『流通理論の透視力』千倉書房。

石原武政（1982）『マーケティング競争の構造』千倉書房。

石原武政（1993）「消費の実用的理由と文化的理由」田村正紀・石原武政・石井淳蔵編著『マーケティング研究の新地平』千倉書房。

栗木契（2003）『リフレクティブ・フロー』白桃書房。

久留間鮫造（1957）『価値形態論と交換過程論』岩波書店。

篠原三郎（2000）「ブランドと独占」『日本福祉大学経済論集』第21号。

田村正紀（1996）『マーケティング力』千倉書房。

吉村純一（2004）『マーケティングと生活世界』ミネルヴァ書房。

Bateson, G. (1972) *Steps to an Ecology of Mind*, Ballantine Books（佐藤良明訳（2000）『精神の生態学（改訂第2版）』新思索社）．

Baudrillard, J. (1970) *La Societe de Consommation : Ses Mythes, Ses Structures*, Denoel（今村仁司・塚原史訳（1995）『消費社会の神話と構造（普及版）』紀伊國屋書店）．

Dholakia, N. and R. R. Dholakia (1985) "Choice and Choicelessness in the Paradigm of Marketing," *Changing the Course of Marketing : Alternative Paradigms for Wedding Marketing Theory, Research in Marketing, Supplement 2.*

Ewen, S. (1988) *All Consuming Images : The Politics of Style in Contemporary Culture*, Basic Books（平野秀秋・中江桂子訳（1990）『浪費の政治学』晶文社）．

Firat, A. F. (1977) "Consumption Patterns and Macromarketing : A Radical Perspective," *European Journal of Marketing*, Vol.11, No.4.

Firat, A. F. (1987) "The Social Construction of Consumption Patterns : Understanding

Macro Consumption Phenomena," Firat, A. F., N. Dholakia and R. P. Bagozzi, eds., *Philosophical and Radical Thought in Marketing*, Lexington Books.

Firat, A. F. and N. Dholakia (1982) "Consumption Choices at the Macro Level," *Journal of Macromarketing*, Fall.

Firat, A. F. and N. Dholakia (1998) *Consuming People : From Political Economy to Theaters of Consumption*, Routeledge.

Firat, A. F., N. Dholakia and A. Venkatesh (1995) "Marketing in Postmodern World," *European Journal of Marketing*, Vol.29, No.1.

Firat, A. F., J. F. Sherry Jr. and A. Venkatesh (1994) "Postmodernism, Marketing and the Consumer," *International Journal of Research in Marketing*, Vol.11, No.4.

Firat, A. F. and A. Venkatesh (1993) "Postmodernity : The Age of Marketing", *International Journal of Research in Marketing*, Vol.10, No.3.

Firat, A. F. and A. Venkatesh (1995) "Liberatory Postmodernism and the Reenchantment of Consumption," *Journal of Consumer Research*, Vol.22, December.

Firat, A. F. and A. Venkatesh (1996) "Postmodern Perspectives on Consumption," Belk, R. N., N. Dholakia and A. Venkatesh, eds., *Consumption and Marketing : Macro Dimensions*, South-Western College Publishing.

Girard, R. (1961) *Mensonge Romantique et Verite Romanesque*, Bernard Grasset（古田幸男訳（2010）『欲望の現象学（新装版）』法政大学出版局）.

Goldmann, L. (1964) *Pour une Sociologie du Roman*, Gallimard（川俣晃自訳（1969）『小説社会学』合同出版）.

Hirschman, E. C. and M. B. Holbrook (1982) "Hedonic Consumption : Emerging Concepts, Method, and Propositions," *Journal of Marketing*, Vol.46（大津正和訳（1993）「快楽的消費」『マーケティング・ジャーナル』第49号）.

Holbrook, M. B. (1993) "Postmodernism and Social Theory," *Journal of Macromarketing*, Fall.

Holbrook, M. B. (2000) "The Millennial Consumer in the Texts of Our Times : Experience and Entertainment," *Journal of Macromarketing*, Vol.20, No.2.

Holbrook, M. B. (2001) "The Millennial Consumer in the Texts of Our Times : Exhibitionism," *Journal of Macromarketing*, Vol.21, No.1.

Holbrook, M. B. (2001) "The Millennial Consumer in the Texts of Our Times : Evangelizing," *Journal of Macromarketing*, Vol.21, No.2.

Holbrook, M. B. and E. C. Hirschman (1982) "The Experiential Aspects of Consumption : Consumer Fantasies, Feelings, and Fun," *Journal of Consumer Research*, Vol.9.

Holt, D. B. (2002) "Why Do Brands Cause Trouble? A Dialectical Theory of Consumer Culture and Branding," *Journal of Consumer Research*, Vol.29.

Marx, K. (1953) *Grundrisse der Kritik der Politischen Okonomie*, Dietz Verlag（高木幸二郎監訳（1959）『経済学批判要綱（第2分冊）』大月書店）.

『日経MJ』。

第5章

「コンビニ社会」と日本的消費

1 はじめに

　コンビニエンスストア（以下，コンビニ）は，日本社会の変容のなかで40年余りの時間をかけて私たちの生活に完全に定着した。コンビニの店舗数は4万店（4万5769店）[1]を超えており，郵便局の2万4216局[2]と比べてみてもその多さがよくわかる。コンビニの24時間営業はスーパーの長時間営業を促し，深夜の消費活動を支える基盤を作り出してきた。近年の不況下ではスーパーでの取扱商品であった生鮮食品などをコンビニでも販売するように変わってきており，これらの業態は扱う商品の垣根を徐々に低くしながら限られた消費のパイを奪い合っている。スーパーの登場により低価格品を一ヵ所で買うことの便利さを知った消費者たちは，それに続いて，近くていつでも開いているコンビニの便利さを享受するようになった。

　本章では，支払えるお金さえあれば簡単に消費活動に参加できる便利な日本の消費環境を「コンビニ社会」と呼ぶことにする。また，この便利な買い物社会を定着させた代表としてコンビニを念頭に置きながら，「コンビニ社会」を日本に根付かせた社会的諸要因と現代の日本的消費の問題点ならびにコンビニの今後のあり方について分析する。社会的諸要因として取り上げるのは，コンビニの成長戦略，高度経済成長期以降の産業構造や家族構成の変容，女性の社会進出，夜型社会の誕生，食生活の変化についてである。

2　長期不況下でのコンビニの成長と顧客層の変化

2-1　コンビニとはどのような店か

　コンビニといわれて私たちがすぐに思い浮かべる店舗のイメージは、「店の規模は小さく、食べものや飲み物、化粧品や雑誌などを中心に置いている店」といったものだろう。経済産業省『商業統計』[3]のコンビニに関する規定は、「飲食料品を扱っていること」「売場面積30㎡以上250㎡未満」「14時間以上（終日営業の場合も含む）」の営業時間を主な内容としている。

　コンビニでの売れ筋は、加工食品とファストフード（以下、FF）である。加工食品とは、カップラーメンやレトルト食品、お菓子などであり、FFとは、弁当やおにぎり、サンドイッチ、サラダ、おでんなどのことである。このふたつはコンビニの売上げの過半を占めており、とりわけFFはコンビニの利益に寄与する商品となっている。そのため、各社のFF開発には力が入り、新メニューが次つぎと投入されている。その他、コンビニには非食品（雑誌、日用品、化粧品、ゲームソフトなど）や、日配食品（牛乳、デザート、パンなど）がある。日本のセブン-イレブンの売上構成は、加工食品28.3％、ファスト・フード27.0％、日配食品12.1％、非食品32.6％となっている[4]。

　またコンビニには、公共料金や通信販売等の支払い、チケットの購入やホテルの予約、ATMの設置など便利な機能が備わっている。これらの機能をコンビニに付加することで、コンビニの利便性はさらに高まった。さらに、コンビニは緊急時に駆け込めば必ず誰かがいてくれる一種の避難場所として認識されている。災害時には災害援助のための支援をおこなう協定を地方自治体と取り結ぶなどの取り組みもみられる。今やコンビニは買い物をするだけの場所ではなく、すでに社会的インフラの機能を兼ね備えており[5]またそれを期待されるようにもなっている。また、コンビニは「癒しの場」[6]として機能しているとの指摘もある。このようにコンビニは、消費者からみた便利さの点から捉えると時代状況をうまくつかんで適応してきた変化対応力に富んだ業態である[7]といえる。

図表5－1　売上高ランキングトップ10 （売上高単位：百万円）

順位	企　業　名	売上高	決算期	業態
1	セブン‐イレブン・ジャパン	2,947,606	11／2	CVS
2	ヤマダ電機	2,107,014	11／3	CE
3	イオンリテール	1,711,456	11／2	GMS
4	ローソン	1,502,700	11／2	CVS
5	ファミリーマート	1,440,457	11／2	CVS
6	イトーヨーカ堂	1,373,670	11／2	GMS
7	エディオン（連結）	901,010	11／3	CE
8	サークルKサンクス	855,010	11／2	CVS
9	そごう・西武	846,796	11／2	DP
10	ファーストリテイリング（連結）	814,811	10／8	AP

（出所）『Chain Store Age』、2011年9月15日、54頁より一部抜粋。

2－2　コンビニの成長を支える仕組み

　日本フランチャイズチェーン協会の調査によるとコンビニの年間売上高は、2011年でおよそ8兆6769億円[8]にのぼる。日本百貨店協会による全国百貨店の同年度の売上高は約6.3兆円[9]であり、今やコンビニの売上高はかつて消費市場の勢いをけん引した百貨店やスーパーなどよりも上位にある（図表5－1）。コンビニで購入される大半の商品の単価が低いことを考えると、どれだけ多くの消費者がコンビニを頻繁に利用しているかがわかる。

　では、いかにしてコンビニはこのような成長力を持つことができるようになったのだろうか。以下では、木下安司『コンビニエンスストアの知識＜第2版＞』を参考にしながら、コンビニの歴史と成長戦略について紹介しよう。

　日本のコンビニの見本となったのは、アメリカのサウスランド・アイス社である。ここでは、家庭用冷蔵庫向けの氷販売に始まり、顧客の要望をとり入れて卵や牛乳、日用雑貨などを取り揃え販売するようになった。営業時間は、1920年代の当時としては珍しい朝の7時から夜の11時までの時間帯であ

第5章　「コンビニ社会」と日本的消費　　95

り,「7 -ELEVEN」の名前のルーツとなった。アメリカにおけるコンビニは1960年代から1970年代にかけて急成長し,近くて便利な店というコンビニのイメージが定着していく。この時期,アメリカでは産業構造の変化に伴い都市周辺部で単身世帯の増加や女性の社会進出,通勤時間の増加,工場での三交代制の導入,高給の得られる人たちがレジャーに時間をかけるために家事などに必要な時間を節約し始めるなどの変化がみられ,コンビニの便利さが受け入れられる素地が存在していた。だが,その後のアメリカのコンビニは勢いを失っていくが,反対にアメリカのコンビニ経営から学んだ日本のコンビニ経営は日本の消費生活に根を張るまでに成長していく。

　日本におけるコンビニの始まりには諸説あるが,1974年のセブン‐イレブン豊洲店（東京）がコンビニ1号店とされることが多い。この店舗の特徴は,営業時間の長さとアメリカのコンビニに比べての品揃えの豊富さであった。それに加えて消費者がコンビニに期待する「時間の利便性」を提供するため,目的の商品を見つけやすい商品陳列やレジの待ち時間短縮のための徹底したスタッフ教育やレジのバーコード入力などが早期からとり入れられた。だが,コンビニにとっての課題は,品揃えをよくするために店舗の狭さをどのように克服するかということであった。そこで発案されたのが,在庫スペースの大幅削減による売り場面積の確保,すなわち,店舗サイドでの単品管理[10]と仕入れサイドでの多頻度・小口配送[11]であった。単品管理は,品切れの予測や売れ筋・死に筋商品の判断を可能にするデータを集めることができ,有効な店舗スペースの活用につながった。多頻度・小口配送は,一回の仕入れ数を減らすと同時に配送回数を増やすことで仕入れ業者にとっては手間とコストがかかるようになるが,店舗にとっては在庫の減少と商品の鮮度向上などが図られた。またチェーン化で加盟店数を増やし業務統合することで1店当たりのコストを削減し取引先に対する強い交渉力を持つこと[12],ドミナント出店によってその地域でのシェアを確保すると同時に配送の効率化を図ること,物流システムでは共同配送と窓口問屋制,集約配送や温度帯別物流をはじめさまざまな新しいシステムを築き上げた。こうして,消費者にとって極めて便利なコンビニが築き上げられていったのである。

2－3　顧客層の変化

　コンビニが登場した当時の主な顧客層は，男性若年層であった。しかし少子高齢化が進むなか，限られた顧客層だけでは売上げ増加が見込めないことから，どの業界でも顧客層の拡大が課題となっている。コンビニの客層は現在でも男性7に対し女性3の比率であり[13]，コンビニ各社では女性客や高齢者の獲得を目指して弁当のサイズの小型化や低カロリー食材の使用，お菓子やデザートの開発などが活発に取り組まれている。その結果，近年のコンビニでは，顧客層にも変化が現れ始めており，コンビニとは疎遠な関係にあった女性や高齢者の利用も徐々に増えてきている。

　近年のコンビニ利用客に占める女性の増加には，PB商品の開発が功を奏している。その具体例のひとつがセブン‐イレブンのセブンプレミアムである。この商品群はセブン＆アイ・ホールディングスがグループ共通のPBとして生み出したもので，2007年5月23日から発売されている。その特徴はNBと変わらぬ品質と安さを共存させることで，消費者にとっての高いコストパフォーマンスを打ち出している点にある。長期にわたる不況の下，ボーナスや賃金の引き下げ，不安定な雇用環境などが続き，できれば節約したい，同じ商品なら少しでも安いものを手に入れたいといった消費者心理が根強く存在していることから，コンビニのPB商品は主婦層の取り込みに有効な手段となりつつある[14]。

　こうした企業の取り組みの影響は，顧客の年齢層の変化としても現れてきている（図表5－2）。セブン‐イレブンの「年齢別1日1店舗当たり平均客数」から客層の推移をみると，29歳未満の層での構成比率の減少と30歳以上の層での増加がみてとれる。また，『LAWSONアニュアルレポート2011』[15]の「国内ローソンの顧客構成比（ローソン推計）」でも同様の傾向がみられる。

　日本社会の人口構成は少子高齢化の流れの下，今後も中高年層の割合が増加していく。また，これから中高年層になっていく集団にとっては，すでに彼らの若い頃にはコンビニが存在し，利用した経験のある人たちが多数含まれることになる。こうした人口構成の変化と，中高年層にも支持される商品

図表5－2　セブン-イレブン「年齢別1日1店舗当たり平均客数」

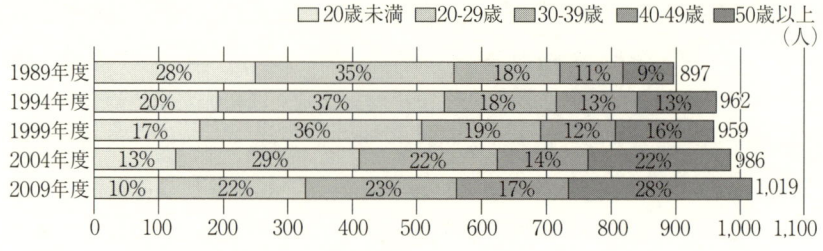

	20歳未満	20-29歳	30-39歳	40-49歳	50歳以上	(人)
1989年度	28%	35%	18%	11%	9%	897
1994年度	20%	37%	18%	13%	13%	962
1999年度	17%	36%	19%	12%	16%	959
2004年度	13%	29%	22%	14%	22%	986
2009年度	10%	22%	23%	17%	28%	1,019

（出典）セブン-イレブン・ジャパン来店客調査。
（出所）セブン＆アイHLDGS.『Corporate Outline　2010』28頁より引用。

開発や取扱商品の拡大などとの相乗効果により，コンビニの客層がますます若者層から高齢者層に移っていくことが予想される。

3　社会変容のなかでの消費生活の変化

3－1　1970年代以降の社会変容

　いかなる商売でもそれらに対する社会的需要が存在しないところでは経営が成り立たない。コンビニの発展は，コンビニ独自の経営戦略や商品開発努力等によると同時に，日本社会の変容とそれに伴う消費者の生活意識の変化などにも支えられてきたといえる。ここでは，1970年代以降の日本社会の変容がコンビニの成長を支える基盤としてどのように役立ってきたかについてみていこう。

（1）産業構造と家族構成の変化

　第2次世界大戦後の日本の産業構造は大きく変化した。都市部に工場をはじめ多くの働く場所がつくり出され，農村から都市への人口移動が始まる。3部門の産業別就業者数の推移（図表5－3）をみると，第2次産業と第3次産業での就業者数の増加，第3次産業の増加率の高さ，反対に第1次産業で就業者数が急減していることがわかる。

　次に，家族構成の変化をみてみよう。農村から都市への人口移動が進むと若年労働者が都市部で働き家族を形成することなどにより核家族化が進ん

図表5－3　産業（3部門）別就業者数の推移

（単位：万人）

■第1次産業　■第2次産業　□第3次産業

年	第3次産業	第2次産業	第1次産業
1950	1067	784	1748
1955	1405	925	1629
1960	1684	1280	1439
1965	2097	1511	1186
1970	2451	1790	1015
1975	2752	1811	735
1980	3091	1874	610
1985	3344	1933	541
1990	3642	2055	439
1995	3954	2025	362
2000	4048	1857	317
2005	4133	1607	297

（注）第1次産業：農業，林業，漁業。第2次産業：鉱業，建設業，製造業。第3次産業：電気・ガス・熱供給・水道業，運輸・通信業，卸売・小売業，飲食店，金融・保険業，不動産業，サービス業，公務（他に分類されないもの）。
（出所）総務省統計局ホームページ「産業（3部門）別就業者数の推移（1950年～2005年）」。

図表5－4　世帯類型別にみた世帯数（1975年と2010年）

（単位：千世帯，％）

世帯類型	1975年世帯数	2010年世帯数	1975年構成割合	2010年構成割合
単独	5,991	12,386	18.2	25.5
夫婦のみ	3,877	10,994	11.8	22.6
夫婦と未婚の子のみ	14,043	14,992	42.7	30.7
ひとり親と未婚の子のみ	1,385	3,180	4.2	6.5
三世代世帯	5,548	3,835	16.9	7.9
その他の世帯	2,034	3,320	6.2	6.8

（出所）国民生活基礎調査より作成。

だ。世帯人員は，1965年に4.13人であったものが徐々に減少を続け，2010年には3.40人へと推移している。また「単独」と「夫婦のみ」の世帯数とそれらが一般世帯に占める割合も大幅に増加している（図表5－4）。

単身者や長時間の労働に従事する者にとっては一人分の食事の準備は手間と時間のかかる面倒な作業である。高齢者の一人暮らしや高齢者だけからな

第5章　「コンビニ社会」と日本的消費

る世帯の増加，忙しく働く労働者などにとっては，コンビニのように弁当や総菜などを提供してくれる店の存在価値はますます高まっていくといえよう。

(2) 働く女性の増加と家事労働の簡略化

第2次世界大戦後の産業構造の変化や進学率の上昇などを背景に，女性の労働力率は伸びてきた。他の先進諸国と比べると日本においては結婚や出産・子育てを理由に退職する女性は現在でも多いが，働き続ける女性と子育てが一段落した後にパート労働などで再び働き始める女性は増えている。社会的には，介護・育児休業法をはじめとする法律が整備されてきていることや女性が働き続けることに対する社会の意識の変化，雇用状況の不安定さなども女性就業者の増加を後押ししているといえる。

働く女性の増加は，専業主婦世帯の減少としても現れている。高度経済成長期に誕生した「専業主婦」は，妻が働かなくても生活できるだけの稼ぎのある亭主がいることと同義に捉えられ，一種の社会的ステータスでもあった。1980年代まではいわゆる専業主婦世帯の方が共働き世帯よりも多かったが，1992年には共働き世帯がその数を上回り，その後もその傾向が続いている（図表5－5）。

女性労働者が増加し始めると家事の簡略化を求める声は強まる。家事労働に給与は支払われないが，人間が生きていくためには必要不可欠な作業であ

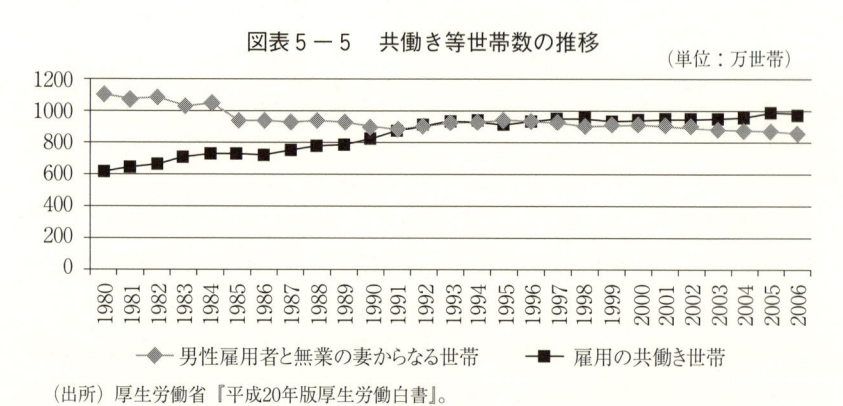

図表5－5　共働き等世帯数の推移

（単位：万世帯）

◆　男性雇用者と無業の妻からなる世帯　　■　雇用の共働き世帯

（出所）厚生労働省『平成20年版厚生労働白書』。

図表5－6　電気冷蔵庫と電子レンジの普及率

（単位：％）

	1960	1965	1970	1975	1980	1985	1990	1995	2000
電気冷蔵庫	10.1	51.4	89.1	96.7	99.1	98.4	98.2	97.8	98.0
電子レンジ	－	－	2.1	15.8	33.6	42.8	69.7	87.2	94.0

（出所）内閣府『消費動向調査』「主要耐久消費材等の普及率（全世帯）」より作成。

る。そのため世帯人員が忙しく働き一定の収入を得られるようになれば，家事労働をお金で置き換えるという家事の外部化が進む。家事労働の時間削減に大きな役割を担ったのは家電製品の普及であった。例えば，電気洗濯機は洗濯の重労働から婦人を解放し，電気冷蔵庫は保冷機能による食品の買いだめを可能にした。また電子レンジの普及は冷凍食品という短時間での料理を可能にした。チェーンスーパーが勢いを増す1970年代には電気冷蔵庫の普及率はすでに90％を超えており，また電子レンジは1980年代以降急速に保有率を高めている（図表5－6）。冷凍食品の国内消費量[16]は，70年代以降90年代半ばまで増加を続けその後も比較的安定した生産量を維持している。また冷凍野菜の輸入量も増加を続け，90年代になると調理冷凍食品の輸入量も増えている。近年ではスーパーの目玉商品としても販売される機会の多い冷凍食品は，消費者にとっては便利な食品として認知されていることがわかる。

「NHK国民生活時間調査」[17]によると，晩婚化・出産年齢の高齢化などの影響により平日に働く20代の女性が増え（その割合は，1980年の61％から1995年73％へ），家事をしない20代の女性も増えてきている（1980年の11％から1995年28％へ）。弁当や総菜などすぐに食べることのできる食品は男女どちらにとっても家事時間の短縮という目的には適っており，手軽な食品に対する需要の存在とマッチしている。

（3）労働時間と生活時間――夜型社会へ

まずは労働時間の推移についてみてみよう。世界的にも長時間労働の国として知られている日本の労働者の平均労働時間は，『毎月勤労統計調査』[18]（厚生労働省）によると，年間総実労働時間，年間所定内労働時間ともに1950年から1970年代中盤までは減少傾向，1970年代中盤以降1980年代後半にかけ

ては横ばい，その後再び減少といった流れにある。これらには，国を挙げての時間短縮の動きが寄与していると考えられる。日本では1947年に制定された法定労働時間48時間が永く続いてきたが，経済力の向上や諸外国からの長時間労働に対する批判などを受けて，年間総労働時間を1800時間程度に短縮していくことになった。1988年改正の労働基準法では，1週間の法定労働時間を40時間と制定し段階的に短縮を実施していくことが決まった。また，1990年代には週休二日制が普及するようになり，総労働時間の短縮に寄与したと考えられる。

だが，黒田（2010）によれば，総務省『社会生活基本調査』の個票データを用い，雇用者1人当たり，フルタイム1人当たり，男女別で平均労働時間を比べると，1986年と2006年では統計的に有意に異ならないという。同期間のフルタイム男性雇用者に関する分析では，週休二日制の導入により平日の1日当たりの労働時間は趨勢的に上昇している。また過去30年間をとるとフルタイム男性で週4時間，女性で3時間程度の睡眠時間が減少していると分析している[19]。

雇用形態の変化は次のようである。1990年代の労働・生活に関する法律改正により非正規労働者は急増し，非正規労働者は労働者人口の3割を占めるようになった。『平成23年版労働経済の分析』によると，2000年から2010年にかけて非正規労働者は，25～34歳層で15.8％から25.9％へ，35～44歳層で23.1％から27.4％へ，45～54歳層で24.6％から30.7％へと増加している。

こうした事態を考慮すると，短時間労働を担う非正規労働者数の増加は見られるものの，雇用者1人当たりの労働時間は必ずしも一律に減っているとはいえないと考えるのがよいだろう。

次に睡眠時間についてみていこう。労働に多くの時間を割くと睡眠や家事，趣味などに使う時間は圧迫される。だが，労働時間さえ短くなれば睡眠時間が十分に確保できるというわけでもないのが実情のようだ。コンビニが流行り深夜でも買い物ができる環境が整うと，夜中にコンビニに立ち寄る人が出てきた。1990年代以降のインターネットの普及は，パソコンや携帯電話を通しての深夜の買い物やチャット，ネットサーフィンなどを可能にした。こうして従来は昼間の活動として理解されていた消費活動や夕食後のテレビ

視聴がインターネット操作に置き換わり，生活時間は深夜にずれ込んできている。

「NHK国民生活時間調査」に基づいて，夜型社会が深化しつつある現状をまとめてみよう。本調査によると，1960年から2010年にかけて1時間も睡眠時間が減少してきている。夜は寝るものという感覚が変化し始めたのは60年代からであり，そのきっかけとなったのはテレビの普及であった。70年代になると，産業構造変化の影響を受けて，農林漁業者の減少で早寝早起きの人たちが少なくなり，平日勤務の労働者の増加は平日の睡眠時間減少と日曜日の睡眠時間増加をもたらした。80年代になると，仕事やレジャーに時間を費やし，テレビや睡眠の時間が平日・週末ともに減少していった。80年代後半のバブル経済の時期には，24時間体制の仕事や消費のかたちが本格化し始め，夜型社会の足場が築かれた。90年代以降には，パソコンや携帯電話，2010年以降ではスマートフォンの急増がこの流れをさらに加速している。働き方では，1995年と2010年とを比較すると，朝と夜に働く人が増えて，日中に働く人はやや減っており，働く時間帯が分散化してきていること，年齢層別にみた睡眠時間の変化では，中高年層で睡眠時間が減り続けていることが指摘されている。

睡眠やリフレッシュのための時間は，労働力の再生産に不可欠である。国際競争に打ち勝つための商品生産の方法や便利な生活を支えるための労働には，しばしば深夜労働や二交代・三交代制勤務などの労働形態が強いられる。24時間型消費社会とも言い換えることのできる「コンビニ社会」では，深夜に労働や消費をする人などさまざまなかたちでの夜更かしが進む。人間の生理に反した生活形態が続けば，会話や料理，読書や議論といった時間と労力の必要な行動に消極的になり，努力の要求されない楽な生活を求めるようになるだろう。こうした生活環境が日本全体に浸透している点に「コンビニ社会」が強固に根を張る基盤があるといえる[20]。

3－2　食生活の変化

(1) 消費支出と食品群別摂取量からみた食の変化

　私たちの生活では，コンビニやスーパーで手軽に総菜やお弁当・パンなど

図表5－7　1世帯当たり平均1ヵ月間の食料費目別の消費支出

(単位：円)

費目 年次	食料費 総額	穀類 その内、米	魚介類	肉類	乳卵類	生鮮 野菜	油脂	調理 食品	菓子類
1965	17,858	4,105 (3,254)	2,098	1,523	1,528	1,341	117	517	1,168
1975	49,828	6,776 (4,424)	6,854	5,718	3,379	3,950	415	2,131	3,429
1985	74,369	9,977 (6,107)	9,841	7,919	3,805	5,722	440	4,832	4,808
1995	78,947	8,550 (4,148)	9,279	7,282	3,834	6,196	299	7,510	5,416
2005	70,964	6,569 (2,439)	6,368	6,398	3,457	4,994	288	8,561	5,172
2010	69,575	6,497 (2,123)	5,389	6,448	3,299	5,066	301	8,293	5,495

(出所)　総務省『家計調査年報』「1世帯当たり年平均1ヵ月間の収入と支出（勤労者世帯）
　　　　―全国―」より作成。

を購入することができる一方で，メタボリック・シンドロームや子どもの肥満，過食症・拒食症といった健康とは相容れない言葉を毎日のように耳にする。では，身体をつくる基礎となる食生活はどのように変化してきているのだろうか。世帯における食料費支出の推移からその変化を検討することにしよう。

　高度経済成長期には毎年賃金が上昇し家計の収入・支出状況が激変しているため，ふたつの視点から食の変化を捉えてみよう。ひとつは，支出金額の変化に基づくものである（図表5－7）。1965年の支出額を1として2010年の金額をみると，食料費総額は約3.9倍，米は約0.7倍，魚介類は約2.6倍，肉類は約4.2倍，乳卵類は約2.2倍，生鮮野菜は約3.8倍，油脂は約2.6倍，菓子類は約4.7倍，調理食品は約16倍に増加している。もうひとつは，食料費総額に占めるそれぞれの費目の割合を1965年と2010年とで比較するとその変化はおおよそ次のようである。米は18.2％から3.0％，魚介類は11.7％から

図表5－8　食品群別摂取量の年次推移

(単位：1人1日当たり（g）)

		1960年	1965年	1975年	1985年	1995年	2000年
穀類	米類	358.4	349.8	248.3	216.1	167.9	160.4
	小麦類	94.3	68.7	90.2	91.3	93.7	94.3
いも類		64.5	41.9	60.9	63.2	68.9	64.7
油脂類		6.1	10.2	15.8	17.7	17.3	16.4
豆類		71.2	69.6	70.0	66.6	70.0	70.2
緑黄色野菜		39.0	49.0	48.2	73.9	94.0	95.9
その他の野菜		123.6	170.4	198.5	187.8	196.2	194.2
果実類		79.6	58.8	193.5	140.6	133.0	117.4
海藻類		4.7	6.1	4.9	5.6	5.3	5.5
砂糖類		12.3	17.9	14.6	11.2	9.9	9.3
調味嗜好飲料		－	87.8	119.7	113.4	190.2	182.3
菓子類		29.0	31.6	29.0	22.8	26.8	22.2
魚介類		76.9	76.3	94.0	90.0	96.9	92.0
肉類		18.7	29.5	64.2	71.7	82.3	78.2
卵類		18.9	35.2	41.5	40.3	42.1	39.7
乳類		32.9	57.4	103.5	116.7	144.4	127.6

（出所）厚生労働省「国民栄養の現状　平成12年国民栄養調査結果」より作成。

7.7％，肉類は8.5％から9.3％，乳卵類は8.6％から4.7％，生鮮野菜は7.5％から7.3％，油脂は0.7％から0.4％，菓子類は6.5％から7.9％，調理食品は2.9％から11.9％へと変化している。

　これらから言えるのは，次のことである。1965年から2010年にかけて食料費支出で金額・割合ともに著しく減少しているのは，「米」である。反対に，金額・割合ともに著しく増えているのは，「調理食品」である。「油脂」に大きな変化はみられないが，調理食品や外食の支出が増加していることを考慮すれば，油脂類を摂取する機会は格段に増えていると考えられる。1970年代は日本で外食産業が勢いを増す時期でもある。核家族化やマイホーム主義，自動車の保有率上昇などの条件が揃い，家族で出かけて食事をするレストランが繁栄するようになった。食料費に占める外食費の割合は，1965年に6.0％，1975年に9.1％，1985年に12.9％，1995年に15.8％，2005年に17.8％，2010年に18.2％へと増加している[21]。また家計の食料消費支出に占め

る菓子類については金額・割合ともに大幅な増加は認められないが，小遣いをもらって自分で好きなものを買う子どもたちが多数を占める状況[22]の下，簡単に食品を買うことができるという便利な店の存在が偏った食生活の形成を後押ししているとみることもできる。

次に厚生労働省の『国民栄養の現状』から1人1日当たりの食品群別摂取量の年次推移を取り上げる（図表5－8）。1960年と2000年を比較すると摂取量で著しい減少がみられるのは米であり，伸び率が高いのは，肉類で4倍強，乳類で4倍弱，油脂類は約2.7倍，緑黄色野菜で約2.5倍，卵類で約2.1倍である。

（2）おいしいと感じるコンビニ食品の味

コンビニを頻繁に利用する人たちにとってコンビニ食品の味は，もはや慣れ親しんだものになってきている。東京ガス都市生活研究所が2001年におこなった首都圏の中・高校生を対象にした調査[23]では，高校生男子・女子の約5割以上でともに「学校がある日にコンビニを利用する回数」が1回以上あり，中学生男子・女子ともに2割をやや超える率で，同様の回答をしている。さらに，同調査の「コンビニ食品はおいしいか」という質問に対し，中高生の9割以上が「おいしい」（「たいへんおいしい」24.9%，「まあおいしい」70.8%）と回答している。また，トレンダーズ株式会社が2011年2月に実施した女性対象の調査[24]によると，「コンビニで扱っている食事のうち，よく買うもの」に対する回答の1位は「おにぎり」で71%，2位は「パン」60%，3位「サンドウィッチ」44%，「お弁当」23%，「お惣菜」17%であった。おにぎりの味に対する「コンビニのおにぎりは美味しいと思いますか？」の問いに対する回答は，「思う」が85%であった。

人間が食物を口にしておいしいと感じるのは，その味をどれだけ体験したかという経験の多さに基づいているという。伏木[25]（2005）によると，おいしさの構成要素は4つあり，①生理的な欲求に合致するもの，②生まれ育った国や地域あるいは民族などの食文化に合致するもの，③脳の報酬系を強く刺激してやみつきになるもの，④情報がおいしさをリードすることによるもの，と説明されている。②については，人間は食べ慣れた味に安心やおいしさを感じるため，いったん身に着いた嗜好は簡単に変化することはなく，

親が食べてきたものを子どもも食べるようになり，各民族が好む食が形成されるという。また，必ずしも子どもの頃から食べ続けていなくても油脂類や甘み，あるいはそれらが合わさった食べものの味などは脳に快感を与えやみつきになりやすいという。この考えに基づけば，人は食べた経験の多さによって食品に対するおいしいという感覚を形成していることになる。そうすると，コンビニ食に慣れ親しんだ人びとにとってはコンビニ食の味をおいしく懐かしく感じるようになるということだ。

現代の食生活における味の傾向については，食の外部化が進み，食の外部化では高脂肪で濃いめの甘み・醤油味・塩味になる傾向が強くなっている[26]という指摘や若者の嗜好が「白飯から味付けご飯に移っていることになる」[27]といった指摘もある。幼い頃に形成された味覚が時代とともに変化することで，これからもますますコンビニ食は旺盛を極めていくだろう。

（3）世間体を凌駕した便利な食品

インスタント食品の普及には企業側のさまざまな工夫が必要とされ，またそれを購入する消費者側の意識の変化も求められる。ここでは料理の手間を省くことのできる食品の一例としてベビーフードを取り上げる。ベビーフードは発売当初苦戦を強いられた。まずは，日本におけるベビーフードの歴史について，日本ベビーフード協議会[28]のホームページから紹介しよう。

日本における初のベビーフードは，1937年に和光堂が発売した「グリスメール」（米の粉砕品），1942年の「育児食」2品目である。1950年代～1960年代になると，内容も多様化し，現在のベビーフードに近いものが登場し始めるが，まだベビーフードの認知度は低かった。1970年代になると，「乾燥ベビーフード」の品目が穀類中心から果汁，野菜，肉類にまで広がり，容器も缶詰から瓶詰が多くなり始める。だが，70年代においても，ベビーフードを利用するのに後ろめたさを抱く母親の意識が強かった。80年代になると女性の社会進出とともに女性の家事に対する意識や母親の意識にも変化がみられ始め，また，技術進歩によりフリーズドライ製法のベビーフードの発売など品揃えが豊富化していった。フリーズドライやレトルトカップ入りの商品は母親の栄養や安全に対する意識に影響を与え，瓶詰商品の低価格化なども相俟って90年代のベビーフード成長期を迎える。

厚生労働省が実施した「平成17年度乳幼児栄養調査」の結果概要から，1985年と2005年を比較すると，ベビーフードを「よく使用した」と回答した母親は9.7％から28.0％へ，「時々使用した」のは38.5％から47.8％へと増加し，反対に「ほとんど使用しなかった」母親は51.8％から24.2％へと半分以下に減少している。同調査の「離乳食におけるベビーフード・手作りに対する考え」については，次のようである。「ベビーフードの方がすぐれている」と思う点に関する質問で8割を超える高い支持を得たのは「簡便さ」である。他の質問事項である「安全・衛生面」，「健康・栄養面」，「味」では「どちらともいえない」の回答が半数近くを占め，「経済性」と「愛情」では「手作りの方がすぐれている」という回答が8割前後を占めている。

　曽根（2001）によると，乳幼児期の離乳栄養の役割は，「栄養素の補給だけではなく，そしゃく能力の発達を支える，味覚の基礎をつくりその幅を広げる，食習慣の基礎をつくる」[29]ことにある。しかしながら，ベビーフードの「米飯類」と「その他・混合品」を占める瓶詰とレトルト食品には，「同様の内容を手作りした場合よりも柔らかい傾向にある」[30]ため，そしゃく能力の発達には望ましいとはいえないものが多くある。また，1980年代には保育の現場から乳幼児の「食物を噛めない」，「飲み込めない」などの訴えが出始めていたという[31]。

　ベビーフードの供給量は，1970年代以降の増加がめざましく，とりわけ1990年代以降に急増している。日本ベビーフード協議会がまとめた2010年のベビー加工食品[32]の合計金額[33]は約395億円，重量合計は34000トン余りに達している。その背景には，働く女性が増加し離乳食の準備を短時間で済ませたいという要求が出てきたこと，働いていない女性も子育て以外の自分の時間を確保したいという欲求が顕在化してきていること，ベビーフードの種類の豊富化や価格の引き下げ[34]などにより選択の枠が増えたことなどと同時に，「ベビーフードの利用＝"手抜き育児"という意識が薄れ，母親を取り巻く周囲の人々からも受け入れられるようになってきた」[35]ことなどが背景として考えられる。

　1990年代に生まれた子どもたちも今や高校生以上の年齢に達している。コンビニに置かれた商品のほとんどが柔らかくて口当たりのよい食品であるの

は，売れるから，つまりそれらを好む顧客層が多いからということである。幼い頃から柔らかいものを食べ慣れてきた人たちがFFの柔らかい口当たりを好み，その味をおいしいと感じているということであろう。また，家庭料理の付け足しとして惣菜が用いられるだけでなく，家族一人ひとりが自分の食べたい弁当や総菜を買ってきて家族で同じテーブルについていても個食をする例[36]や一人だけで食べる孤食の例に関心が寄せられてから久しい。こうした手っ取り早い食事形態を可能にする環境として「コンビニ社会」が存在しているともいえよう。

4 おわりに

　常に誰かがいて食料品・飲料水などが揃っているコンビニは，すでに社会的インフラとしての機能を果たしている[37]。東日本大震災後にはコンビニは各社が確立した配送網によって逸早い商品配送を可能にし，被災地域に商品を提供し続けその存在が注目された。さらに，「買い物難民」への対応としてスーパー同様コンビニによる配達付きの商品販売の役割も期待されてきている[38]うえに，コンビニは店舗が小さく出店での小回りがきくことから地方自治体との連携の仕方によっては過疎地域での出店の可能性も秘めている[39]。今後のコンビニには，生活援助といった福祉的側面での役割を他の企業や組織との連携のなかで構築していくことも期待されており，そうした動きも始まっている[40]。つまり，コンビニの地域社会におけるこれからの役割は，便利に買い物ができる店という看板に加えて，どこまで地域の安全ステーション，交流ステーション，介護・福祉事業や地域活動の拠点となりうるかということである。しかしこれらを実現していくためには，コンビニの限られたスペースだけでは対応できないため，場所の確保，どこの誰とどの点で協同するか，モノを売るための接客術[41]に加えてコミュニケーション力の引き上げなどといった人材の育成も課題となっている。

　東日本大震災は，日本社会の消費のあり方にも一考を要する問題を提起した。原発事故を受けての節電要請が出されるなか，企業や家庭，交通機関といったあらゆる場所での節電が実施された。日頃からエネルギーを大量に使

用することを前提とした生活を送ることが日本社会全体に対して正面から問われる状況になったのである。それに対して，節電の取り組みは，さまざまなかたちで実践されてきた。だがその事態をじっくりと眺めてみると，24時間営業やこまめな配送システム，時間指定が可能な宅配，自動販売機の設置数や夜間のネオン，快適な空調設備といった私たちの便利な生活を支える仕組みを根本的に問い直すような問題提起にまではおよんでいない。「コンビニ社会」における商品回転率の高さは，消費者の欲望を喚起し消費を促す。それが快適な生活を後押しする役割を担うこともある。しかしながら，まだ使えるものを捨てる，消費期限が目前に迫ると食品を廃棄するなどといった資源を大切にするといった感覚からは程遠い行動もみられる。企業にとっては販売促進に欠かせない消費欲望の喚起は，無駄な消費と表裏の関係にあるともいえるのである。

　「コンビニ社会」の問題点のひとつに大量の廃棄物問題がある。農林水産省[42]によると，日本での1年間の食品廃棄物は約2000万トンを超えると推計されており，食べることができたのに廃棄された食品が食用に回された資源のうちの5～10％に達する。食品を輸入しながらも大量の食品廃棄物を産出している消費のあり方はすぐに見直さなければならない。また廃棄物の処理のために生じる二酸化炭素や長距離移動による食品輸送から生じる二酸化炭素の問題や飢餓に苦しむ子どもたちがいる現実[43]など，便利な消費社会を考え直すべき時代に直面している。

　食品廃棄物の多さは，消費期限や賞味期限に対する消費者側の認識のあり方と新鮮なものを求めすぎる行動にも起因している。安全な食品を手に入れることは私たちの生活にとって大切なことであるが，誤った認識に基づく「新鮮さ信仰」は食べられるものさえ捨ててしまうという消費者の行動を生み出す。「賢い消費者」になるには，各人が家計収支にだけ関心を持つのではなく，その商品を作り出すのに必要な労働や賃金，配送システムや原材料などの流れなどにも目を向けて，いかにしてその価格や消費期限・賞味期限が設定されているのかといったことにも関心を持ち，どのような経済循環が私たちの安定した生活にとって必要であるかを考えなければならない[44]。

　お金さえあれば欲しいものをいつでも手に入れることのできる便利な「コ

ンビニ社会」は，消費者の消費欲望を喚起し，商品の買い替えを促進する。コンビニやスーパーなどの食品を取り扱う店舗では，限られた消費の制限を乗り越えようと新しい味の開発に勤しんでいる。これらにより私たちの消費を取り巻く環境は多種多様な商品であふれ豊かであるともいえるが，それと同時に，生活を簡便に済ますことだけを快適を感じてしまうような錯覚も生じてきている。人との会話，協同の作業，誰がどのようにして作った作物や商品であるのかといったことに関心を寄せながら，他者との協同のなかでのより住みやすい社会の形成のために，消費者の側からも「コンビニ社会」を有益に利用する方法を考え出す時に来ている。

(森脇丈子)

注
(1) 日本フランチャイズチェーン協会の2010年度「JFAフランチャイズチェーン統計調査」報告より。
(2) 郵便局ホームページの「現在の郵便局数」(2012年4月30日時点)より，営業中の郵便局数。<http://www.jp-network.japanpost.jp/notification/storeinformation/pdf/02_55.pdf>2012年7月18日アクセス。
(3) 経済産業省『商業統計』の別表「業態分類表」による。
(4) セブン&アイHLDS.『Corporate Outline 2010』31頁。
(5) 日本フランチャイズチェーン協会は，2009年5月に「社会インフラとしてのコンビニエンスストア宣言」を発表し，環境，まちの安全・安心，地域経済の活性化，消費者の利便性向上の追求を目指すとしている。また，39の自治体との災害時帰宅困難者支援協定の締結をはじめ，東日本大震災における取り組みは注目された。
(6) 鷲巣(2008) 57頁。
(7) 吉岡はコンビニを「…いつの時代も社会や生活者のニーズの変化を察知し『変化対応型産業』として発展してきた」208頁と述べている。また，2011年3月11日の東日本大震災以後のコンビニ各社の対応を調査して，コンビニの強さを①変化対応力，②商品力，③効率性，④娯楽性，⑤公共性の5つ面から解説している。吉岡(2012) 参照。
(8) 日本フランチャイズチェーン協会の「CVS統計年間動向(2011年1月～12月)」。
(9) 日本百貨店協会ホームページの「プレスリリース売上」より，2010年度の「全国百貨店売上高速報」より計算。<http://www.depart.or.jp/common_press_release/list/0>2011年1月23日アクセス。
(10) 単品管理とは，商品一つひとつについて，売上高，利益，在庫，生産性などを把握し管理することである。

(11) 多頻度・小口配送とは，商品の仕入れをケース単位ではなく必要な数の商品だけを仕入れる仕組みである。
(12) 大手コンビニチェーンの効率的な運営管理システムは，必ずしもチェーン店の経営者の生活の安定にはつながらないという指摘もあり，勢いのあるコンビニ業界にとっては頭の痛い問題のひとつである。月刊「ベルダ」編集部（2007）を参照されたい。
(13) 「コンビニ，市場飽和近い？」『日本経済新聞』2011年12月25日。
(14) 「コンビニPB 主婦も通う」『日本経済新聞』2012年3月13日。
(15) ローソン（2011）『LAWSON アニュアルレポート2011（2011年2月期）』8月。
(16) 日本冷凍食品協会ホームページ統計資参照。<http://www.reishokukyo.or.jp/statistic/consumption>
(17) 国民生活時間調査は，1960年以降5年ごとに実施されている。本稿での「生活時間」に関する記述は，NHK 放送文化研究所編（2011）45頁に基づいている。
(18) この統計は事業所が労働者に賃金を支払った時間が把握できるだけで，不払いの労働時間はつかめないという弱点を持っている。この点に関しては，厚生労働省『賃金構造基本統計調査』でも同じである。
(19) 黒田（2010）。
(20) 森脇（2006）を参照されたい。
(21) 総務省『家計調査年報』「1世帯当たり年平均1ヵ月間の収入と支出（勤労者世帯）―全国―」より計算（小数点第二位以下四捨五入）。ここでの「外食」は「一般外食」であり，「学校給食」は含まない。
(22) 金融広報中央委員会「子どものくらしとお金に関する調査　平成22年度調査」（第2回）によると，小学生の約8割，中・高校生の9割弱がこづかいをもらっている。「おこづかいの使い方（複数回答）」では，「おかしやジュース」もしくは「おやつなどの飲食物」が小学校低学年と中学生と高校生で1位，小学校中学年と高学年では2位となっている。
(23) 東京ガス（2001）。千葉（2005）12-14頁。
(24) ローソン（2011年2月23日）のプレスリリース<http://prtimes.jp/main/html/rd/p/000000002.000001939.html>より。元資料：トレンダーズが実施した調査。「女性の『コンビニ』に関する意識調査」，調査日：2011年2月11日，調査対象：22～63歳の女性，109名。調査方法：会場調査。
(25) 伏木（2005a），伏木（2005b），伏木（2006）を参照されたい。
(26) 今中・道本（1999），渡邉・村上（2010）。
(27) 榊田（2003）29頁。
(28) 日本ベビーフード協議会は，日本でベビーフードを生産・販売している企業からなる団体であり，1961年に設立されている。「赤ちゃんの健康と健全な発育に寄与するために」主な事業を展開しており，現在の会員は6社である。日本ベビーフード協議会ホームページ<http://www.baby-food.jp/outline/index.html>参照。

(29) 曽根（2001）55頁。
(30) 曽根（2001）53頁。
(31) 曽根（1998）。
(32) ベビーフード，ベビー飲料，おやつが含まれる。
(33) 日本ベビーフード協議会「ベビーフード協議会生産統計」（平成22年1～12月）より。
(34) ベビーフードの価格引き下げの実態については，「ベビーフード」『激流』2003年5月，80-81頁，『酒類食品統計月報』各年のベビーフード関連記事参照。
(35) 淡野（2003）79頁。同様の指摘は他にもみられる。例えば，秋山頼光は，出生数が減少するなかでもベビーフード全体の出荷量が微増もしくは横ばいで推移している状況について，「これは，育児をめぐる社会環境，母親の意識が大きく変化し，ベビーフードを抵抗なく受け入れるようになってきたこと，『離乳食作りの時間を短くし，その分赤ちゃんとのスキンシップに，より多くの時間を確保したい』と考える母親が多くなったことなどが考えられる」と指摘している（秋山 2003, 77頁）。水野・染谷・竹内（1997）。
(36) 家庭内における弁当や総菜品の浸透度の実態については，岩村（2010），岩村（2007）を参照されたい。
(37) 例えば，経済産業省はコンビニを防犯・防災・金融などの面で国民生活に欠かせないインフラになったと捉えて「社会インフラとしてのコンビニエンスストアのあり方研究会」を2008年12月から開催するなど，行政にとってもその位置づけは明白である。同研究会の研究会報告書「競争と協働の中で社会と共に進化するコンビニ」を参照されたい。
(38) 「狙いは"買い物弱者"」『日経ビジネス』2011年7月4日。
(39) 「コンビニ，自治体と新モデル探る」『日本経済新聞』2011年8月13日。
(40) 吉岡（2012）27-29頁参照。
(41) 竹内（2008）では，コンビニの現在の接客方法などがそこで働く人と消費者の双方にとっての心の通わない人間形成を助長していることが指摘されている。
(42) 農林水産省「食品ロスの現状について」資料2，平成20年8月8日。
(43) 国連世界食料計画によると，世界では9億人を超える人びとが飢餓に苦しんでいる。
(44) 森脇（2007）を参照されたい。

参考文献

秋山頼光（2003）「ベビーフードの種類と特徴」『母子保健情報』第48号。
淡野政弘（2003）「ベビーフードに対する意識と利用法」『母子保健情報』第48号。
今中正美・道本千衣子（1999）「女子学生の味覚の変化について」『日本家政学会誌』第50巻第10号。
岩村暢子（2007）『普通の家族がいちばん怖い』新潮社。

岩村暢子（2010）『家族の勝手でしょ！』新潮社。
NHK放送文化研究所編（2011）『日本人の生活時間・2010』生活時間調査。
木下安司（2011）『コンビニエンスストアの知識＜第2版＞』日経文庫。
黒田祥子（2010）「日本人の労働時間―時短政策導入前とその20年後の比較を中心に―」『RIETI Policy Discussion Paper Series 10-P-002』独立行政法人経済産業研究所。
月刊「ベルダ」編集部（2007）『コンビニ　不都合な真実』KKベストブック。
経済産業省『商業統計』。
厚生労働省「国民栄養の現状　平成12年国民栄養調査結果」。
厚生労働省「賃金構造基本統計調査」。
厚生労働省「平成20年版厚生労働白書」。
榊田みどり（2003）「買う"おにぎり"は，なぜ変化したのか？　問題なのは味覚の変化と教育の欠如」『望星』第34巻9号，東海教育研究所。
セブン＆アイHLDGS.『Corporate Outline 2010』。
総務省『家計調査年報』。
総務省『社会生活基本調査』。
総務省統計局ホームページ「産業（3部門）別就業者数の推移（1950年～2005年）」。
曽根眞理枝（1998）「幼児のそしゃくに関する考察―第1報　幼児のそしゃくの実態および摂食行動との関連について―」『横浜女子短期大学紀要』第13号。
曽根眞理枝（2001）「ベビーフードの現状について」『横浜女子短期大学紀要』第16号。
竹内稔（2008）『コンビニのレジから見た日本人』商業界。
千葉保監修（2005）『食べものが世界を変えている　コンビニ弁当16万キロの旅』太郎次郎エディタス。
東京ガス　都市生活研究所（2001）『中高生の食生活と料理』都市生活レポート。
内閣府『消費動向調査』「主要耐久消費材等の普及率（全世帯）」。
農林水産省「食品ロスの現状について」資料2，平成20年8月8日。
日刊経済通信社『酒類食品統計月報』。
日本百貨店協会ホームページ「プレスリリース売上」。
日本フランチャイズチェーン協会「CVS統計年間動向（2011年1月～12月）」。
日本フランチャイズチェーン協会「JFAフランチャイズチェーン統計調査（2010年度）」。
日本ベビーフード協議会「ベビーフード協議会生産統計」（平成22年1～12月）。
伏木亨（2005a）『人間は脳で食べている』筑摩書房。
伏木亨（2005b）『コクと旨味の秘密』新潮社。
伏木亨（2006）『おいしさを科学する』筑摩書房。
「ベビーフード」『激流』2003年5月。
水野清子・染谷理絵・竹内恵子（1997）「ベビーフードに関する実態調査」『日本総合愛育研究所紀要』第33集。
森脇丈子（2006）「コンビニ利用型の消費行動と日本的買い物習慣」『鹿児島県立短期大

学・商経論叢』第56号。
森脇丈子（2007）「消費者生活からみた『個人責任』領域のひろがりとその問題点」『日仏社会学会年報』第17号。
吉岡秀子（2012）『コンビニだけが，なぜ強い？』朝日新聞出版。
ローソン『LAWSON アニュアルレポート 2011』。
鷲巣力（2008）『公共空間としてのコンビニ』朝日新聞出版。
渡邊快記・村上和雄（2010）「コンビニエンスストアで販売されているおにぎりの比較とおにぎりの嗜好に関する調査研究」『東京家政大学研究紀要』第50集(2)。
『日経ビジネス』。
『日本経済新聞』。
『Chain Store Age』。
日本百貨店協会
　＜http://www.depart.or.jp/common_press_release/list/0＞
日本ベビーフード協議会
　＜http://www.baby-food.jp/outline/index.html＞
日本冷凍食品協会
　＜http://www.reishokukyo.or.jp/statistic/consumption＞
郵便局
　＜http://www.jp-network.japanpost.jp/notification/storeinformation/pdf/02_55.pdf＞

第6章

携帯電話とライフスタイルの変貌[1]

1 はじめに

　日本社会における携帯電話の登場は私たちの生活を大きく変えてきた。総務省によれば（図表6-2），1988年における携帯電話の普及率は0.2％であったものが，2011年9月末現在では96.2％となっている[2]。このことは一体何を意味することになるのであろうか。本章の目的も正にここにあり，携帯電話の消費者への普及率の上昇とともに，そのライフスタイルがどのように変貌していったのかを明らかにすることにある。

2 携帯電話市場の現状

2-1　固定電話の現状

　こうした携帯電話が普及する以前の状況について描写すると，日本社会においては基本的には永らく固定電話が各家に1台1回線が引かれているのが通常であり，市内の主要なところ，公共機関や鉄道の各駅，ショッピングセンター，商店街などに公衆電話も普通によく見かけることができる風景であった。
　それが現状においては移動通信体である携帯電話の普及率の高まりとともに，固定電話の使用率よりも携帯電話のそれが上回るようになっていったのである。2005年3月末現在の電話番号の使用率のデータによると，固定電話（0 AB～J番号）は32％，IP電話（050番号）では47％，PHS（070番号）においては32％，090，080番号で始まる携帯電話は73％となっている[3]。

図表6−1　固定電話の加入者数の推移

(単位：万)

年度末	加入電話	ISDN[5]	合計加入者数
1995	5994	34	6028
1996	6153	111	6264
1997	6045	240	6285
1998	5856	407	6263
1999	5555	668	6223
2000	5226	970	6196
2001	5100	1033	6133
2002	5116	961	6077
2003	5159	863	6022
2004	5163	798	5961
2005	5056	749	5805
2006	4817	700	5517
2007	4478	645	5123
2008	4139	593	4732
2009	3792	542	4334
2010	3531	511	4042

（出所）総務省編『平成23年版情報通信白書』39頁。
　　　　筆者が表記統一のため年号を西暦に変更して表示。また合計欄を追加。

　固定電話（加入電話）の加入者数で見ても1996年の6153万をピークとして，その後は減少傾向を続けており，2010年では3531万（図表6−1）となっていることからも理解できよう[4]。

2−2　携帯電話の機能拡大と携帯電話加入者の増大

　一方，携帯電話は通話やEメールによる通信手段としての便宜性に加え，製品自体の機能性としてのカメラ搭載，インターネット接続，おサイフケータイ，クレジット機能，赤外線通信，テレビの視聴（ワンセグ放送），海外での使用が可能なものなどさまざまな多機能性に溢れた製品が発売されてい

図表6－2　携帯電話・PHSの加入者数の推移

時期年度末	携帯電話・PHS合計			携帯電話		
	加入者数	普及率	対前年同月増加率	加入者数	普及率	対前年同月増加率
1988年	242,888	0.2%	61.1%	242,888	0.2%	61.1%
1989年	489,558	0.4%	101.6%	489,558	0.4%	101.6%
1990年	868,078	0.7%	77.3%	868,078	0.7%	77.3%
1991年	1,378,108	1.1%	58.8%	1,378,108	1.1%	58.8%
1992年	1,712,545	1.4%	24.3%	1,712,545	1.4%	24.3%
1993年	2,131,367	1.7%	24.5%	2,131,367	1.7%	24.5%
1994年	4,331,369	3.5%	103.2%	4,331,369	3.5%	103.2%
1995年	11,712,137	9.4%	170.4%	10,204,023	8.2%	135.6%
1996年	26,906,511	21.5%	129.7%	20,876,820	16.7%	104.6%
1997年	38,253,893	30.3%	42.2%	31,526,870	25.0%	51.0%
1998年	47.307,592	37.4%	23.7%	41,530,002	32.8%	31.7%
1999年	56,845,594	44.9%	20.2%	51,138,946	40.4%	23.1%
2000年	66,784,374	52.6%	17.5%	60,942,407	48.0%	19.2%
2001年	74,819,158	58.8%	12.0%	69,121,131	54.3%	13.4%
2002年	81,118,324	63.7%	8.4%	75,656,952	59.4%	9.5%
2003年	86,654,962	67.9%	6.8%	81,519,543	63.9%	7.7%
2004年	91,473,940	71.6%	5.6%	86,997,644	68.1%	6.7%
2005年	96,483,732	75.5%	5.5%	91,791,942	71.8%	5.5%
2006年	101,698,165	79.6%	5.4%	96,717,920	75.7%	5.4%
2007年	107,338,974	84.0%	5.5%	102,724,567	80.4%	6.2%
2008年	112,050,077	87.7%	4.4%	107,486,667	84.1%	4.6%
2009年	116,295,378	91.0%	3.8%	112,182,922	87.8%	4.4%
2010年	123,287,125	96.3%	6.0%	119,535,344	93.3%	6.6%
2011年9月末	127,280,856	99.4%	6.8%	123,129,010	96.2%	6.7%

（出所）総務省ホームページ。筆者が表記統一のため年号を西暦に変更して表示。※平成23年9月末からの普及率の人口値は、総務省統計局発表の「平成22年国勢調査（平成22年10月）全国の総人口（確定値：1億2805万7352人）」を使用。

る。

　とくにここ数年爆発的な勢いで20代から40代に支持されているのがスマートフォンと呼ばれる従来の携帯電話よりもその通信の遣り取りのデータ量が大きい高機能携帯電話の登場により，携帯電話市場も新たな時代に突入することになったのである。

　世界的にもスマートフォンの急速な普及により，その国の通信網の処理できる容量を圧迫したり，一時的につながらない状況も生まれかねないなど，通信網自体の大容量化も課題となっているのである[6]。

　現在日本の携帯電話事業者は，業界第1位NTTdocomo，第2位KDDI（au），第3位Softbankの3強に，EMOBILEを合併したイー・アクセス，PHS事業者のウィルコム（2010年にSoftbankの子会社），日本通信からなっている。

　社団法人電気通信事業者協会によれば，2011年7月末時点での携帯電話・PHSの契約数は1億2592万回線であり，シェア別に見ると図表6－3にあるとおり，NTTdocomo 46.55％，KDDI（au）26.57％，Softbank20.95％となっている。

図表6－3　携帯電話・PHS各社別シェア（2011年7月末現在）

事業者（グループ）	契約数	シェア（％）	備　　考
NTTdocomo	58,610,300	46.55％	
KDDI（au）	33,460,200	26.57％	2005年にツーカー各社を合併
Softbank	26,383,700	20.95％	2006年 Vodafone Japanを買収
EMOBILE（イー・アクセス）	3,426,000	2.72％	2010年イー・モバイル社を完全子会社化
ウィルコム	4,040,000	3.21％	PHS
合　　計	125,920,200	100.00％	

（出所）＜http://www.tca.or.jp/database/2011/07/＞電気通信事業者協会ホームページおよび携帯各社ホームページより，筆者が加筆して作成。シェアについては各社契約数／合計（総契約数）で算出。

図表 6 − 4　携帯電話事業者のビジネスモデル

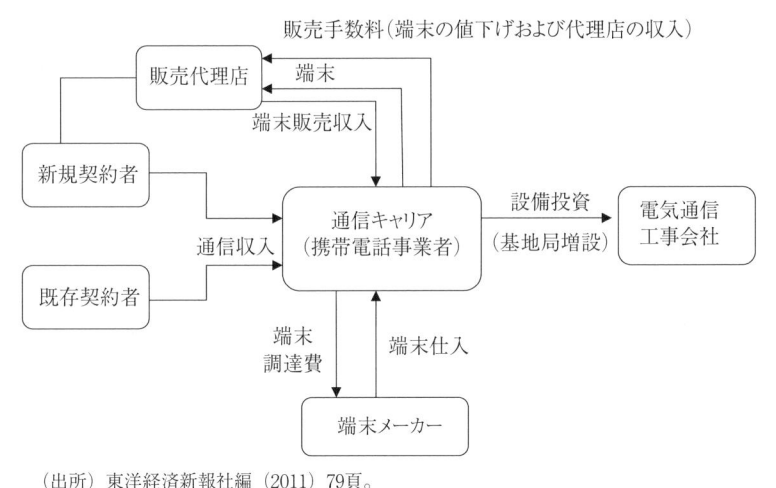

販売手数料（端末の値下げおよび代理店の収入）

```
販売代理店 ─── 端末 ─── 通信キャリア ─── 設備投資 ─── 電気通信
         端末販売収入  （携帯電話事業者）   （基地局増設）    工事会社
新規契約者 ─── 通信収入 ───
既存契約者 ───
              端末調達費 ／ 端末仕入
                   端末メーカー
```

（出所）東洋経済新報社編（2011）79頁。

　携帯電話事業者のビジネスモデルは図表 6 − 4 のとおりである。ここでは，通信キャリアである携帯電話事業者は携帯端末メーカーから携帯機器を仕入れ，販売代理店に卸し，その端末機器の収入代金を回収することになる。販売代理店にとってはその携帯電話事業者への新規加入契約者を増加させることで，販売手数料を受け取ることになる。こうして一度加入契約をおこなえば，携帯電話事業者には毎年定期的に既存契約者からの通信による収入が入り込む仕組みとなっている。また契約数を増大させるための活動と並行して，携帯電話事業者は自社の携帯が全国で利用できるように基地局を整備するための設備投資もおこなう必要がある。

3　Mコマースの進展

　Mコマースとはモバイル（移動体通信端末）を利用した電子商取引のことであり，日本においてはNTTdocomoが1999年に開始したiモードサービスが最初である。
　このサービスにより電子メールの送受信による遣り取りに加えて，携帯用

のインターネットサイトの利用が可能となり，いわゆるコンテンツ・ビジネスが台頭することになるのである。消費者にとって魅力的なサービス内容を提供することで，消費者から毎月一定の利用料を通信事業者の通話利用料に加算し徴収されるビジネスモデルの誕生である。

パソコンのように机の前に座りインターネットをする環境とは異なり，携帯によるインターネットは場所や時間に左右されることなく，空いた時間に自由に手軽に操作できる利用便宜性やICT（インフォメーション・コミュニケーション・テクノロジー）の進展により携帯に関わるインフラストラクチュア（産業基盤）が高速化と大容量化を呼び起こすなどのリッチに変化したことも，この携帯によるインターネットが拡大した大きな理由となるのである。

総務省の「通信利用動向調査」における携帯電話からインターネットで利用した機能・サービスと目的・用途の推移を見てみると（図表6－5参照），「商品・サービスの購入・取引」が2004年の7.3%から2010年には28.2%と約4倍近く利用者が増加している。また，メールマガジンの利用も同様に5.3%から17.7%へ急拡大していることから，携帯インフラの整備充実に伴って，それを取り巻くコンテンツ・ビジネスのさらなる拡大も大きく寄与していることが理解できる。

とくに今後重要なってくるものにソーシャルネットワーキングサービス（SNS）があるが，その利用者数の増加は利用者自身が情報を発信できるという点で，優れたメディア形成のひとつとなっている。これにより利用者同士が相互につながり，関係性を増していくことになり，そのための仕組みづくりが各種開発されている。

加えて，マイクロブログの閲覧・投稿は短い文章を用いてタイムリーに公開できるため，発信者がつぶやいたことをフォローできる機能もあり，その一種のミニブログであるTwitter（ツィッター）は東日本大震災の折にもその存在感を発揮することで，ソーシャルメディアとしての可能性を進化させており，従来のマスコミが独占していた情報配信を，普通の個人レベルでも動画投稿サイトへの投稿と併せて活用することで，新たな情報化の時代が来ているということになろう。

図表6－5　携帯電話からインターネットで利用した機能・サービスと目的・用途の推移

機能・サービス	2004年	2010年	比較
電子メールの受発信	55.8%	52.8%	⇨
商品・サービスの購入・取引	7.3%	28.2%	⇧
メールマガジンの利用（有料・無料を問わない）	5.3%	17.7%	⇧
地図情報提供サービスの利用（有料・無料を問わない，乗換案内，ルート検索サービスも含む）	—	14.5%	NEW
動画投稿サイトの利用	—	7.6%	NEW
ソーシャルネットワーキングサービスの利用	0.3%	4.8%	⇧
マイクロブログの閲覧・投稿	—	3.3%	NEW
電子ファイルの交換・ダウンロード（P2P，FTPなど）	—	2.2%	NEW

（出所）総務省編『平成23年版情報通信白書』39頁。
　　　　筆者が表記統一のため年号を西暦に変更して表示。

　ここ数年来世界の携帯電話市場において席巻しているものがスマートフォンと呼ばれる，新たな携帯電話端末機器の登場である。これまで世界的に見ても海外携帯電話端末は通話とメールがその中心であったが，パソコンに電話機能が搭載されているというものであり，これまでの日本メーカーが開発してきた方向性とは全く逆側からの提案でもあった。

　日本の携帯電話の歴史を見てもわかるように，通話機能，メール機能，iモード機能搭載によるさまざまなコンテンツ利用の拡大，カメラ機能，お財布機能，ゲーム機能など，いわば日本市場に見合ったビジネスとして拡大してきたのである。当然そこには携帯電話事業者がそれぞれ持つ独自の技術やノウハウを駆使しながら，携帯端末製造メーカーおよびコンテンツ開発メーカーとコラボレーションしながら，日本の携帯電話市場における携帯電話事業者それぞれの強みや弱みに合った位置づけがなされてきたのである。

　一方，スマートフォンはアメリカのアップル社が「アイフォン」を開発

し，その創業者でもあるスティーブ・ジョブズのカリスマ性もあり，世界的に大ヒットすることになったのである。

アップル社は日本国内ではソフトバンクに販売代理店として独占的に販売する契約を委託していることもあり，ソフトバンク社のユニークな広告手法も手伝って，両社とも相乗効果で契約者数の増加や売上拡大につながっていったのである[7]。

他にもアメリカグーグル社が無償で携帯端末OSである「アンドロイド」を携帯電話端末機器メーカーに公開したことで，グーグルの世界を携帯電話の世界にまで拡大しようとしている戦略は，今後の携帯電話業界にとって非常にエポックメーキングな出来事になるであろう。

4 ケータイ文化の進展

4-1 集客装置としての携帯電話

NTTdocomoのiモードによりインターネット検索への道が開かれ，さまざまなコンテンツが提供されることで，携帯電話の持つ意味も単なる通信による連絡手段だけではなく，コンテンツを提供することで一気に携帯電話市場を取り巻く可能性が広がることになったのである。

例えばアパレル・ファッション業界においては，それ以前の日本社会においてはリアルな店舗や通信販売での購入が主流であったところに，携帯電話で衣服が購入できるコンテンツが登場することで，また現在消費者が誰もが自由に着ることができるリアルクローズの衣服を購入できる時代となり，そこには読者モデルやお手本となる消費者受けするモデルが着用しているものまでリアルタイムで購入できるコレクションも展開されている。

今やパソコンでのインターネットによる購入に加え，こうした携帯電話による商品やサービスの購入・取引が増加していることも，以前の通信手段としての役割が強調された携帯電話のシンプルな性格から，新たな消費拡大のための必要不可欠な人を呼び込む集客装置となっている。

4－2　文化としての携帯電話の役割と新たな価値の提示

　新しいものに敏感な若い世代を中心に携帯電話による新たな文化創造は商品・サービス取引だけではなく，携帯での文学の誕生[8]，携帯端末そのものをデコレーションすることでかわいい感を象徴させる時代へと突入していることは，携帯の持つ機能性から携帯そのものの記号性並びに自己表現の手段としてのツールとしての存在意義および存在価値に大きくシフト転換していることを意味していると考えられる。

　こうした活動を見れば，日本人の新しいもの好きで，みんなと同じでいたいという同化現象に加え，同じ製品を持ち同じサービスを受けることについて，逆に差別化や差異を顕示したいという層にとって，人とは違う新しい何かを創造したい欲求に駆られることは自然の成り行きであると判断できるであろう。

　ここに日本社会における携帯文化の興隆が顕現することになり，新たな交流の場となるミニブログであるTwitterの登場は，そのリアルタイムな情報提供やつぶやきは時にはマスコミのスピードを上回るニュースとしての性格を併せ持つことにもなり，2011年3月11日に発生した東日本大震災以降，その役割の重要性がクローズアップされたのである。

　とくに文化としての位置付けを考えるならば，ゲーム機の世界は従来は専用ゲーム機やソフトを購入しなければできなかった世界から，ソーシャルメディアとしてのゲームを携帯電話のアプリとして取り込んだモバゲーやグリーはその代表格であり，手軽に携帯で場所を問わず扱えることができる便宜性もあるため，また会員同士で対戦を通じて競争できることもあり，現在では多数の支持者を集めている。

　第8回ケータイ国際フォーラムでのトップカンファレンスにおいて，「ケータイの世界戦略〜日本発ケータイ文化は世界に拡がるのか」というテーマでおこなわれ，そのなかで興味深い発言内容を下記に引用してみることにする[9]。

　　ディー・エヌ・エー代表取締役社長　南場智子氏
　　（モバゲータウン掲示板）

「どうやったらドリブルがうまくなるのかとか，自然に聞きたいようなことを聞いて，答えている。そんな身近な話題が多い一方で，意外と社会問題についても鋭い視点を持っている。例えば，最近では定額給付金，少し前なら赤ちゃんポストの是非についての議論があった。若者は無気力・無関心と言われるが，実際にはそうではないんじゃないか。モバゲータウンを見ているとそう思う。まとまった形の意見ではないが，つぶやきや叫びを気軽に発信できる」

ミクシィ mixi 事業本部長　原田明典氏
(一言コメント機能エコー)
「日記よりもショートセンテンスで，1日100万の投稿がある。本当に一言だけで，それを友人5～6人が見ている。例えば，『おやすみ』とわざわざケータイでメールしないが，エコーならそれができる」

ウェザーニューズ 取締役　石橋知博氏
(ユーザー参加型のゲリラ雷雨の予測)
「だいたいのケースで想定よりすごいことが起きるが，全く想定していなかったのは，掲示板に『自分の家の犬の太郎が雨が降る前に穴を掘る』という投稿があり，実際にこれが必ず当たる，という話。"気象予報犬"として盛り上がり，最終的にはウェザーニューズとして，その犬のところにライブカメラを付けた。こんなのは完全に想定外で，コミュニケーションそのものが楽しいし，夢がある」

　このフォーラムにおけるパネリスト3氏のお話を聞くにつけ，日本のケータイ文化の面白さ，ユニークさ，真面目さ，一生懸命さが伝わってくるのであり，そのことは日本社会の奥深さも感じられ，また誰もが自由に情報を発信したり，おやすみレベルの短い文章でさえも関連する誰かが見るというところに新たなコミュニケーションの可能性を感じられたのである。すなわち，普段では周囲の人に聞くことが恥ずかしいと思われることでも，掲示板では気軽に尋ねることができるということ，また「おやすみ」という4文字

という文字世界を見た友人たちはその言葉の意味や場合によってはその言葉がどのような意味世界を持っているのかなどについて，一瞬のうちに理解できるということになるのである。他にもウェザーニュースという利用者参加型の情報発信は従来の天気予報が気象庁という公的機関が発信するものではなく，ユーザーがそれぞれの住所から見える状況を報告するという私的な情報発信に，これも普通の消費者が参加でき，その一人ひとりの点ではあるけれども，多数の声が集約化されることで面としての活躍の機会の場が与えられるというところに新たな文化としての価値の提示に「ケータイ文化の香り」が見てとれるのである。

　以上見てきたことから言えることは，ケータイ文化の登場により，それまでの人びとの生活に何かしらの正の影響，負の影響も与えながら，かつそうした場でのコミュニケーション活動を通して新たな価値が創造されたり，化学反応を起こすことで，そのサービスの提供者でさえも全く想像しえなかった新たな場が構築されるということになる。

　結果として，私たちのライフスタイルも携帯電話がなければ日々の生活そのものにも不便を与えるということにもなり，確実に携帯電話の持つ機能性をとおした，物理的な時間の隔たりをあたかも双方が同じ場所に存在しているのかという擬似的空間に存在することが心地よく過ごすための必携アイテムにまで，その価値が昇華したと考えられるであろう。

4－3　ソーシャルゲームとしてのビジネスモデル

　ソーシャルゲームとしてのビジネスモデルは図表6－6のような仕組みとなっている。利用者が支払い代金100のうち，携帯電話事業者には10％，SNSプラットフォームとしてゲームなどのアプリを提供している会社に20～30％，実際にアプリそのものを提供している会社の取り分が60～70％ということで，携帯電話事業各社はソーシャルゲームでの利用者数増大に比例して確実に受取代金が増収していくことになっている。

図表6-6　ソーシャルゲーム（アプリ）のビジネスモデル（課金の仕組み）

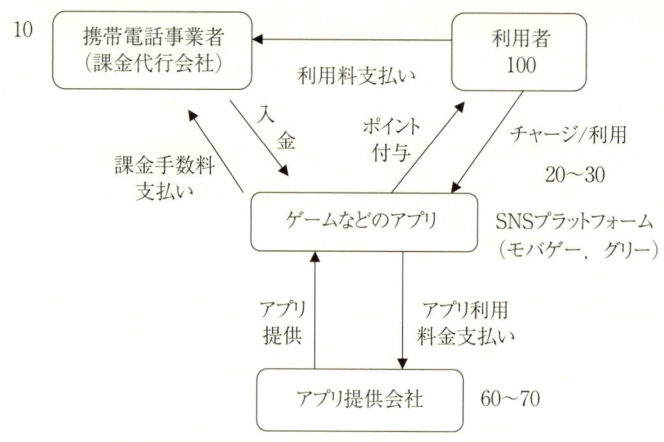

```
                    利用料支払い
  携帯電話事業者  ←─────────────  利用者
  （課金代行会社）                    100
        │  ↑        ポイント          │
    課金│入│        付与            チャージ/利用
    手数│金│                         20〜30
    料支│ │                           │
    払い│ │                           ↓
        ↓ │      ゲームなどのアプリ  SNSプラットフォーム
                                    （モバゲー，グリー）
              アプリ    アプリ利用
              提供      料金支払い
                ↓         ↑
              アプリ提供会社   60〜70
```

（出所）東洋経済新報社編（2011）35頁。

5　情報通信関連支出の増大

　日本社会における1世帯当たりの年間の品目別支出金額の総務省資料（図表6-7）によると，情報関連支出のうち，「通信」と「放送受信料」の費目を比較検討することにする。

　通信においてはすでに見てきたように固定電話通信料が減少傾向にあるということに対して，移動電話通信料が2003年で5万9264円の支出であったものが，2010年においては7万9918円と1.34倍となっている。

　また，通信費全体に占める移動電話通信料の割合を見てみると，2003年は49.9％とほぼ半分を占めていたのであるが，2010年においては65.2％と約3分の2へと上昇していることからも，移動電話通信料の増加が見て取れるのである。

　一方，放送受信料ではNHK受信料は増減を繰り返しながらもほぼ横ばいに推移しているが，注目すべきはケーブルテレビの一般家庭への浸透もあり，2003年では5784円から2010年には8253円へと1.4倍に増加している。

図表6－7　1世帯当たりの品目別支出金（一部抜粋）　　（単位：円）

項目	費目		2003	2004	2005	2006	2007	2008	2009	2010
消費支出			3,197,186	3,213,351	3,198,092	3,097,033	3,138,316	3,135,668	3,044,643	3,027,938
通信			118,742	120,384	118,890	120,216	122,440	122,927	123,475	122,492
	郵便料		4,892	4,881	4,639	4,556	4,569	4,461	4,572	4,358
	固定電話通信料		45,640	43,913	39,282	37,352	35,640	33,212	31,418	30,853
	移動電話通信料		59,264	63,792	66,909	70,806	73,992	77,759	79,986	79,918
	運送料		5,501	5,159	5,515	5,032	5,100	4,600	4,604	4,170
	移動電話		2,061	1,566	1,516	1,412	2,075	2,008	2,199	2,317
	他の通信機器		1,383	1,073	1,030	1,058	1,065	886	696	877
他の教養娯楽サービス			84,735	88,949	89,840	87,245	91,071	92,110	96,230	93,142
放送受信料			20,300	20,492	19,442	20,241	21,445	21,907	22,353	22,723
	NHK		13,170	13,104	11,796	11,765	12,297	12,506	12,654	13,070
	ケーブルテレビ		5,784	6,107	6,446	7,283	7,768	8,016	8,156	8,253
	他の受信料		1,345	1,280	1,200	1,192	1,381	1,384	1,543	1,400
インターネット接続料			9,538	11,646	13,202	13,748	15,820	18,163	18,972	20,649
情報関連支出合計			372,895	382,346	360,284	381,906	394,663	399,939	406,858	404,222

（出所）総務省統計局ホームページ、「家計調査年報」＜http://www.e-stat.go.jp/SG1/estat/List.do?lid=000001074636＞から筆者が加筆して作成。

このことはケーブルテレビの多チャンネル化や独自のサービス提供などの要因も関係していると考えられる。

加えて重要なことはインターネット接続料への支出が増加していることで，ある。2003年では9538円であったものが，2010年においては2万649円と2.1倍となっていることからも，各家庭におけるインターネット普及率の上昇とともに，また各種サービスを利用することで接続料に反映されていることが見てとれるのである。

6 ガラパゴス化とグローバル化の闘い

日本における携帯電話の歴史を振り返るならば，図表6-8のように第1段階から現在の第6段階へとプロセスを経てきたと考えられるのである。

第1段階では初期段階における携帯電話契約数に見る勢力拡大競争になり，1994年のアナログからディジタルへと方式が変わる時期でもあり，各社とも全国で使えるというつながりやすさとディジタルという新たな機能性を強調した時代でもあった。

図表6-8　日本の携帯電話市場の拡大

	項　　目	備　　考
第1段階	携帯電話契約数に見る競争	アナログ・ディジタル・量の拡大
第2段階	iモードなどの各種サービスの登場	質への転換
第3段階	iモードビジネスの拡大およびサービス提供会社の興隆	質の拡大
第4段階	おサイフ携帯，クレジット機能	高付加価値機能
第5段階	リアルとバーチャル，old と現在	Old economy と modern Economy の結合・経験価値の構築
第6段階	ガラパゴス化的価値とグローバル化的価値との闘い	携帯電話の進化・深化とPC的発想に見る進化・深化 スマートフォンの登場

（出所）平山（2007）29-37頁に第6段階を追加して作成。

第2段階ではNTTdocomoが1999年に開発したiモードの登場であり，これ以降携帯電話の可能性が急速に拡がっていくことになるのである。これは携帯電話にブラウザ機能が入ることによりインターネットを検索することが可能となり，携帯電話からもさまざまなサービスを受けることができるという意味で，それまでの携帯電話の単なる量の拡大から質への転換を図るということになるのである。

　第3段階においては，iモードビジネスの拡大により，画像・着メロ配信やゲームなどのコンテンツ産業が興隆し，新たなビジネスチャンスを拡大していったのである。

　第4段階は2004年からおサイフ携帯が発売され，電子マネーやクレジット機能なども搭載され，消費者にとってはより高付加価値機能を持った携帯へと進化したとの認識がなされるようになったのである。

　第5段階ではオールドビジネスであるファッションショーを現代風にアレンジするだけでなく，新たな価値あるビジネスとして再提案し，それに携帯電話による通信機能とコマース（商取引）を組み合わせた，いわばオールド・エコノミーとモダン・エコノミーのコラボレーションの誕生である。これは参加者の目の前で展開されているファッションショーでモデルが着用している衣服を，携帯電話からアプリケーションに接続し，その場で即時購入できるという仕組みを作り上げているということになるのである。

　ここでも注目すべきことは，携帯電話から即座に欲しい衣服を注文できるというモダン・エコノミーでありながら，ファッションショーは以前よりもショーアップされているとはいえ，その本質は従来のショーとは変わっていないというオールド・エコノミーを継承しているということになり，その注文した衣服も受け取るにあたっては，流通業者・宅配業者のIT化が進んでいるのではあるが，配達は従来型の人間の手による手渡しという，基本路線は変わっていないといえ，ICTの発達した時代でありながら，そこには流通システムの重要性がクローズアップされていることを忘れてはならないのである。

　第6段階になると，パソコンに通信機能が搭載されているという発想の下で創られたスマートフォン[10]の登場により，世界的にも多くのスマートフ

ォン・ユーザーが誕生するなど，日本社会においてもSoftbankが2008年に3Gといわれる第3世代携帯電話対応の「ⅰフォン3G」を発売し，数多くの従来の携帯電話を使用している層がこの新機種に乗り換えることになっていったのである。

　一方の日本の携帯電話はすでに見たように携帯電話にインターネットやさまざまなアプリケーションの利用などが可能となり，おサイフ携帯としての決済・クレジット機能を持つなど，それを持つ人にとってはリアルなサイフおよび現金以上に重要な意味を持つものとなっていることから，その搭載携帯電話端末への需要は引き続き堅持されると考えられるのである。

　このように見ると，日本が携帯電話のさまざまな技術やサービス開発したのも事実であり，そのうちⅰモードは世界の21の国と地域で提供されている[11]グローバル化されている数少ないものであるが，携帯端末機器の販売では日本メーカーはノキアやサムスンなどのメーカーの後塵を拝していることやパソコンの機能が搭載されたタッチパネル方式のⅰフォンの登場とその爆発的な売れ行き，ビジネスでの可能性を考えると，どのようなことが導き出されるのであろうか。

　2011年に発売されたⅰフォン4Sにはおサイフ携帯，ワンセグ，防水，赤外線機能などは搭載されておらず，一方で日本の携帯電話事業社各社はアンドロイド2.3というOSを用い，これまで日本の携帯電話に搭載されてきたおサイフ携帯，ワンセグ，防水，赤外線機能も併せ持つスマートフォンの機種も多数発売していることから，このことは海外で携帯電話に求められている機能と，日本国内で求められている機能においては差があると考えられることになる。おそらく日本の携帯電話に求められる価値を追究していけば，ガラパゴス化[12]という独自の発展を遂げるということになり，そこには常にグローバル化の脅威を受けながらも，新たな環境に適合していくことが求められることになる。

　ここに日本社会における携帯電話を利用するにあたってのライフスタイルの特徴が見て取れるのであり，一度おサイフ携帯の便利さを知ったユーザーにとってはそうした機能が搭載されている携帯端末機器を選択することになるであろう。

7 おわりに

　これまでに見たように日本市場における携帯電話は独自に進化しながら，グローバルな影響も受けながらも，その独自の機能や日本らしい「かわいい」や「娯楽性」を武器にコンテンツ開発レベルでも新たな価値を創造してきたことが理解できるであろう。

　携帯電話に求めるものとスマートフォンに求めるものがその進化してきた背景や開発推進者たちの文化の違いから考えれば，同じであってよいはずはないということになり，そこには何らかの差別化できる競争上の優位性を保持できる要因を持つことが重要であり，単なる機能やパフォーマンス上の同期化戦略だけでは日本の携帯電話事業者も決して消費者の心（マインド）を常時掴みとれないということになると思われる。

　例えば，他にも日本のケータイ文化の特徴としては通信メールにおける絵文字の多用があり，これは若い層や女性層だけではなく，広く一般化していることから，このようなかわいいと思わせる日本の文化を理解した日本仕様の携帯端末の開発・販売も海外機器端末メーカーにとっても見逃してはいけないチェック項目のひとつとなろう。加えて，日本の携帯電話事業者各社のテレビ・コマーシャルのストーリ性やその携帯電話で必要とされる新たな価値や特徴を表現できるタレントを起用することで各社は差別化を図ることになる。ここに価格競争だけでは競争上の優劣が発揮しえない，諸外国にはあまり見られない，日本の携帯文化の特徴が見てとれるのである。

　さらにはガワー（Gawer, A.）とクスマノ（Cusumano, M. A.）（2002）の指摘する「プラットフォーム・リーダーシップ」[13]という概念から見ても，2007年にグーグルがアンドロイドOSをプラットフォームとして無償提供する決断を下したことやリナックスを採用するパナソニック，NEC，サムスン，ボーダフォン，NTTdocomo各社などで「LiMO FOUNDTION」組織によるミドルソフトウェアの開発と展開[14]は今後の携帯電話業界の発展にとって重要な方向性を指し示すことになると思われる。

（平山　弘）

注
（ 1 ） 本稿は科学研究費補助金（基盤研究（C）（課題番号（21530450））『ブランド価値の崩壊に関わる研究』の研究成果の一部である。
（ 2 ） 総務省ホームページ『情報通信白書平成23年版』。＜http：//www.soumu.go.jp/johotsusintokei/whitepaper/h23.html＞を参照のこと。
（ 3 ） 総務省ホームページ＜http：//www.soumu.go.jp/s-news/2005/050929_5.html＞および＜http：//internet.watch.impress.co.jp/cda/news/2005/09/29/9298.html＞を参照のこと。
（ 4 ） 総務省編（2011）39頁。同様に ISDN も含めた固定電話全体の契約数も減少している。
（ 5 ） ISDN とは ITU－T（電気通信標準化部門）によって定められた世界共通の規格である。その名称は「Integrated Services Digital Network」の頭文字から付けられたものであり，日本語では「サービス総合ティジタル網」とも呼ばれている。静止画や動画，音声，コンピュータ間の通信といったさまざまなディジタルサービスが提供できることから，一般の電話回線の通話機能よりも，高度なサービスの提供や接続，応答時間の短縮による利便性の向上など多くのメリットが存在している（ISDN の基礎知識＜http：//www.ntt-east.co.jp/ISDN/basics/index.html＞）。
（ 6 ） 携帯端末データ通信量は2015年には2011年の約10倍に増加するとの予測が出てきている（『日本経済新聞』2011年12月14日）。
（ 7 ） しかし，2011年秋に au がアップル社の提供するアイフォンを販売できることになり，ソフトバンクのアイフォン国内販売１社体制は崩れるに至っている。
（ 8 ） 若者や大人だけではなく，最近では子どもも虐待などの体験から創作活動に取り組まざるをえない家庭環境・社会環境が多くの人びとにとっての手軽な自己表現手段としての携帯電話のツールとしての存在が確認できる。詳しくは伊藤（2011）を参照のこと。
（ 9 ） ケータイインプレスホームページ。＜http：//k-tai.impress.co.jp/cda/article/event/44481.html＞
（10） スマートフォンの入門の入門書としては，日経 BP 社編（2012）などがある。
（11） NTTdocomo ホームページ。＜http：//www.nttdocomo.co.jp/corporate/ir/binary/pdf/library/docotsu/vol24.pdf#page=2＞
（12） このガラパゴスという言葉自体は2007年（平成19年）４月23日の総務省 ICT 国際競争力懇談会第３回議事要旨に登場しており，そのなかの意見では「この島も，守ろうと思っても，外から異分子が入ってくるかもしれないことを十分に考えなければならない」ことや「日本方式が世界で孤立しないような取組みが重要なので，その点を今後の仕組づくりのなかで具体化していかなければならない」としている。＜http：//www.soumu.go.jp/main_sosiki/joho_tsusin/policyreports/chousa/ict_kokusaikyousou/070423_2.html＞総務省ホームページ。より詳しくは2008年２月13日野村総合研究所ホームページの NRI 未来ナビ「ガラパゴス化」する日本に詳し

い。<http : //www.nri.co.jp/navi/2008/080213_1.html>
(13)　ガワー・クスマノ（2005）。
(14)　石川（2009）184頁。

参考文献
石川温（2009）『図解携帯電話業界ハンドブック』東洋経済新報社。
伊藤智章（2011）『子どもがケータイ小説を書く理由』（WEB新書）朝日新聞社。
インプレスＲ＆Ｄインターネットメディア総合研究所編『ケータイ白書2011』インプレスジャパン。
大阪市立大学商学部編（2003）『経営情報』有斐閣。
恩蔵直人（2006）「消費者行動と流通・マーケティングに与えるモバイルのインパクト」『日本商業学会第56回全国大会報告要旨集』日本商業学会。
ガワー，A.・M.A.クスマノ，小林敏男監訳（2005）『プラットフォーム・リーダーシップ』有斐閣。
宣伝会議編（2005）『実践!!モバイルリサーチ』宣伝会議。
総務省情報通信政策研究所（2005）『変貌するコンテンツ・ビジネス』東洋経済新報社。
総務省編『平成23年版情報通信白書』。
東洋経済新報社編（2006）『IT・ネット業界地図』2006年版，東洋経済新報社。
東洋経済新報社編（2011）『2012年版会社四季報業界地図』東洋経済新報社。
遠山曉・村田潔・岸眞理子（2003）『経営情報論』有斐閣。
日経BP社編（2012）『初めてのスマートフォン』日経BP社。
平山弘（2007）「日本の携帯電話市場におけるe－businessの現状と新しいビジネスの可能性」『商業教育論集』第17集。
古川勝（2006）『入門eマネジメントの戦略』日刊工業新聞社。
モバイル社会研究所（2005）『モバイル社会白書』NTT出版。
Porter, M.E.（1980）*Competitive Strategy*, The Free Press.
Watson, R.T., L.F. Pitt and G.M. Zinkhan（2002）"U-Commerce : Expanding the Universe of Marketing," *Journal of Academy of Marketing Science*, 30 (4), pp.333-347.
Womack, J.P. and D.T. Johns（2005）"Lean Consumption," *Harvard Business School*, Mach, pp.58-68.
『産経新聞』2012年5月28日。
『日本経済新聞』2011年12月14日。
ケータイインプレス
　　<http : //k-tai.impress.co.jp/cda/article/event/44481.html>
神戸コレクション制作委員会
社団法人電気通信事業者協会
　　<http : //www.tca.or.jp/database/2011/07>

総務省
　〈http://www.soumu.go.jp/johotsusintokei/whitepaper/h23.html〉
　〈http://www.soumu.go.jp/s-news/2005/050929_5.html〉
　〈http://www.soumu.go.jp/main_sosiki/joho_tsusin/policyreports/chousa/ict_kokusaikyousou/070423_2.html〉
総務省統計局
　〈http://www.stat.go.jp/〉
　〈http://www.e-stat.go.jp/SG1/estat/List.do?lid=000001074636〉
野村総合研究所
　〈http://www.nri.co.jp/navi/2008/080213_1.html〉
au
　〈http://www.au.kddi.com/〉
eAccess
　〈http://www.eaccess.net/〉
girlswalker.com
　〈http://www.girlswalker.com/〉
INTERNET Watch
　〈http://internet.watch.impress.co.jp/cda/news/2005/09/29/9298.html〉
NTT東日本
　〈http://www.ntt-east.co.jp/ISDN/basics/index.html〉
NTTdocomo
　〈http://www.nttdocomo.co.jp/corporate/ir/binary/pdf/library/docotsu/vol24.pdf#page=2〉
softbank
　〈http://mb.softbank.jp/mb/customer.html〉

第7章

拡大するインターネット消費

1 はじめに

　ネット・ショッピングやホテル等のネット予約，ゲームソフトのネット購入などインターネット消費が急増している。ネットワーク基盤の発達とパソコンや携帯端末の普及・発達は，いつでもどこでもインターネット・アクセスを可能にし，インターネット消費はいっそう拡大する見通しである。

　ボストン・コンサルティング・グループによれば，2010年の日本のネット関連産業や官民ネット関連投資のネット産業市場規模はGDPの4.7%の23兆円であり，2016年には，GDPの5.6%の30兆円に達すると予測されている[1]。ほとんどの企業は，インターネットを活用しなければ生き残れなくなっており，何らかのかたちで電子商取引[2]と関係している。

　インターネットを通じた企業からの消費者への働きかけは強まるばかりである。本章は，拡大するインターネット消費の現状と問題の一端を消費者が置かれているネットワーク関係性にも着目しつつ検討するものである。

2 インターネット消費の規模拡大と生活の変化

2−1　インターネット消費とは

　「インターネット消費」とは，何を指すのかから考えたい。一般的に食料消費といえば食料の消費のことである。しかし，インターネット消費をインターネットの消費というと，違和感がある。インターネットは利用するものだからである。そこで，本章では，「インターネット消費」とは，「インター

ネットを利用しておこなう消費」と定義することにする。

このようにインターネット消費を定義すると，次に，インターネットとは何かと，インターネットを利用しておこなう消費とはどのようなものかが問題になる。前者については，本章第3節において取り上げ，後者については，本章第4節でインターネット企業のビジネス階層と関連させて検討する。

ここでは，統計的に把握できる企業の対消費者向け国内電子商取引（BtoC）に限定して拡大するインターネット消費の現況をみておきたい。

2－2　拡大する電子商取引

総務省2010年通信利用動向調査によれば，電子商取引基盤となる2010年末のインターネット利用者数は，9462万人，その人口普及率は，78.2％に達している[3]。経済産業省によれば，日本における電子商取引（BtoC）市場規模は，2008年6万890億円，2010年7万7880億円であり，2010年の電子商取引化率は2.46％である[4]。また，インターネット消費の今後の動向について野村総合研究所は，2016年度には，現在のスーパーの市場規模（日経調べ，17兆1625億円）に匹敵する16兆1000億円に急増すると予測している[5]。

図表7－1は，2008年と2009年の2年間の電子商取引に関する利用サービスごとの利用者数の推移である。インターネット利用者数は9091万人から9408万人へと317万人の増加である。2009年のパソコン経由でのインターネット利用者数は8514万人，そのうちデジタルコンテンツ購入や金融取引以外の商品・サービスの購入・取引をおこなった人数は3695万人で対前年差＋220万人増加，デジタルコンテンツの購入をした人は1166万人で対前年差＋448万人である。携帯電話経由でのインターネット利用者数は，8010万人で，そのうち，デジタルコンテンツや金融取引以外の商品サービスの購入・取引をした人は1033万人で対前年差＋290万人，デジタルコンテンツを購入した人は1882万人で対前年＋809万人である。ここからも携帯電話による電子商取引やデジタルコンテンツ購入者の急増など電子商取引の急拡大状況がわかる。

図表7－1　インターネット利用サービスごとの利用者数の推移

平成20年 インターネット 利用者数 9,091万人	パソコン経由での インターネット 利用者数 8,255万人	→	商品・サービスの 購入・取引 （デジコンの購入及び 金融取引を除く） 3,475万人	デジタル コンテンツの購入 718万人
	携帯電話経由での インターネット 利用者数 7,506万人	→	商品・サービスの 購入・取引 （デジコンの購入及び 金融取引を除く） 743万人	デジタル コンテンツの購入 1,073万人
平成21年 インターネット 利用者数 9,408万人	パソコン経由での インターネット 利用者数 8,514万人	→	商品・サービスの 購入・取引 （デジコンの購入及び 金融取引を除く） 3,695万人 +220万人	デジタル コンテンツの購入 1,166万人 +448万人
	携帯電話経由での インターネット 利用者数 8,010万人	→	商品・サービスの 購入・取引 （デジコンの購入及び 金融取引を除く） 1,033万人 +290万人	デジタル コンテンツの購入 1,882万人 +809万人

（出所）経済産業省商務情報政策局情報経済課編（2011）57頁（総務省『通信利用動向調査（平成21年度）』から経産省が作成したもの）。

2－3　拡大・進化するインターネットと生活の変化

総務省『平成23年版情報通信白書』（概要版）[6]は，過去10年の間でのICTによるインターネット関連国民生活の変化を以下のように捉えている。

a) インフラ環境のリッチ化・パーソナル化に関しては，

・DSL・ケーブルインターネットにより急速にブロードバンド化が進展。FTTH（個人宅への光ファイバー伝送路引き込みのこと）への移行で，より高速化し，リッチ化（コンピュータ性能向上，ソフトウェアのマルチメディア対応高度化，により，動画やアニメーションを活用したコンテンツ表現の高度化のこと）が進む。

・インターネットを携帯端末から利用する人の割合は83.8%（平成14年時点では40.2%）となり，インターネットのパーソナル化が進展。同時に，第

三世代携帯電話への乗換え（全加入者数の98.8%）により，リッチ化も進む。

b) 生活におけるインターネットの重要性が増加したという認識については，
- インターネットを重要な情報収集ツールとして認識している人が増加。とくに20代では5年で28.8%（平成17年52.3%→H22年81.1%）増加する。
- 4年制大学生の95.8%がインターネットの就職関連サイトを利用するなど，就職活動においてインターネットが不可欠なツールになる。
- 60.8%の人が，インターネットの趣味・娯楽としての重要性を認識。ネットが新聞（55.9%）を抜き，テレビ（90.3%）に次ぐと位置づけている。

c) ICTインフラ環境の変化によるライフスタイルの変化については
- メール等のコミュニケーション行動では，10代・20代で携帯電話の利用が活発（10代・20代で約50分／日）。10代は「いつも友人や知人とつながっているという感覚が好き」といったつながり志向も強い。
- インターネット・ショッピング利用者の半数近くが検索を活用して購入するなど，検索→複数サイトの比較→口コミを参考に検討→購入などのインターネット特有の購買プロセスが一般化している。
- テレビを見ながら，携帯電話でメールやサイトを閲覧（64.9%）するなど，複数のメディアをまたぐ「ながら行動」が，10代・20代で一般化している。

あらためて急拡大するインターネットがわれわれの生活を大きく変化させていることに驚かされるが，次に，以上のような急拡大を遂げる電子商取引を支えるインターネットとはどのようなものかを考えてみよう。

3 インターネットとは何か

インターネットの普及と消費の関係を問うためには，ネットワークとは何かと，インターネットとは何か，について考えることが必要である。

3-1 ネットワークとは何か

　本章に必要な範囲で，ネットワークとは何か，について述べておきたい。安田雪は，「ネットワークの本質は，関係の構造である」[7]という。社会のなかにも人びとのネットワークが埋め込まれ生産や消費が営まれている。インターネット消費が増加している現象の背後にあるネットワーク関係の構造変化を問うことが必要である。その際，ネットワークの構成要素とネットワークの維持要素に分けて考えてみることが有効であろう。

　「ネットワークは，何がネットワークを構成し，何がそれらのネットワークを維持しているのかという二つの側面から規定される」[8]という安田の指摘とともにネットワークには階層性があるという認識も重要である。現実のネットワークは，人の階層性やコンピュータの階層性と，人間のネットワークとコンピュータのネットワークの重なりの階層性など，幾重にも種類の異なる階層性が組み合わさっている。インターネット消費を考えるうえで，この組み合わせ状態の変化を追求することも必要である。

　また，ネットワークには連結関係の型がある。インターネットには，水平的ネットワークだけでなく垂直的ネットワークも連結されている。

　さらに，ネットワークを全体構造と部分構造の両面から捉える必要がある。ネットワークの全体構造は，ネットワークが拡大しネットワーク外部性が増大すると，ネットワークの全体構造に中心と周辺が生じるとともに，ネットワーク結合によりネットワークが構成されている部分の合計以上のものが生み出されるという総発特性が生じる基礎となる[9]。

　ネットワークの部分構造においては，ネットワークの構成要素間の結合関係が直接的か間接的か，構成要素間の保持関係が同一か否か（構造同値関係か否か）が問題になる[10]。なぜかというと，「人間や組織の場合には，直接結合関係を持つ主体同士は類似の行動をとる傾向が強く，構造同値の関係を持つ主体同士は競争的な行動をとる傾向が強いことが知られており，構成要素がネットワーク内で占める位置は重要な意味を持つ」[11][12]からである。

　限定的ではあるがネットワーク構造がインターネット消費とどのような関係を持っているかについては後ほど触れていきたい。

　ネットワークを市場との関係においてみると，交通・通信の革新によって

開かれる物理的ネットワークを利用し，開かれた商取引のネットワークを構築，収益確保のためにそのネットワークをいかに閉じるか（実際にはネットワークを開きつつ閉じるのであるが）がビジネスの課題となる。これはインターネット消費を考える基本的論点でもある[13]。

次に，インターネットを電子商取引等のネットビジネスの側面から捉えるために必要ないくつかの考察をしておこう。

3-2　インターネットとは何か

インターネットとは，世界的規模でコンピュータを相互接続しデジタル・データを送受信する仕組みを備えた物理的なコンピュータ・ネットワークである。わかりやすく言えば，デジタル・データという荷物を運ぶ道路にあたる伝送路網がインターネットなのである。

インターネットは，ブロードバンド回線や光ファイバー，大容量高速無線ネットワークの普及によって大量のデータを高速送信できる物理的基盤（伝送路網）が整えられてきた。この伝送路網を使って，データを運ぶ（交換）仕組みがWebである。Webとは，インターネット上でデータ交換する仕組みであり，ユーザーが強く意識するのはこのWebの使い勝手である。

1995年を日本ではインターネット元年と呼んでいる。インターネットの普及に火がついたこの時点が，Web1.0と呼ばれる時代の始まりである。Web上で情報発信に適した言語HTMLやWeb上の文書を結びつけるハイパーリンクと呼ばれる仕組みの普及と，ユーザー・インターフェイスの画期的な改善によってインターネット利用者が急増したのである。しかし，この時点ではネット上の情報はまだ使い勝手が良くなかった。

WWW＝Webの仕組みを1991年に，ティム・バーナーズ―リー（Tim Berners-lee）が開発・公開した[14]ことでインターネットはさらに進化する。90年代末頃から，より緻密なWebを構築していくWebの構造化が進み，ティム・オライリーがこのWebの変化を第二世代のWebという意味でWeb2.0と表現した[15]。Web2.0におけるWebサービスは，「インターネット標準技術を利用して，異なるプラットホーム上のアプリケーションを結合する技術，プログラム」[16]であり，Webサイト間でのデータ交換をスムーズに

するものであった。

　これに眼をつけたAmazon.comやeBayなどがWebサービスを積極的に使い始め[17]Web2.0の時代が本格化した。インターネットという道路と，その道路を利用してモノ（データ）を運ぶ仕組みが整い，ビジネスモデルを本格的に競う時代に入ったのである。

　現在は，Web3.0やクラウド・コンピューティングと呼ばれる技術が急速に普及してきている。通信速度の高速大容量化とデータセンターと呼ばれる大規模情報処理・格納センターが発達し，利用者はインターネットを経由して必要なアプリケーション・ソフトやデータを入手し作業ができるようになり，利用者にとって端末の軽量化や情報コストの大幅な低下をもたらし，ネット利用がさらに身近になってきたのである。しかし，このことは，データセンターを握る組織に情報が集中し管理されてしまうという危険が生まれることでもある。この点は，グーグルなどの有力検索大手による情報支配の恐れが高まり，現実化してきていることでもある。

3－3　インターネットの利用技術

　情報通信技術の進歩を受けて情報化についての議論がおこなわれてきた。情報化とは簡潔に言えば，「情報の生成，蓄積，検索，流通，利用についての革新」[18]のことである。

　インターネットの利用価値は，活用できる情報の量と質，データが伝わる速さと伝送できるデータ量に左右される。情報の生成と生成情報の蓄積と流通が重要になる。生成される情報の魅力や，持続的な情報の生成も課題になる。また，どれほど膨大な情報が生成，蓄積されても必要とする情報を発見・獲得できなければ意味がない。この問題解決，情報の発見機能を担うのが情報検索機能である。インターネットは，テレビ，ラジオ，新聞のように受動的な媒体ではなく能動的媒体であるためインターネット利用者の能動的行動を支援する検索機能が大きな意味を持つ。これは，グーグルのように強力な検索機能のデファクトスタンダード（事実上の標準）を獲得した企業がインターネット上の覇権を握ることになる理由でもある。

　放送業界は，多チャンネル化によって消費者を細分化しつつ受動的な位置

に置かれている視聴者をどれだけ獲得するかを競っている。インターネット・ビジネスでは，コンテンツの魅力によるアクセスの促進や使いやすい双方向的伝達コミュニケーション・ツールの提供によって利用者の行動を引き起こして顧客獲得を競っている。インターネットのリッチ化によって，放送のネット配信，ネット・コンテンツの放送による配信，つまり，放送と通信の融合が進んでいる。しかし，放送とインターネットの受動的か能動的かという情報アクセス方法の違いが根本からなくなるわけではない。インターネット消費は，基本的には能動的アクセス行動を必要とするものである。

インターネットを利用したビジネスが多彩になれば，それを支えるアプリケーション・ソフトも進化し，コンテンツも豊富になる。それらがネットワークを介して結合し相乗的効果が生じ，さらに，ネットワークの総発特性を誘発してインターネット・ビジネスの爆発的な拡張をみることになる。

インターネットの利用価値を決める要素は，データを交換する仕組みの使いやすさと，インターネット上で交換（提供）されるデータ（コンテンツ）がユーザーを惹きつける内容（魅力）と量とにかかっているといえる。

インターネットの価値は，インターネット上で交換できるデータの価値が高ければ高いほど，データを収集できる範囲が広ければ広いほど，データ交換の仕組みが進化すればするほど高まることになる。

次に，インターネットを利用した消費関連ビジネスについてみてみよう。

4 インターネット・ビジネスの階層区分とビジネス形態

4-1 インターネットビジネス階層区分

インターネット消費によって消費者が翻弄されている問題を意識しインターネット消費を考える場合，広い意味での通信手段であるインターネット・インフラと，そのインフラを利用しておこなわれる多様化した消費形態を区別するとともに，簡単ではないがインターネット消費において消費者が置かれている諸関係について明らかにしなければならない。

例えば，インターネットで何を購入し生活しているかに重点を置き，消費統計の家計消費支出項目を参考にした分析方法だけでは，消費者が置かれて

いる関係性の変化を捉えることは困難である。この方法では，インターネット・ビジネスの介入によって，消費者が置かれているネットワーク関係性が揺さぶられ翻弄されることを十分に説明できないからである。

そこでIT企業の消費者向けビジネスと消費者が置かれているネットワーク関係性とに着目してこの問題を考えてみたい。

阿部真也教授は，カステルの研究に依存してIT企業を，情報通信インフラ（第1階層），情報通信機器（第2階層），インターネットソフトウェア・サービス（第3階層），インターネット販売（第4階層）に分類している[19]。この階層分類を交通システムになぞらえると，第1階層は道路網，第2階層は自動車等輸送機器，第3階層は輸送システム，第4階層は輸送先にある各種テナントの入居する商業モール等と商店やスーパーにあたる。消費者サイドからみれば，第3階層，第4階層もインターネット消費のための場を提供するサービスインフラという役割を持っている[20]。

消費者の経済負担という点から見ると，第1階層，第2階層の消費は原則有料であり，家計支出としては情報通信費，ハードウェア購入費が対応している。第3階層，第4階層は原則無料である[21]。第3階層インフラが無料になるのは，サービスインフラが広告収入によって賄われているからである。第4階層サービスインフラが無料になるのは，バーチャル店舗インフラが広告収入とバーチャル店舗への出店料等によって賄われているからである[22]。ただし，第3階層，第4階層のサービスインフラの費用の最終負担は何らかのかたちで消費者のものとなることは留意しておかなければならない。

インターネット消費（通信インフラや通信機器等の消費を除く）は，上記の第3階層以上に属する企業群を通じておこなわれているのである。

次に，インターネット消費における階層別ビジネス形態と，企業と消費者のネットワーク関係性について見てみたい。

4－2　インターネット・ビジネスの形態

消費者のネットワーク関係構造は，IT企業の第1，第2階層だけでなく第3，第4階層に属するインターネット・ビジネスによっても媒介されてい

る。これら階層に属するビジネスは，人びとのネットワーク構造を変化させその変化に合わせて企業行動を変化させている。ストレートに言えば，インターネット・ビジネスによってインターネット消費は促進されるとともに，企業による消費生活操作は高度化するのである。

4-2-1 第3階層ビジネス
グーグル（検索サービス提供ビジネス）

　第3階層の典型的ビジネスモデルは，グーグルの検索サービスである。グーグルは，検索サイトへの広告掲載収入によって検索サービスの無料化を実現している。グーグルは，あらゆる情報のデジタル化をおこない膨大な検索対象コンテンツと数え切れないほどの検索利用者に広告を配信するビジネスで成功している。そしてグーグルは，デジタル化された世界で「グーグルが情報を見つけ，ユーザーに届けるだけでなく，まさにその瞬間の行動を狙った広告を売っていた」[23]というビジネスを展開したのである。

　グーグルは，2012年3月1日から「Gメール」，「ユーチューブ」，SNSサイト「グーグル＋」など約60のサービス別に管理していた個人情報収集・利用指針をひとつに統合した。狙いは「ひとり一人のネット利用の実態を詳しく把握することで，利用者ごとに最適な広告などを提供する」[24]ことである。この背景には，利用者が実名や趣味などの個人情報を登録しているアメリカのSNS・フェイスブックが8億5000万人もの会員を獲得，企業のターゲット広告媒体としてグーグルの手ごわい競争相手になってきたことがある[25]。

　グーグルの個人情報収集・利用に関する新指針が実行されることで生まれる直接効果は，検索精度の向上による利便性，ターゲット広告などによる広告効果向上である。しかし，消費者にとっては，企業に個人の行動履歴や嗜好性を掌握され，消費生活が企業に操作される可能性が高まり，消費者の自立性が損なわれる負の効果も憂慮されるのである。

4-2-2 第3.5階層ビジネス
SNS（交流サイト…ソーシャル・ネットワーキング・サービス）

　SNSは，情報の拡散力の強いメディアである。SNSは，交流機能と検索機能を結合させることにより強力な媒介メディアとなり，企業にとって消費

者への商品紹介やコミュニケーション手段としての利用価値が高い。グーグル検索などのネット広告やバナー広告ビジネスを脅かしている。

　SNS提供事業者の基本的な収入源は，インターネット広告収入，ユーザーサービスへの課金，自社サイトから他のサイトへの誘導や連動による相乗効果を期待する相手からの収入である。代表的なSNSとして，グリー，ディ・エヌ・エー，ミクシィ，フェイスブックなどがある。

　SNSは，インターネット上に人びとの情報交流ネットワーク・システムを提供しているかぎりでは第3階層ビジネスである。しかし，そのネットワーク・システムを活用して無料ゲームを提供し，ゲームに勝つためのアイテムに課金する（事実上の商品販売）ビジネスは第4階層ビジネスである。

　インターネット・ゲームのなかでも人気を集めているのがソーシャルゲームである。国内ソーシャルゲーム市場は3000～5000億円，世界では数兆円規模になる可能性もあるといわれている[26]。SNSを利用したグリーのソーシャルゲーム事業がひとつの典型である。ネット上で無料ゲームが楽しめるが，そのゲームをさらに深く楽しむためには有料で販売されているアイテムを購入しなければならない。この「アイテムへの課金」がグリーの大きな収入源となっているのである。

　ゲームに勝ち抜いていくためには有料のアイテムを購入しなければならない。高度な心理分析を駆使し開発されたゲームによって，射幸心をあおられた消費者がアイテム購入に数万円使うケースも多い。子どもが知らずに多額のアイテム購入をしてしまうという被害も問題になっている[27]。消費者にとって入口は無料ビジネスだが，少し深入りすると大やけどをする有料ビジネスが待ち構えているのである。

4-2-3　第4階層ビジネス
（1）ネット通販
アマゾン

　アマゾンは，膨大な書籍情報をデジタル化，インターネットで検索注文できるシステムを開発，書籍のインターネット・ショッピングを推進した企業である。

　アマゾンを利用すれば，イギリスの書籍をネット注文してから日本の自宅

に1週間余りで配送される。国を越境するインターネット・ショッピングも極めて容易にできるのである。アマゾンによって，インターネット端末を操作するだけで海外の書籍購入が可能になったといっても過言ではない。

　現実空間の流通では，売上上位20％の商品が80％の売上げを占めるという法則がある（パレートの法則または，2：8の法則と呼ばれる）。

　ところが，Webを利用したインターネット流通では，販売数量の多いアイテム上位20％の商品よりも，それ以下80％のアイテムの商品の売上高が多い現象が発見されロングテール（Long Tail）現象と呼ばれている[28]。「ロングテール現象がはっきり確認されたのは，amazon.comの売上を分析したときのこと」[29]と言われているが，この現象は広くWeb上の現象として認められてきている。ロングテール現象は，Webが巨大なデータベースとしても機能しローカルな情報も容易に検索されるようになったからこそ生まれた現象である。

　アマゾンを利用し書籍を購入すると，購入書籍と関連した書籍が注文者の情報端末に自動的に紹介される。この仕組みは消費者の関心領域をアマゾンが操作することにつながっているのである。これは一例であるが，こうして消費者の意識は，企業によってコントロールされているのである。

楽天

　楽天は，EC（電子コマース）事業，銀行，クレジットカード，証券などの金融事業，トラベル事業，などインターネット関連第4階層事業の総合的展開をしている。仮想商店街「楽天」の2011年の取扱高は1兆1000億前後に達しているとみられ，三越伊勢丹ホールディングスの売上高に匹敵する。東日本大震災後，水，米など生活必需品を楽天で買う人が急増したという。会員数は7360万人に達している[30]。

　個人情報漏えい事件は消費者にとって大きな問題であるが，個人情報が秘密にされるため生じる消費者問題もある。楽天証券などのインターネット証券取引は，ネットで金融商品を購入するインターネット消費の一形態である。例えば証券会社との取引個人IDやパスワードを取引当事者しか知らず，文書による通知もされないため，当事者が死亡した場合などでも遺族は相続財産の所在を知ることができない。何らかの法的対策が必要である。

千趣会

　職域通販の草分け，大手通販業者千趣会は，インターネット消費でも注目企業である。千趣会 HP 掲載の2011年度決算資料によれば，2010年の総売上高1372億円に占めるインターネット販売の割合はカタログ経由と準ネットあわせて726億円と52.9％，インターネット販売に占める準ネット売上げは547億円と75.3％にまで達している。また，ネット受注件数比率は64.8％となっている。千趣会単独運営の総合オンラインショップ「ベルメゾンネット」は，730万人の会員を組織する主力事業となっている。HP 掲載の同社中期計画概要をみても成長戦略はネット事業強化にある。

　千趣会のネット販売事業では，職場での直接結合関係を取り込み同調的な消費行動を取り込みやすい職域通販のノウハウが，インターネット・ショッピングの場にも承継されているのか関心が持たれるところである。

（2）ネットスーパー

　既存のスーパー実店舗がネットで注文を受けて即日宅配する販売サービス形態をネットスーパーと呼ぶ。既存スーパーにとって実店舗販売を補完する意味がある。一方，消費者にとっては，購買に要する時間を節約できるほか，重いものを運ぶ労力がなくなるなどといったメリットがある[31]。

　ネットスーパーは，スーパー側にとって販路拡大の手段であるが，売れ残り商品をネットにアップしてそのはけ口として利用するという使い方もありうる。ネットスーパー利用者が不利にならないことが求められる。

　インターネット・ショッピングは，現実空間の店舗取引と比べ消費者と販売業者とのコミュニケーションが希薄である。消費者が商品の使い方を知らないで購入してしまった時や，欠陥商品を購入した場合などのトラブル解決が困難になる。とりわけ，海外との越境電子商取引トラブル[32]対応は極めて困難である。

5　消費の情報化

5−1　消費の情報化

　消費の情報化を考える場合，1）企業がどのような商品を生産し消費者に

提供するのかという視点から，商品生産の情報化，商品の情報化，商品へのアクセスの情報化，商品購買の情報化，商品消費過程の情報化（修理やメンテナンス，クレーム処理を含む）という一連の情報化の視点，2）商品を物的商品とサービス商品に区分して，物的消費の情報化とサービス消費の情報化をみる視点，さらに，3）消費者が経験する生活時空（生活空間・生活時間）の情報化に着目した消費の情報化視点，4）消費者の生活時空プロセスの情報化を，企業間競争視点から捉え返し消費者の生活時空のなかにどれだけ商品を提供できるかという企業の競争視点からみた情報化視点，5）物質的満足のための消費と精神的満足のための消費の両面からみた消費の情報化視点，6）消費の情報化が消費の多様化をもたらす側面と画一化をもたらす側面があることに着目した情報化視点，7）商品の使用法や利用価値に関する情報量の多い商品と少ない商品[33]という視点からの情報化視点がある。さらに，インターネット消費と消費の情報化を考える場合，これらの諸視点のほかに，消費者が置かれているネットワーク構造の性質という面からの考察も必要である。

　以下では，これらの論点のなかから商品生産の情報化と商品の情報化とインターネット消費において消費者が置かれているネットワーク構造，という視点に限定して消費の情報化を捉えておきたい。

5－2　商品生産の情報化・商品の情報化
5－2－1　商品生産の情報化

　商品生産の情報化は，商品生産方法の情報化と生産される商品の多様化として現れる。自動車生産を例に考えれば，生産現場へのコンピュータ導入によって，画一的な大量生産から混流生産方式などにより柔軟かつ効率的にさまざまなバリエーションの自動車を生産できる範囲が広がっている。家電製品やパソコンなどの商品では技術革新の早さと相俟って季節ごとに新商品が出るほど多様化が進んでいる。衣料品でも，染色や縫製の自動化などの先端的技術開発によって多彩なデザインの衣料品生産がおこなえるようになってきている。

　単品種大量生産から小品種大量生産へと発展した商品生産の効率追求は，

商品分野により程度は異なるが，発達した情報技術を取り込むことによって大量生産に準じた生産原価低減を求めながら多品種少量生産，さらには受注生産をも実現しようとする方向にある。

5－2－2　商品の情報化

　商品そのものが情報化されてきてもいる。コンピュータが組み込まれ性能を高めている自動車，カーナビゲーション・システムを装着した自動車など，商品の情報化が進んでいることはその例である。電話機も，携帯電話がスマートフォンへと進化するなかでより複雑・高度な情報機能を備える商品が生産されてきている。食品では，食品成分などだけでなく生産履歴が管理され消費者がその内容を容易に確認できるシステムが提供されている。

　商品生産の情報化が商品の情報化を呼び，商品の情報化が商品生産の情報化を促進するという関係が生じている。商品生産は，商品を消費する基盤がなければ進展しない。また，情報通信基盤の発展によって，情報化された商品の販売が促進されてこそそれら商品を利用するサービス消費も増加する。インターネットの発達は，インターネットを利用する機器の生産・販売の増加をもたらし，多数の人がインターネットを活用しネットワーク外部性が作用すると，さらにさまざまなサービスが提供されるようになるのである。

　商品の情報化，物的消費の情報化，サービス消費の情報化，流通情報化，商品へのアクセスの情報化，金融の情報化，決済手段の情報化などの相乗的作用が進み消費社会の情報化が進むのである。

5－3　インターネット消費とネットワーク構造

　電子商取引等事業者は，事業者と消費者が取り結ぶ関係を創出することによってビジネスを形成している。検索サイトや，SNSサイトにおける事業者と消費者の関係は，ネットで事業者と分散した個人が一様に結ばれた関係を形成しており，ネットワーク構造という視点からみると構造同値になっている。本章第3節で紹介したネットワーク研究の知見によれば構造同値関係に置かれた人びとは競争的になりやすい。同じようなネットワーク構造であっても現実空間では障害物が存在するため構造同値関係が崩れやすいが，仮想空間では障害物があまりないために構造同値関係は保たれやすく競争的関

係が作られやすい。とくに，インターネット・ビジネスの第3.5階層では，インターネット・ゲームに典型的であるが擬似的に消費者が仮想空間のなかに入って構造同値関係の下でゲームに参加することになるため，消費者間の関係性がより競争的になりやすいと言えるのである。

これと同時に，消費者が現実空間において分断されていても仮想空間では同じ構造の下に平等につながっているという構造が，事業者にとって消費者に対してネットワークを開放しながら分断的に統合するという仕組みを創出する仕掛けになることにも着目しておきたい。消費者は，仮想空間で分断され消費の個別化を強制されながら，事業者の下に統合されるのである。事業者からみてネットワークは，消費者を競争的にさせ組織化するために開きつつ消費者を引き入れて閉じる役割を果たすものとなるのである。

現実空間の商品流通がからむ第4階層ビジネスでは，第3階層や第3.5階層ビジネスと同じように消費者が仮想空間でネットワーク構造同値関係になる側面だけでなく，現実空間のリアルな諸関係と仮想空間関係との複合的なネットワーク関係が創出されるということに留意しなければならない。

現実空間での消費者は，さまざまなネットワークに関係し直接的結合関係を持っている。

仮想商店を利用する分散的存在の消費者同士は構造同値関係にあり潜在的に競争的であるが，直接的結合で結ばれた消費者（集団的消費者）が仮想商店を利用する場合，直接的結合関係に置かれた人びとは同調的行動をとりやすいことからその集団内では同調的行動をとりやすいであろう。また，現実空間の商店では，強固な直接結合があればあるほど同調的行動が強まり，消費内容も同調的となる可能性が高まる。

消費者向けインターネット・ビジネスで，直接的結合＝同調的行動と構造同値関係結合＝競争的行動の両面が同時的に達成する仕組みを構築できれば強固な競争力が形成でき，消費者を操作できる可能性も高くなる。インターネット消費におけるこのようなネットワーク構造は，事業者にとって，消費を個別化しつつ統合化する手段ともなるのである。

次に，消費の個別化要因とその意義について考えてみたい。

6 消費の個別化

6－1 消費の個別化要因

消費の個別化は，いくつかの面から促進されてきた現象である。代表的な点を挙げておこう。

1）世帯主の賃金で家計が支え切れなくなり共働きが増えてくる現象…経済学で労働力の価値分割と呼ばれる…は，収入源の多様化に伴う消費の個別化の潜在的促進要因でもある。収入源の多様化に伴う消費の個別化は，社会保障制度の発達による年金収入によっても生じる。また，擬似的収入であるが家計の借金によっても生じる。

2）生産力の高まりを背景とする消費の個別化がある。大量生産される商品を消費させるため消費の個別化が促進される場合である。一家に一台のテレビから家族一人ひとりが利用する複数のテレビを売り込むという場合である。

3）家族それぞれの欲望によって消費が個別化していくこともある。家族全員が携帯電話を持つのは家族がそれぞれ携帯電話を欲しいという欲望の結果でもある。

これらの消費の個別化要因は互いに独立的ではなく相互関係的である。

6－2 消費の個別化の意義

角度を変えて，より一般的な視点から消費の個別化の意義を考えてみよう。

家庭経営も含めて組織経営の要諦のひとつは，協働をどう組織化するかにあるといっても過言ではない。労働は，協働の工夫によってより多くの成果を得る。消費においても協働の工夫はよりよい消費に結びつく。消費の個別化が進むことは，消費における協働の意義を損なってしまいかねないという問題をはらんでいる。

物的生産の発達は，生産と消費の間を拡大してきた。インターネットなど情報通信手段の発達も生産と消費の間を広げてきた。技術の力を用いて協働

の仕組みを高度化し生産力水準を引き上げようとすればするほど迂回的な生産と流通が必要になるからである。こうして引き上げられた生産力水準に見合う消費水準の確保策のひとつは，共同消費を解体し人びとを分断し消費を個別化することである。市場経済の発展がもたらしたこのような状況は，人間不在の消費を招いていないか，反省が必要である。

　消費の個別化を，人間中心の視座からみてみると積極面が見えてくる。人びとが，自立した個性的消費を楽しみ交流すれば消費の個別化が生み出される一方で消費のつながりも生まれ，文化が深められ生活の潤いも増すであろう。消費の個別化は，カスタマイズされた人間的な消費へと向かう基礎ともなるのである。

7 おわりに　絆を育む消費生活への転換

　企業の力によって，分断され，個別化された消費者は，企業の力によって統合されてきた。このような分断と統合の下にある現代消費社会では，人びとのふれあいや絆は希薄になるばかりである。スーパーでもコンビニでも，一言も話すことなく買い物ができる。インターネット・ショッピングでは，実店舗に買い物に行き人と顔を合わせる必要さえなくなるのである。消費の場では，隣人とのコミュニケーションなき孤独な生活が深まっているのである。

　人とのつながりを実現するSNS（ソーシャル・ネットワーキング・サービス）に人びとが魅力を強く感じるのは，消費者が分断され現実空間におけるつながりが希薄になっている面もあるであろう。分断され資本に統合された消費から，絆によってつながりあった消費への転換が求められているのである。インターネット・ショッピングにもリアル空間の親密な人間関係を実体とするつながりあいの仕組みを考えられないものだろうか。そこで重要になるのは，社会的な配慮を重視し社会とのつながりを持てるネットワークを構築することである[34]。

　そのヒントは，障がい者の消費を考えることからも発見できよう。多様な障がい者に寄り添う消費の個別化は，バリアフリー・デザインやユニバーサ

ル・デザインを生み出すことにより障がいを持たない人にもやさしい消費の共通化につながる。また，障がい者の状態は一人ひとり異なっているのであるから，個々の障がい者に合わせた個別化された教育や福祉サービス・働き方の設計と実践は，障がいを持たない人の働き方にもやさしさをもたらすことにつながる。絆を育む消費生活への転換が求められているのである。

　人びとの絆を育み人びとに寄り添うカスタマイズされた多様な消費を実現するためには，市場のロング・テールから商品を見つけられるインターネット流通・インターネット消費の拡大は積極的な意義を持つものとなるのである。

　絆で結ばれた個々の人びとに寄り添う消費の個別化は，豊な消費生活を実現するために必要なものなのである。そのためにも，インターネット消費の問題点の克服を計りながら，積極面を活かすことが求められるのである。

　　　　　　　　　　　　　　　　　　　　　　　　　（山西万三）

注
（1）『日本経済新聞』2012年3月20日。
（2）電子商取引の全体構造については，岡田（2003）第7章。
　　電子商取引の範囲に関しては，Whinston, Stahl and Choi（1997）邦訳，29-33頁。
（3）経済産業省商務情報政策局情報経済課（2011）54-55頁。
（4）経済産業省商務情報政策局情報経済課（2011）51-52頁。
（5）『日本経済新聞』2011年1月24日。
（6）総務省『平成23年版情報通信白書』（概要版），総務省ホームページよりダウンロード。
（7）安田（2003）108頁。
（8）安田（2003）109頁。
（9）安田（2003）110頁。
（10）安田（2003）110頁。
（11）安田（2003）110頁。
（12）この点に関するより詳細な内容については，安田（1997）90-104頁を参照されたい。
（13）山西（2004）152-175頁。
（14）小川・後藤（2006）34頁。
（15）小川・後藤（2006）19頁。なお，Web2.0という表現が公式に使われたのは，2004年，オライリー社が第1回Web2.0カンファレンスを開催したときであり，2005年

第 2 回 Web2.0 カンファレンス開催時にネットビジネスのキーワードになった。Web2.0時代の到来である。
(16) 小川・後藤（2006）21頁。
(17) 小川・後藤（2006）22頁。
(18) 山西（1994）162頁。
(19) 阿部（2009）8－9頁。
(20) 根来（2006）124-125頁。ここでいう第3階層，第4階層ビジネスは，ネット上の「場」のビジネスを仲介するプラットホームとしてのインフラである解説がされている。
(21) 根来（2006）第二部で，無料ビジネスモデルの詳細な解説・紹介がされている。
(22) 吉田（2002）4章「ネットワークの経済学」。無料ネットビジネスに関する経済学的分析がされている。
(23) Levy（2011）邦訳，282頁。
(24) 『日本経済新聞』2012年3月1日。
(25) 『日本経済新聞』2012年3月1日。
(26) 『日本経済新聞』2012年3月4日。
(27) 『日本経済新聞』2012年3月6日。
(28) Levy（2011）邦訳，26頁。
(29) 小川・後藤（2006）27頁。
(30) 『日本経済新聞』2012年1月24日。
(31) 経済産業省編（2007）60頁。小売業のネットとリアルの融合事例として，イトーヨーカ堂のネットスーパーの取り組み事例が紹介されている。
(32) 経済産業省商務情報政策局情報経済課（2011）125-136頁。
(33) 福田・須藤・早見（1997）46-47頁。この視点は，消費者に商品を提供するにあたって追加的な情報生産が求められているかどうかを判断する基礎となるものである。
(34) 間々田（2000）262頁。

参考文献
阿倍真也（2009）『流通情報革命』ミネルヴァ書房。
岡田仁志（2003）「e ビジネス」林敏彦編『日本の産業システム⑤情報経済システム』NTT出版。
小川浩・後藤康成（2006）『WEB2.0 BOOK』インプレス。
経済産業省編（2007）『新流通ビジョン　生活づくり産業と進化する我が国小売業』経済調査会。
経済産業省商務情報政策局情報経済課編（2011）『電子商取引レポート 2011』経済産業調査会。
総務省『平成23年版情報通信白書』（概要版）＜http://www.soumu.go.jp./johotsusintokei

/whitpaper/ja/h23/summary/summary01.pdf＞2012年3月1日。

根来龍之監修，早稲田大学IT戦略研究所編（2006）『mixiと第二世代ネット革命』東洋経済新報社。

福田豊・須藤修・早見均（1997）『情報経済論』有斐閣。

間々田孝夫（2000）『消費社会論』有斐閣。

安田雪（1997）『ネットワーク分析』新曜社。

安田雪（2003）「ネットワーク」國領二郎他編『情報社会を理解するためのキーワード1』培風館。

山西万三（1994）『情報と消費の経済学』こうち書房。

山西万三（2004）「ネットワーク形態の進化と市場・貨幣・消費」『立命館経済学』53巻特別号，2004年後期。

吉田和男（2002）『IT経済学』有斐閣。

Levy, S.（2011）*In The Plex : How Google Thinks, Works, and Shapes our Lives*, Simon & Shuster（仲達志・池村千秋訳（2011）『グーグル　ネット覇者の真実』阪急コミュニケーションズ）.

Whinston, A. B., D. O. Stahl and S.-Y. Choi（1997）*The Economics of Electronic Commerce : The Essential Economics of Doing Business in the Electronic Marketplace*, Macmillan Technical Pub.（香内力訳（2000）『電子商取引の経済学―オンライン・エコノミックス概論―』ピアソル・エデュケーション）.

『日本経済新聞』。

第Ⅲ部 グリーンと参加の消費生活

第8章

電力における消費者選択，再生可能エネルギーによる電力グリーン化

1 はじめに

　2011年3月11日以降，福島第一原子力発電所の原子力事故，電力不足，東京電力の電気料金の値上げ申請という一連の事態は，原子力発電に深く依存してきた日本の電力システムが，消費者の権利から見て多大な矛盾を抱えていることを明らかにした。消費者からは「原子力発電に依存しない電力システムを手に入れたい。再生可能エネルギーによる安全な電気がほしい」「原子力発電は本当に安いのか」「電気料金は適正な費用算定によって決定されているか」「消費者は電力会社を選ぶことができない。なぜ値上げが必要なのか十分な説明が必要だ」などの声が挙がっている[1]。

　消費者には，「安全である権利」「選択する権利」「知らされる権利」「意見を聞き入れてもらう権利」がある。電力システムに関して言えば，①安全な電力を求める権利，②公正な料金の電力会社を選択する権利，再生可能エネルギー電力を選択できる権利，③放射線による健康リスク，原子力事故損害賠償，使用済核燃料の処理費用などについて，原子力発電のリスクを知らされる権利，④エネルギー・システムについて消費者の意見を聞き入れてもらう権利など，これら消費者の権利が確保されていないのが現状である。とりわけ東京電力の料金値上げについては，「1兆円に上る公的資金が投入されたという事情をふまえた電気料金になっているか」[2]を消費者の権利から点検する必要がある。

　本章では消費者の権利という観点から，第1に，電力事業における地域独

占と電力自由化の問題，第2に，電気料金における総原価方式の問題点，第3に，料金原価に占める原子力発電の費用，第4に，再生可能エネルギー電気の固定価格買取制における賦課金と優先接続の問題点を解説する。

2 大手電力会社の地域独占，電力をめぐる消費者選択の不在

2012年7月，経済産業省は，東京電力の電気料金について，一般家庭など，50kW未満の電力供給契約の需要家を対象とする規制部門の値上げを認可した。9月から規制部門の電気料金は，現行の23.34円／kWhから25.31円／kWhに値上げされることになった（値上率8.46％）。現在の電気事業法では，家庭は，一般電気事業者と呼ばれる大手電力会社からしか電力供給を受けることができない。東京地域の家庭は東京電力以外の電力会社を選ぶことはできないため，値上げを受け入れる以外に方法が無い。「風力発電や太陽光発電の電気を購入したい」と思っても，電源（電気の種類）を選ぶこともできない。家庭は，電力会社についても電源の種類についても，消費者選択が無い。

日本の電力事業は，一般電気事業者[3]，卸電気事業者，特定電気事業者，特定規模電気事業者から成っている。一般電気事業者とは，北海道電力，東京電力など，各地域の大手電力会社10社である。契約電力が50kW未満の需要家（小規模商店，家庭など。規制部門と呼ばれる）に対する電力販売は，電気事業法により事業者の参入が制限され，一般電気事業者だけが独占的に電力を供給する（図表8－1）。東京地域は東京電力というように，一般電気事業者は各自の送電区域を管理するため，家庭に対する電力販売は完全な地域独占である。

3 電力小売自由化の必要性，電力会社と電源の選択

電気事業法では，契約電力50kW以上の需要家（中規模工場，中小オフィスビルなど）に対しては，一般電気事業者だけでなく，特定規模電気事業者と呼ばれる中規模の電力事業者も，電力を販売できる（図表8－1の自由化

図表8－1　電力料金の規制部門と自由化部門の区別

	［契約kW］ （電圧）	契約種別	需　要　家
自由化部門	［2,000kW］ (20,000V) 〜 ［50kW以上］ (6,000V)	特別高圧産業用	大規模工業
		特別高圧業務用	デパート，オフィスビル
		高圧B	中規模工場
		高圧業務用	スーパー，中小ビル
		高圧A	小規模工場
規制部門	［50kW未満］ (6,000V)〜	低圧	小規模工場，コンビニなど
	(100V〜200V)	電灯	家庭

（出所）電気料金制度・運用の見直しに係る有識者会議（2012）「電気料金制度・運用の見直しに係る有識者会議報告書」5頁。総合資源エネルギー調査会・電気料金審査専門委員会，第1回配布資料。<http://www.meti.go.jp/committee/sougouenergy/sougou/denkiryokin/005_haifu.html>

部門）。しかし，特定規模電気事業者が保有する発電設備は，総供給力の0.9%に過ぎず，一般電気事業者が日本の発電設備の総供給力の約90%を所有する（図表8－2）。特定規模電気事業者の発電設備の供給力（最大出力）は非常に小さいため，50kW以上の需要家もほとんどの場合，一般電気事業者から電力を購入している。結局，一般電気事業者は，家庭向け（50kW未満）の電力小売を完全に独占し，自由化部門（50kW以上）も事実上，支配している。

　一般電気事業者は電力系統（送電網，配電網）のほとんどを所有しているため，送電網を持たない特定規模電気事業者は一般電気事業者の送電網を借りて送電しなければならない（託送）。しかし接続利用料が高く，電力需要の多い時にタイミングよく給電できないなどの不利な接続条件のために，特定規模電気事業者は販売量を増やすことができない。

　一般電気事業者以外の電力会社が電力小売をできるようにすることを，電力小売自由化と呼ぶ。電力における消費者選択を実現するには，第1に，家庭が特定規模電気事業者から自由に電力を購入できるように，電力小売自由化を進める必要がある。第2に，家庭が風力発電や太陽光発電など，好きな

図表 8 － 2 　電気事業者の供給力（発電設備）

(1000kW)

<table>
<tr><th colspan="2"></th><th colspan="2">2010年度</th><th colspan="2">2012年7月供給力見込</th></tr>
<tr><th colspan="2"></th><th>供給力
（最大出力）</th><th>うち原子
力発電</th><th>供給力</th><th>うち原子
力発電</th></tr>
<tr><td rowspan="11">一般電気事業者</td><td>北海道電力</td><td>7,419</td><td>2,070</td><td>6,100</td><td>1,380</td></tr>
<tr><td>東北電力</td><td>17,206</td><td>3,274</td><td>11,890</td><td>0</td></tr>
<tr><td>東京電力</td><td>64,988</td><td>17,308</td><td>54,480</td><td>2,490</td></tr>
<tr><td>中部電力</td><td>32,828</td><td>3,617</td><td>27,860</td><td>0</td></tr>
<tr><td>北陸電力</td><td>8,056</td><td>1,746</td><td>5,850</td><td>0</td></tr>
<tr><td>関西電力</td><td>34,877</td><td>9,768</td><td>28,080</td><td>3,370</td></tr>
<tr><td>中国電力</td><td>11,986</td><td>1,280</td><td>13,370</td><td>820</td></tr>
<tr><td>四国電力</td><td>6,962</td><td>2,022</td><td>6,770</td><td>1,130</td></tr>
<tr><td>九州電力</td><td>20,330</td><td>5,258</td><td>17,880</td><td>2,570</td></tr>
<tr><td>沖縄電力</td><td>1,919</td><td>0</td><td>1,919</td><td>0</td></tr>
<tr><td>10社計（A）</td><td>206,575</td><td>46,343</td><td>174,199</td><td>11,760</td></tr>
<tr><td colspan="2">（総供給力に占める％）
（A/C）</td><td>90.4%</td><td></td><td></td><td></td></tr>
<tr><td colspan="2">特定規模電気事業者（B）</td><td>2,011</td><td>0</td><td colspan="2">＊50kW以上の供給契約
の需要家に電力を小売</td></tr>
<tr><td colspan="2">（総供給に占める％）
（B/C）</td><td>0.9%</td><td></td><td colspan="2"></td></tr>
<tr><td colspan="2">卸電気事業者</td><td>19,609</td><td>2,617</td><td colspan="2">＊一般電気事業者に電
力を卸売する</td></tr>
<tr><td colspan="2">その他</td><td>283</td><td>0</td><td colspan="2"></td></tr>
<tr><td colspan="2">電気事業・総供給力（C）</td><td>228,478</td><td>48,960</td><td></td><td></td></tr>
</table>

（出所）2010年の供給力は，電気事業連合会編（2011）「電気事業便覧，H23年版」オーム社。2012年7月の供給力は，エネルギー環境会議（2012）「当面のエネルギー需給安定策」（国家戦略室ホームページよりダウロード可能）。ただし自社供給力のみ。沖縄電力の供給力は，2010年度と同じとして推定した。

電源を選ぶことができるように，電気事業制度を改革する必要がある。

4　資産と経費が大きいほど事業報酬が拡大する総原価方式

一般家庭など50kW未満の需要家に対する電気料金は，総原価方式で決定

する（図表8－3）。この方法は，営業費に事業報酬を足した総原価を電気料金収入で回収するものである。

【総原価＝営業費（燃料費，購入電力料，減価償却費，人件費など）＋事業報酬】
【事業報酬＝電力会社の事業資産（固定資産など）の価値×事業報酬率（約3％）】
【総原価＝電気料金収入額】

　事業報酬は，事業資産価値（固定資産などの簿価）×約3％である。ただし，2012年9月以降の東京電力の料金原価では報酬率は2.9％に削減された。この方式では，事業資産（固定資産額など）が大きいほど，事業報酬が大きくなる。巨大な設備投資が必要な原子力発電は固定資産額が大きいため，事業報酬額も大きくなる点で，大手電力会社に好都合である。固定資産額が大きいほど減価償却費も大きくなり，総原価も大きくなって，電気料金を高くする。大手電力会社は家庭向け電力販売を地域独占しているので，電気料金について競争は存在せず，コストダウンの努力が働かない。大手電力会社は，費用を安易に電気料金に転嫁する傾向があったと言わざるを得ない。

　電気料金審査専門委員会は，東京電力の旧料金原価について，次の問題点を指摘している。①資材の調達に競争入札が少なく，随意契約が多い。なぜ，以前から競争入札を実施しなかったのか。②原子力発電や電力消費の拡大につながる広告費や寄付金を料金原価に組み込むのは，おかしい。③天然

図表8－3　総原価方式による電気料金決定

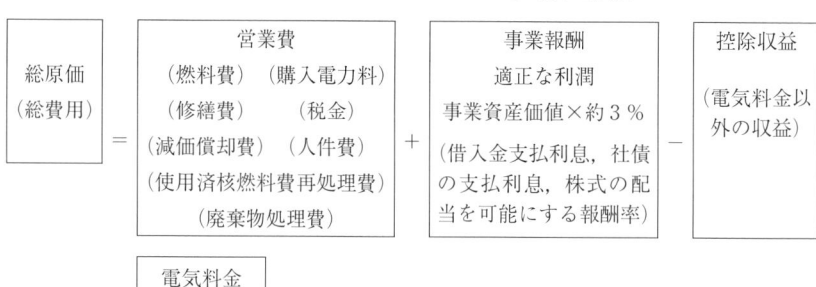

総原価 （総費用）	＝	営業費 （燃料費）（購入電力料） （修繕費）　　（税金） （減価償却費）（人件費） （使用済核燃料費再処理費） （廃棄物処理費）	＋	事業報酬 適正な利潤 事業資産価値×約3％ （借入金支払利息，社債の支払利息，株式の配当を可能にする報酬率）	－	控除収益 （電気料金以外の収益）
	＝	電気料金 収入額				

（出所）東京電力（2012）「総括原価方式における事業報酬にかかわる報道について」から要約。同社ホームページ。

ガス燃料の購入価格が韓国と比べて高すぎる。④公的資金が投入された企業の過去の例に照らして，人件費は適正か。正社員の給与・賞与を30％程度削減しているか[4]。⑤外部研究機関への研究分担金は必要なものに限られているか。これらの批判は，一般電気事業者がコスト削減努力を怠ってきたことを示唆している。

5 電気料金に占める原子力発電の費用

5−1　料金原価の11％は原子力関係

　東京電力の新電気料金のなかで，原子力発電の費用がどれほどの割合を占めるか確認しよう。福島原子力発電所の事故を経験するまで，経済産業省や産業界は，原子力発電は費用が安いと主張して，原子力発電を中心的な電源として推進してきた。原子力発電を安いと主張する人びとは，ウラン燃料の安さを根拠に挙げる。1kWhの電力を発電するのに必要な燃料費は，ウラン燃料が1円，石炭が4円，石油が16円，LNG天然ガスが10円である[5]。

　しかし実際には，原子力発電に必要なコストは，燃料費以外に，巨額の原子力発電設備，使用済核燃料の処理，再処理費，研究費，廃棄物処理費など，多額の費用がかかる。図表8−4は，東京電力の新料金原価（2012年9月実施）に占める原子力発電にかかる原価分を推定したものである。筆者の計算によれば，新料金原価のうち11％程度は，原子力にかかる経費である。単純に言えば，電力消費者は1kWh消費するたびに，料金の約11％を原子力発電に支払っていることになる。東京電力によれば，料金値上げの最大の理由は，原子力発電が停止したために火力発電燃料費が増大したと説明する。しかし，いかにウラン燃料が安くても，各種費用によって，料金原価の約11％も費やしているのでは，原子力発電は安いとは言えない。

5−2　燃料費以外にも多額の費用がかかる原子力

　新料金原価（図表8−4，2012年9月実施）については，原子力発電にかかる費用の詳細が開示されていない。そこで，今年5月の東京電力の値上申請内容から，原子力発電にかかる経費を確認しよう（図表8−6）。経済産

図表 8 − 4　東京電力の電気料金の新原価（2012年 9 月 1 日実施分）

	旧原価		新　原　価			旧原価からの増減	
	2008年度 (A) (億円)	%	2012年 9 月実施 (B) (億円)	%	うち，原子力発電の費用 (億円)	(B − A) (億円)	増減率 (B − A) /B (%)
人件費	4,399	8.1%	3,387	6.0%	252	−1,012	−30%
燃料費	20,038	37.0%	24,585	43.3%	110	4,547	18%
修繕費	4,354	8.0%	4,095	7.2%	709	−259	− 6 %
減価償却費	7,000	12.9%	6,171	10.9%	900	−829	−13%
事業報酬	3,020	5.6%	2,685	4.7%	405	−335	−12%
購入電力料	7,293	13.5%	7,876	13.9%	1,002	583	7 %
公租公課	3,493	6.4%	3,013	5.3%	864	−480	−16%
その他経費（原子力バックエンド費用含む）	6,806	12.6%	7,098	12.5%	2,396	292	4 %
小計	56,402		58,911		6,639	2,509	4 %
控除収益	−2,241		−2,128			113	5 %
総原価	54,162	100%	56,783	100%	6,639	2,621	5 %
事業報酬率（事業資産×α%）	3 %		2.9%		総原価に占める原子力の比率 11.7%		

	旧料金	新料金	
1 kWh の平均単価	23.34円／kWh	25.31円／kwh	料金値上げ率 8.46%

（注）「その他の経費」のうち原子力発電経費は，原子力バックエンド費用667億円，その他の原子力関係経費が1729億円。新料金原価では，事業報酬は，東京電力総資産の価値（レートベース）の2.9%で算出されている。原子力発電関係の経費は，最終査定において，上記金額からさらに若干の削減がおこなわれた。しかし，詳細な項目と金額は開示されていないため，これ以上の推定はできない。最終的な料金原価における原子力発電にかかる費用の比率，表中の11.7%より，若干低くなる可能性がある。

（出所）筆者による推定。原子力発電の経費は，図表 8 − 5 の東京電力 5 月申請内容の数値に，下記資料に基づいて，経済産業の最終査定による減額を考慮して，推定した。1 ）経済産業省（2012）「東京電力株式会社の供給約款変更認可申請に係る査定方針」 7 月。2 ）経済産業省（2012）「東京電力の認可申請にかかる査定方針について」。3 ）東京電力（2012）「別冊 1 ，供給約款変更認可申請補正書」。4 ）経済産業省（2012）「東京電力の規制部門の電気料金改定について」（ 7 月25日プレスリリース）。いずれも，下記よりダウンロード可能。<http://www.meti.go.jp/press/2012/07/20120725005/20120725005.html.>

業省は， 5 月の申請内容から数％の経費削減を命じて，新料金原価を決定した。新料金原価は 5 月の申請内容からさらに小さくなっている。

まず旧料金原価（図表8－5。2008年改定）について解説する。原子力発電にかかる原価は，合計6540億円で，旧原価総額の12.1％を占めている。内訳は，原子力部門の人件費に229億円，核燃料費315億円，原子力発電所の修繕費875億円，原子力発電設備の減価償却費990億円，核燃料資産の事業報酬分276億円，原子力施設資産価値の事業報酬分215億円，原子力発電の電力購入料1000億円，電源開発促進税742億円，使用済核燃料再処理の積立金・引当金705億円，高レベル放射性廃棄物最終処分事業の拠出金219億円，原子力発電施設解体費135億円，固定資産除去費（老朽施設の撤去）55億円などがある。しかも驚くべきは，原子力発電所見学センター（PR館）費用81億円，オール電化普及費用29億円，原子力発電研究開発費55億円，原子力発電所の広告・広報費用23億円など，原発を促進する広告的なものまで料金原価に入っている。

電源開発促進税について補足しよう。電源開発促進税は，電気消費量1kWh当たり0.375円を，電気料金の一部として徴収するもので，これまで原子力発電を推進する重要な財源であった。エネルギー対策特別会計予算書[6]をもとに推定すると，電源開発促進税の約64％が原子力発電設備や原発立地自治体に対する公共施設に使われている[7]。

さらに，原子力バックエンド費用（使用済核燃料再処理費，高レベル放射性廃棄物処分費，原子力発電解体費）だけで，旧原価の約2％にもなる。原子力の推進派は，ウラン燃料費が安いと主張するが，実際には，使用済核燃料処理，再処理，固定資産税，減価償却費，原子力発電研究費などまで算入すると，原子力発電には多額の経費がかかっている。しかも，これらの使用済核燃料の積立金・引当金の金額は，将来，実際に必要になる処理費用のごく一部でしかないのだ。

5－3　停止中の原子力発電所からも膨大なコスト

2012年5月の料金値上げ申請内容（図表8－6）は，原子力発電の経費が福島第一原子力発電所事故によって膨張したことを証明している。人件費は原子力発電所の事故処理のために252億円に膨張した。事故処理のために，原子力部門と損害賠償対応人員（領収書受付など）の人員4668人分で推定252

億円が必要である。このうち，福島第一の5号機と6号機，福島第二の1号機〜4号機（いずれも停止中）の監視，点検，放射線測定，管理業務に80億円，賠償請求の受付と賠償金支払対応に推定69億円が必要である。このうち，福島第一，福島第二の両方で1239人の人員配置が必要になる[8]。

修繕費では，原子力関係に709億円かかる。福島第一原発1号機〜4号機は廃炉が決定し，資産価値は無いので料金原価から除外している。それでも，第一の1号機〜4号機は，今後ずっと溶融した炉心の冷却・安定化作業が必要であるため，セシウム除去の滞留処理装置の修理点検などを含めて，652億円の修繕費を要する。他方，第一原発5号機，6号機，第二の1号機〜4号機は停止中でも修繕費203億円が必要だ。福島第一原発の5号機，6号機，第二原発1号機〜4号機は廃炉ではないので，停止中でも固定資産の減価償却費，放射線測定や監視員の人件費，固定資産税，原子力発電設備の資産価値に対する事業報酬，過去に発生した使用済核燃料の再処理費用が必要である。

減価償却費では900億円かかる。福島第一の5号機，6号機の減価償却費に271億円，第二の1号機〜4号機に143億円，第一と第二の津波防潮堤構築，使用済核燃料貯蔵用ラック耐震工事，非常用電源設備の工事に伴う減価償却費で，合計900億円になる。事業報酬は418億円になる。内訳は，核燃料資産の事業報酬217億円，原子力発電資産の事業報酬133億円，特定投資の事業報酬分68億である。日本原燃株式会社（本社，青森県六ケ所村）の増資引き受けやウラン鉱山プロジェクトへの出資のために，原子力関係の事業報酬は，前回改定時より53億円も増加した。これだけの原子力災害が発生し，脱原発を議論しなければならない時に，原子力発電の継続に追加資金を投入するとは，重大な矛盾である。

公租公課では，電源開発促進税，核燃料税，固定資産税などに886億円かかる。このうち，電源開発促進税は698億円かかる。福島県内の原子力発電所は廃炉または停止中であるのに，原子力バックエンド費用は668億円かかる。

その他の費用では，福島第一原子力発電所事故により，原子力損害賠償支援機構一般負担金に567億円を要する。今回の申請では，委託費が事故対応

図表8－5　東京電力の料金原価に占める原子力発電の原価の推定（2008年，前回改定）

（単位：億円）

前回改定（2008年度9月実施）			
電気料金原価の主な項目		うち原子力発電による原価	
人件費	4,399	原子力部門の人員数2010年度末で3341人（実績）。3341人×97％×707万円／人＝約229億円（筆者推定）	229
燃料費	20,038		
うち核燃料分	315	核燃料費（福島第一の1号機～6号機：166億円。福島第二：149億円）	315
修繕費	4,353	修繕費のうち，原子力発電分	875
資本費	10,019		
うち減価償却費	7,000	原子力発電設備の減価償却費	990
うち事業報酬	3,020	核燃料資産に対する事業報酬	276
		原子力発電資産に対する事業報酬（運転中の原子力発電資産の事業報酬：194億円。建設中の原子力施設資産の事業報酬：21億円）	215
		特定投資のうち，原子力発電資産価値に対する事業報酬　15億円。（日本原子力研究開発機構　1億円。日本原燃　12億円。リサイクル燃料貯蔵　1億円。ウラン鉱山プロジェクト　0億円）	15
購入電力料	7,293		
		うち，原子力発電の電力購入料	1,000
公租公課	3,493		
		電源開発促進税1,159億円の64％を原子力発電分と推定	742
		核燃料税，使用済み核燃料税	45
		原子力発電所の固定資産税（福島第一：30億円，福島第二：27億円，柏崎刈羽：66億円）	123
		水利用料のうち揚水発電分	9
原子力バックエンド費用	1,059	使用済核燃料再処理等費（使用済核燃料再処理費用のための積立金，引当金，使用済核燃料輸送費）	705
		特定放射性廃棄物処分費（高レベル放射性廃棄物最終処分事業への拠出金）	219
		原子力発電施設解体費（福島第一1号～6号：70億円，福島第二，1号～4号：64億円，柏崎刈羽1号～7号：38億円）	135
その他経費	5,747		
うち固定資産除去費	770	固定資産除去費のうち，原子力発電分	55
		オール電化の普及費用	29
		原子力損害賠償支援機構一般負担金　0億円	0
		廃棄物処理費用のうち，原子力発電関係	87
		原発PR館費用：20.7億円。柏崎刈羽原子力発電所など発電所立地理解促進情報：60億円	81
		委託費のうち原発関係費用	311
		原子力発電所の作業状況報告，広報費用	23
		海外再処理委員会（英仏の核燃料再処理に関する輸送業務），日本原子力技術協会に対して，6億円。	6
		電源開発（株）大間フルMOX－ABWR研究費：8億円。EPRIニュークリアメンバーシップ研究費：4億円。電力中央研究所研究費のうち原子力関係：28億円分（今回と同額を推定）。軽水炉PWRの研究費に：15億円。	55
控除収益	(2,241)		
総原価	54,162	うち，原子力発電にかかる料金原価分	6,540
		総原価に占める原発分の比率	12.1％
事業報酬率％	3％		

(注)表中の料金原価および原子力関係の原価は2008年9月の申請時点のもの。控除収益は他社販売電力料や託送収益からの収益。
(出所)原子力発電関係の費用は,下記の電気料金審査専門委員会の資料に基づき,筆者算定。
1) 東京電力 (2012)「料金算定の前提となる人員計画について」電気料金審査専門委員会,3回配布資料。東京電力 (2012)「人件費」電気料金審査専門委員会,3回配布資料参照。
2) 資源エネルギー庁 (2012)「個別の原価について,燃料費,購入・販売電力料,原子力バックエンド費用」電気料金審査専門委員会,4回配布資料。
3) 東京電力 (2012)「原子力バックエンド費用」電気料金審査専門委員会4回配布資料。
4) 総合資源エネルギー調査会 (2012)「東京電力株式会社の供給約款変更可申請に係る査定方針案」電気料金審査専門委員会10回配布資料。
5) 東京電力 (2012)「設備投資関連費用」電気料金審査専門委員会5回配布資料。
6) 資源エネルギー庁 (2012)「費目横断的検討事項,設備投資関連費用について」電気料金審査専門委員会5回配布資料。
7) 経済産業省 (2012) 東京電力株式会社の供給約款変更認可申請に係る査定方針。
8) 東京電力 (2012)「料金認可申請の概要について」電気料金審査専門委員会1回配布資料。
9) 東京電力 (2012)「その他経費,控除収益」電気料金審査専門委員会6回配布資料。
10) 資源エネルギー庁 (2012)「費目横断的検討事項,福島第一原発安定化費用および賠償対応費用について」電気料金審査専門委員会3回配布資料。
11) 東京電力 (2012)「論点についての補足説明資料」電気料金審査委員会7回資料。
12) 資源エネルギー庁 (2012)「査定方針案のたたき台について」電気料金審査専門委員会9回配布資料。
13) 電源開発促進税の原子力発電分は64%と推定した。2011年度および2012年度の「エネルギー対策特別会計歳入歳出予定額各目明細書」(第177回国会,第180国会提出)に基づき,「電源開発促進勘定」の歳出に占める原子力関係の費用予算の比率は,2011年度65.8%,2012年度62.8%。2年間の平均は64.3%であった。

費用によって大幅に増加したことが特徴である。具体的には,福島第一原子力発電所事故に関する原子力損害賠償の請求書受付,支払業務,コールセンター委託費に229億円,廃炉にした第一の1号機〜4号機の冷却・安定化(放射線管理業務委託,滞留水処理装置運転費委託)に215億円,使用済核燃料中間貯蔵費に93億円かかる。これらを含めて,委託費は合計897億円かかる。

　以上の合計で,2012年5月申請でも原子力関連費用は料金原価の11.7%になる。図表8－4および図表8－6から推定すると,原子力関係の費用は,旧料金原価の約12%,新料金原価の約11%に達する。一般家庭は料金の11〜12%を原子力に支払っている勘定だ。他方,これとは別に,東京電力は新料金原価を発電方法,送電,変電などの8部門に分割した部門別総原価内訳を開示している。8部門整理表で見ても,原子力発電は新料金原価の約11%を占めている(図表8－7)。

図表8－6　東京電力の料金原価に占める原子力発電の原価の推定（2012年5月の申請内容）

（単位：億円）

今回の申請内容（2012～2014年度，年平均）			
電気料金原価の主な項目		うち原子力発電による原価	
人件費	3,488	原子力部門＋損害賠償対応人員＝4668人（3年平均）。4668人×97%（人件費原価算入分）×556万円／人・年＝約252億円（うち，福島第一の5号機，6号機，福島第二の1号機～4号機（いずれも停止中）の監視，点検，放射線測定，管理業務：80億円。賠償対応：69億円（推定）。福島第一，第二の両方で1239人分）。	252
燃料費	24,704		
うち核燃料分	110	福島第一の核燃料費：0億円。福島第二：0億円。柏崎刈羽1号，3号，4号，5号，6号，7号：110億円。	110
修繕費	4,205	廃炉決定した福島第一の1号機～4号機の安定化維持：652億円（セシウム除去の滞留処理装置点検などに166億円を含む）。その他の原子力発電関係：57億円。停止中の福島第一の5号機，6号機，福島第二の1号機～4号機の修繕費：203億円。原発は停止中であっても，多額の費用要す。	709
資本費	9,096		
うち減価償却費	6,281	福島第一の5号機，6号機：271億円。福島第二の1号機～4号機：143億円。福島第一，第二の津波防潮堤構築，使用済核燃料貯蔵用ラックの耐震工事，非常用電源設備の工事などに伴う減価償却費：900億円。	900
うち事業報酬	2,815	核燃料資産の価値に対する事業報酬分	217
		原子力発電資産に対する事業報酬：133億円（運転中の原子力発電設備の事業報酬105億円。建設中の原発設備の事業報酬28億円）（最終査定では，129億円になったと推定）	133
		特定投資に対する事業報酬のうち原子力発電分（日本原子力研究開発機構：1億円。日本原燃：51億円。リサイクル原子力燃料貯蔵：1億円。原子力賠償支援機構：1億円。ウラン鉱山プロジェクト：13億円）。日本原燃の増資引き受けやウラン鉱山プロジェクトへの出資により，前回改定より事業報酬が53億円増加。	68
購入電力料	7,943	卸電力業者からの原子力発電の電力購入料	1,002
公租公課	3,048	うち，電源開発促進税1091億円の64%を原子力発電関係と推定	698
		核燃料税，使用済核燃料税	28
		固定資産税のうち原発分（福島第一：56億円，福島第二：27億円，柏崎刈羽：67億円）	150
		水利用料のうち揚水発電分	10
原子力バックエンド費用	668	使用済核燃料再処理等発電費，使用済核燃料再処理等既発電費（積立金，引当金，使用済核燃料の六ヶ所村や発電所へなどへの輸送費）	516
		特定放射性廃棄物処分費	100
		原子力発電施設解体費：52億円（福島第一：0円，福島第二：0円，柏崎刈羽1号，3号～7号：38億円）	52
その他経費	6,569	損害保険料のうち原子力災害関係	14
うち固定資産除去費	959	固定資産除去費の原子力関係（老朽資産，不要資産の撤去廃止費用）	67
		オール電化関連の普及費用	0
		原子力損害賠償支援機構一般負担金	567
		廃棄物処理費用のうち原子力関係	76
		消耗品（保護衣防護具等）	58
		発電所立地に資する理解促進活動として，柏崎刈羽原子力発電所サービスホール運営費，地域訪問用広報誌費用	5

		委託費のうち原発関係費用：897億円（うち，福島原発事故に関する原子力損害賠償にかかる請求書受付，支払業務，コールセンター委託費：229億円。安定化維持費用＝福島第一の１号機〜４号機の安定化のため，放射線管理業務委託費，滞留水処理装置運転費など）：215億円。その他は，2013年以降の使用済核燃料中間貯蔵費用：93億円	897
		福島第一原子力発電所の作業状況報告，賠償関係の広報費用	13
		福島原発事故の賠償対応費用のうち，委託費以外（賃借料，通信，他）	50
		海外再処理委員会（英仏の核燃料再処理に関する輸送業務），日本原子力技術協会に対する費用	5
		電力中央研究所分担金の原子力関係研究費：28億円。EPRI　ニュークリアメンバーシップ分担金：2億円。	30
控除収益	−2,097		
総原価	57,624	うち原子力発電にかかる料金原価分	6,727
		総原価に占める原発分の比率	11.7%
事業報酬率%	3 %	（最終査定では，事業報酬は2.9%に減額）	

(注) 表中の料金原価および原子力関係の原価は2012年5月の申請時点のもの。経済産業省が認可した新料金原価（2012年9月実施）は，5月申請内容からさらに経費を削減している。
　　表中の控除収益は他社販売電力料や託送収益からの収益。
(出所) 原子力発電関係の費用は，下記の電気料金審査専門委員会の資料に基づき筆者算定。
1) 東京電力（2012）「料金算定の前提となる人員計画について」電気料金審査専門委員会3回配布資料。
東京電力（2012）「人件費」電気料金審査専門委員会3回配布資料。
2) 資源エネルギー庁（2012）「個別の原価について，燃料費，購入・販売電力料，原子力バックエンド費用」電気料金審査専門委員会4回配布資料。
3) 東京電力（2012）「原子力バックエンド費用」電気料金審査専門委員会4回配布資料。
4) 総合資源エネルギー調査会（2012）「東京電力株式会社の供給約款変更認可申請に係る査定方針案」，電気料金審査専門委員会10回配布資料。
5) 東京電力（2012）設備投資関連費用，電気料金審査専門委員会5回配布資料。
6) 資源エネルギー庁（2012）「費目横断的検討事項，設備投資関連費用について」電気料金審査専門委員会5回配布資料。
7) 経済産業省（2012）東京電力株式会社の供給約款変更認可申請に係る査定方針。
8) 東京電力（2012）「料金認可申請の概要について」電気料金審査専門委員会1回配布資料。
9) 東京電力（2012）「その他経費，控除収益」電気料金審査専門委員会6回配布資料。
10) 資源エネルギー庁（2012）「費目横断的検討事項，福島第一原発安定化費用および賠償対応費用について」電気料金審査専門委員会3回配布資料。
11) 東京電力（2012）「論点についての補足説明資料」電気料金審査委員会7回資料。
12) 資源エネルギー庁（2012）「査定方針案のたたき台について」電気料金審査専門委員会9回配布資料。
13) 電源開発促進税の原子力発電分は64%と推定した。2011年度および2012年度の「エネルギー対策特別会計歳入歳出予定額各目明細書」（第177回国会，第180回国会提出書類）に基づき，「電源開発促進勘定」の歳出に占める原子力関係の費用予算の比率は，2011年度65.8%，2012年度62.8%。2年間の平均は64.3%であった。

5−4　原発は再生可能エネルギーより大きな負担

　電力会社と原子力を推進する人びとは，2012年7月から開始した再生可能エネルギー電気の固定価格買取制（以下，買取制と略す）が電力料金を高くすると批判している。しかし実際には，原子力発電にかかる原価は，太陽光発電余剰電力買取制（以下，太陽光余剰買取制と略す）や再生可能エネルギー買取制の賦課金よりも，大きな負担になっている。これについて説明しよう。

　前述のとおり，東京電力の原子力発電にかかる費用は新料金原価の11.7%

図表8－7　東京電力の部門別料金原価（8部門整理表）
（2012年9月1日実施分。2012年度～2014年度の原価算定期間合計）

	部門別内訳 （億円）	（％）
水力発電	3,547	2.4%
火力発電	85,849	58.4%
原子力発電	16,089	10.9%
新エネルギー	100	0.1%
送電費	12,021	8.2%
変電費	5,685	3.9%
配電費	18,323	12.5%
販売費	5,327	3.6%
合　計	146,943	100%

（出所）東京電力（2012）「別冊1，供給約款変更認可申請補正書」27-28頁掲載，「8部門整理表」（その1，その2）による料金内訳。経済産業省プレスリリース（7月25日）。

であったから（図表8－4，図表8－6），電力消費1kWh当たり2.96円，1ヵ月で888円になる（電力消費が300kWh／月のモデル家庭）。他方，太陽光余剰買取制の付加金は1kWh当たり0.06円，再生可能エネルギー買取制の賦課金は0.22円である（図表8－8）。再生可能エネルギー賦課金は，原子力発電にかかる料金原価よりもはるかに小さい。太陽光の付加金と再生可能エネルギーの賦課金（0.22円）を合計しても，1kWh当たり，東京電力で0.28円，関西電力で0.27円，中部電力で0.33円，九州電力で0.37円にすぎない。

　もちろん今後は，再生可能エネルギーの普及につれて，賦課金はしだいに上昇する。しかし原子力発電も，使用済核燃料の最終処分に膨大な追加費用がかかる。「コスト等検証委員会」の試算によれば，使用済核燃料の半分を20年間の冷却・貯蔵後，再処理し，残りの半分は50年間の貯蔵後，再処理をおこなう場合でも，使用済核燃料の処理費用は，1.3～2.2円／kWh必要とされている[9]。原子力発電には，現在の料金原価に加えて，使用済核燃料処

理の追加負担が1.3～2.2円／kWh発生する。これらを考慮すると，原子力発電に経済的優位性があるという原発推進派の説明には重大な欺瞞があるだろう。

5－5　電気料金から原子力に7年間で4兆6340億円

　原子力発電の経費が料金原価の11～12％という事実から，次の推計が成り立つ。①前回料金改定から現在までの4年間（2008年9月1日～2012年8月31日）に，東京電力の消費者は原子力発電のために，6540億円×4年＝2兆6160億円を支払った。②今後も2012～2014年に，6727億円×3年＝2兆181億円をつぎ込む必要がある。③原子力にかかる費用は，合計7年間で4兆6341億円にのぼる。

　原子力発電は，国策として過去何年もの間，一貫して推進されてきたので[10]，2008年以前も現在と同様の状況であった可能性が高い。したがって過去数十年の間に原子力発電に投入された累積金額は，誠に巨額であろう。参考までに示すなら，2011年度の太陽光余剰買取制によって，消費者に転嫁された太陽光付加金の総額（翌年の過不足分も含む）は，日本全国の合計

図表8－8　固定価格買取制の賦課金と原子力発電にかかる料金原価の比較

	円／kWh	％
東京電力の料金平均単価（2012年9月実施分）	25.31	100％
原子力発電にかかる料金原価	2.96	11.7％
太陽光発電促進付加金（2012年度）	0.06	0.2％
再生可能エネルギー固定価格買取制・賦課金（2012年度）	0.22	0.9％

（注）再生可能エネルギー買取制の賦課金は，予想買取費用に基づく予想の賦課金である。買取費用の実績額との過不足は翌年調整する。

（出所）原子力発電にかかる原価分は，電気料金審査専門委員会配布資料より，11.7％と筆者推定。その他は，経済産業省（2012）「東京電力の規制部門の電気料金改定について」7月25日，プレスリリース。東京電力（2012）「再生可能エネルギー発電促進賦課金および太陽光発電付加金のお知らせ」東京電力ホームページ。

で，679億円であった[11]。他方，5月申請内容（図表8－6）における原子力関係の費用は，東京電力管内だけで年間6727億円もかかる。原子力にかかる費用は，太陽光余剰買取制とは比べ物にならない巨額である。

6　買取制による再生可能エネルギー普及

6－1　再生可能エネルギー特別措置法

　消費者が安全な電力を選択できるようにするには，原子力発電を減らす政治的決意と再生可能エネルギーの拡大が急務である。ドイツやスペインの経験から，再生可能エネルギー電力の拡大には，固定価格買取制が効果的であることが確認されている。日本でも2012年7月から，「電気事業者による再生可能エネルギー電気の調達に関する特別措置法」（以下，再エネ特措法と略す）により，再生可能エネルギー買取制が発足した。以下，再生可能エネルギー電力の消費者選択を実現するために，買取制の必要条件を解説する。①買取制の基本設計，②賦課金の予測，③ドイツにおける買取制の普及効果と賦課金の経験を述べよう。

　再エネ特措法は，電気事業者に対して，太陽光，風力，地熱，バイオマス，中小水力からの電力を，固定価格で買い取ることを義務付けている（図表8－9）。買取期間は，地熱15年，太陽光10kW 未満は余剰電力のみ10年，これ以外は20年の買取である。

　固定価格買取制とは，発電を開始したら買取期間が終わるまで，その価格のままで買い取る。再生可能エネルギーの発電者に20年間の総売電収入を約束するので，設置時点で採算性を計算できる。再生可能エネルギー発電者が利潤を確保できるように，IRR（内部利子率）[12]を考慮して買取価格が設定されている。買取価格は毎年，見直し，陽光発電パネルは市場価格が急速に下落しているので，翌年の買取価格は市場価格を考慮して決定する。

6－2　賦課金による電力料金への影響，原発の費用との比較

　再生可能エネルギー電力の買取費用は，消費者が払う賦課金によって賄う。2012年度の賦課金は，太陽光余剰買取にかかる付加金と合わせて，全国

図表8－9　再生可能エネルギーの買取価格

電　源	太陽光		風　力		地　熱		中小水力		
調達区分	10kW 以上	10kW 未満 余剰 買取	20kW 以上	20kW 未満	1.5万 kW 以上	1.5万 kW 未満	1,000kW 以上, 30,000 kW未満	200kW 以上, 1,000kW 未満	200kW 未満
IRR（税前）	6 %	3.2%	8 %	1.8%	13%		7 %	7 %	
調達価格, 税込 （円／kWh）	42	42	23.1	57.75	27.3	42	25.2	30.45	35.7
買取期間	20年	10年	20年		15年		20年		

電　源	バイオマス				
調達区分	メタン発酵 ガス化 バイオマス	未利用 木材	一般木材, パーム 椰子殻	廃棄物系木質以 外, バイオマス	リサイク ル木材
IRR（税前）	1 %	8 %	4 %	4 %	4 %
調達価格, 税込 （円／kWh）	40.95	33.6	25.2	17.85	13.65
調達期間	20年				

（出所）調達価格等算定委員会（2012）第7回資料「調達区分，調達価格・調達期間についての調達価格等算定委員会案」より要約。

平均で0.29円／kWh，1ヵ月300kWhを消費する家庭で87円である（北海道電力地域で75円，九州電力管内で111円）[13]。

　賦課金は，実際には，どの種類の電源がどの程度の量で導入されるかによって，賦課金の金額が変わる。このため，買取制では，1年間の再生可能エネルギーの買取費用を予測して賦課金を徴収し，過不足分は翌年の賦課金で調整する。賦課金による電気料金への影響をみるために，今年度の再生可能エネルギーの新規設置容量について，低めから高めの4つのケースについて，賦課金を試算した（図表8－10）。

　今年度の新規導入量は，＜基本1＞から＜中＞ケースに収まる可能性が高い。地熱や風力発電は計画から発電開始までに年数がかかるし，太陽光以外の本格的な導入は，来年以降になるからである。回避可能費用を6円／kWhとすると，賦課金は，0.2円／kWh～0.32円／kWh（1ヵ月で61～95円程

度）になる．多めに導入がおこなわれる＜高＞シナリオでも，賦課金は0.39円／kWhである．これら賦課金の金額は，電気料金から原子力発電につぎ込んでいる費用2.96円／kWhに比べれば，非常に小さい（図表8－8）．一部の消費者団体や医師会は，買取制の賦課金による電気料金の上昇を批判しているが，安全な電力には一定のコストがかかること，安全な生活をしたいのであれば，電気料金に占める原子力発電の費用について正確な知識を持つべきである．

　この試算は，販売電力量の20％について，大規模電力使用者は賦課金の減免を受けると仮定した．回避可能費用単価は，経済産業省の告示を参考に，6円／kWhのケース（火力燃料費相当）と，昨年度の太陽光余剰買取制における回避可能費用の実績値13.7円／kWhのふたつのケースで試算した[14][15]．

6－3　回避可能費用の問題点

　この買取制の問題点のひとつは，回避可能費用を13.7円とするか，6円とするのかで，賦課金が大きく異なってくることである．賦課金は，再生可能エネルギーの買取費用から回避可能費用を差し引いて計算する．回避可能費用は，主に火力発電の燃料価格など（正確には全電源の可変費用）とされる．回避可能費用が小さいほど，賦課金が高くなり消費者負担が大きくなってしまう．

　2011年度の太陽光余剰電力買取制では，1kWh当たり，回避可能費用は13.7円だった．今回の再生可能エネルギー買取制では経済産業省は，火力発電燃料費相当の約6円としている．買取電力量に応じて，太陽光に13.7円，他の電源に6円と差をつけて回避費用を計算すると（図表8－10の加重平均方式），賦課金を安くすることができる．太陽光発電は，昼間の天然ガスや石油発電を代替し，電力需要の多い昼間に発電するので価値が高い．風力や中小水力など他の電源と同じ回避可能費用で計算するのは不公平である．すべての再生可能エネルギーについて，回避可能費用を6円程度で計算すると賦課金が早く高くなる．現在の方式は改定されるべきである．

図表8－10　固定価格買取制による賦課金への影響（2012年末までの発電量によるもの）

2012年度の新規設置量の諸ケース	(単位 MW, 1MW=1,000kW)									減免者・賦課金 (¥/kWh)	非減免者・賦課金 (¥/kWh)	1か月の賦課金（非減免者・電力消費300kWh/月）(¥/月)
	バイオマス	風力	水力	地熱	太陽光10kW未満	太陽光10kW以上	太陽光・小計	再生可能エネルギー・合計				
基本1	196	231	20	0.4	1,409	298	1,707	2,156	回避可能費用¥13.7	0.03	0.18	53
									回避可能費用¥6	0.03	0.20	61
基本2	393	463	61	0.6	1,448	320	1,767	2,685	回避可能費用¥13.7	0.04	0.21	63
									加重平均¥8.47	0.04	0.24	72
									回避可能費用¥6	0.04	0.26	76
中	589	694	102	1.0	1,604	533	2,136	3,523	回避可能費用¥13.7	0.04	0.26	77
									加重平均¥8.1	0.05	0.30	90
									回避可能費用¥6	0.05	0.32	95
高	786	1,157	122	2.0	1,760	746	2,506	4,573	回避可能費用¥13.7	0.05	0.30	91
									回避可能費用¥6	0.06	0.39	116

（注）現状は，太陽光発電は，2010年度の新規設置容量で1,059MWである（太陽光発電協会データ）。2010年の累積設備容量で，バイオマスが1,965MW，風力が2,314MW，中小水力が203MW，地熱が2MWである（バイオマス，風力，水力，地熱の2010年度累積設備容量は，RPS法認定設備状況2010年3月31日，新エネルギー・産業技術総合開発機構『NEDO再生可能エネルギー技術白書』，196頁）。
　1MW=1,000kW
（出所）筆者算定。

7　ドイツ買取制による普及効果と費用

7－1　再生可能エネルギーが飛躍的に拡大

　日本の買取制は始まったばかりで，どのような速度で普及するか未知の部分が多い。そこで買取制で成功経験を持つドイツから，普及効果を確認する。ドイツは2000年から固定価格買取制[16]を導入した。発電者に一定の利

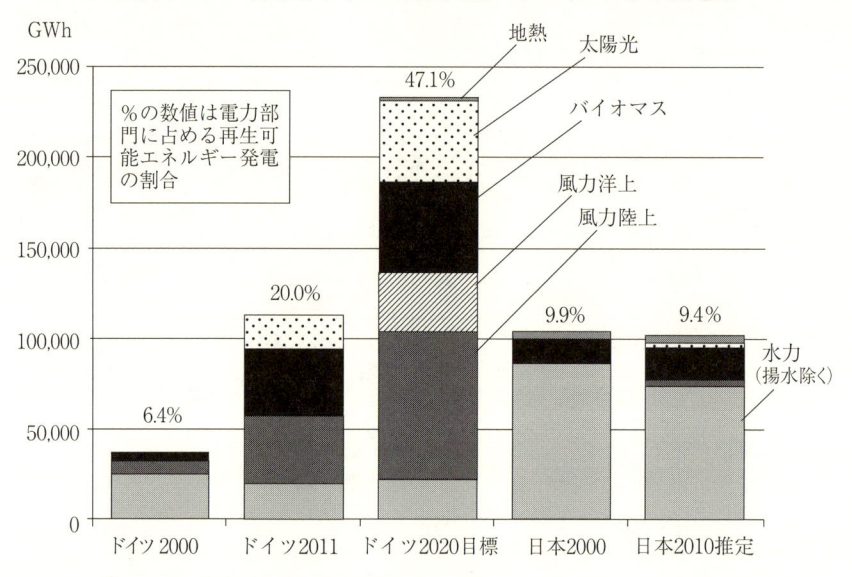

図表 8 −11　日本とドイツの再生可能エネルギーによる発電量

（注）2020年のドイツは導入目標。GWh＝百万 kWh
（出所）以下のデータに基づき，筆者作成。IEA (2011) Renewables Information 2011. BMU (2012) Zeitreihen zur Entwicklung der erneuerbaren Energien in Deutschland. BMU (2011) Langfristszenarien und Strategien für den Ausbau der erneuerbaren Energien in Deutschland.

潤が発生する買取価格で，再生可能エネルギー電力を20年間買い取っている。買取制が導入されるとすぐに，風力が急速に普及し，2004年からは買取価格の引き上げによって，太陽光とバイオマスが飛躍的に普及した。近年は優遇価格によって，洋上風力が拡大している。2011年には，ドイツの再生可能エネルギー発電量は，最終電力消費量の20％（風力は 8 ％，太陽光は 3 ％，バイオマスは 6 ％）に達した（図表 8 −11）。ドイツのエネルギー・水力発電産業協会 BDWE によれば，2012年上半期には，ドイツの再生可能エネルギー発電量は，電力消費量の25％に達した[17]。

　ドイツと比べると，日本の再生可能エネルギーの立ち遅れは一目瞭然である。日本の再生可能エネルギー発電量は，大規模水力とバイオマス系ごみ発電以外は，微々たるものである。風力は総電力需要の0.4％，太陽光が

0.3％，地熱が0.4％，バイオマス（廃棄物系バイオマスを含む）が1.7％しかない。

風力発電と太陽光発電に関する海外の普及状況を見れば，日本の立ち遅れは，さらに明らかである（図8－12，図8－13）。風力では，ついに中国がアメリカを抜いて世界一の累積導入量となり，インドも急速に導入量を拡大している。イギリスとドイツは，陸上風力の導入を終え，今や，洋上風力を大量に新設している。風力は，インドや中国ですら大量新設時代に入っているのに，日本は完全に取り残されている。太陽光でも，イタリア，中国，インドで急速に導入が進んでいる。2011年には，日本の太陽光発電の新規設置が1296MWであったのに対して，中国は2倍近い2200MWを新設した（1MW＝1000kW）。日本が太陽光で世界のリーダーであったのは，過去の話である。

日本の重工業界と電力会社は，原子力発電ビジネスで利益を得ながら，

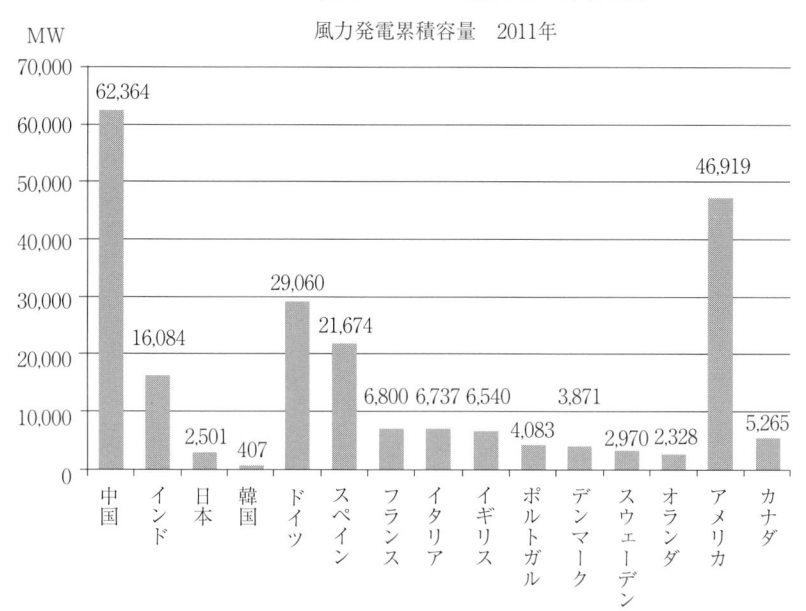

図表8－12　主要国における風力発電の普及状況

風力発電累積容量　2011年

国	MW
中国	62,364
インド	16,084
日本	2,501
韓国	407
ドイツ	29,060
スペイン	21,674
フランス	6,800
イタリア	6,737
イギリス	6,540
ポルトガル	4,083
デンマーク	3,871
スウェーデン	2,970
オランダ	2,328
アメリカ	46,919
カナダ	5,265

（出所）GWEC（2012）Global Wind Report 2011のデータより作成。IMW＝1,000kW。

図表 8−13　主要国における太陽光発電の普及状況

太陽光発電累積容量　2011年

国	MW
中国	3,093
日本	4,914
ドイツ	24,678
スペイン	4,260
フランス	2,831
イタリア	12,803
チェコ	1,959
ベルギー	2,018
アメリカ	3,966

（出所）EPIA (2012) Global Market Outlook for Photovoltaics until 2012. および IEA-PVPS (2012) Task1, Trend Preview より作成。1MW＝1,000kW。

「再生可能エネルギーはコストが高い」と10年1日のごとく言い訳を繰り返す間に，世界の主要国は，原油高騰への対策とエネルギー自給率を引き上げるために，着々と再生可能エネルギーを拡大している。

7−2　ドイツにおける賦課金の状況

ドイツ買取制の賦課金はどの程度になっているか，確認しよう。賦課金は，2012年で電力消費1kWh当たり，3.59セントである（図表8−14)[18]。年間3500kWh消費するモデル世帯で日本円換算では，年間12565円程度になる（1セント＝約1円）。消費者向け電力料金は，賦課金を含めて，1kWh当たり25.54セントで，賦課金は電力料金の14％に達する。産業用電気料金は賦課金を含めて13.56セントで，賦課金の比率は26％にもなった。

このためドイツ環境省は，第1に，電力多消費企業に対して，賦課金の減免を拡大した。第2に，今後は，太陽光発電の普及速度を抑制し，洋上風力を伸ばすことで，賦課金の上昇を抑制する方針だ。洋上風力は，発電量が陸上風力の約2倍もあるうえに，シーメンス社などドイツ機械大手のビジネス・チャンスが大きいからである。

　注意すべきは，ドイツが買取制を開始した2000年から，賦課金が電力料金の14%になるまでには，11年余りの歳月がかかっている点である。ドイツはこの11年余の間に，新規設置容量で風力発電を日本の12倍，太陽光発電を日本の5倍も設置し，再生可能エネルギー分野で有力企業を成長させた。日本とドイツでは，買取価格も賦課金の計算方法も異なるため，同列には議論できないが，日本の買取制は始まったばかりで，今から賦課金の上昇を心配する必要はない。

　ドイツの賦課金の上昇要因は，第1に，2009年以降に太陽光発電が大量導

図表8-14　ドイツ家庭用電気料金に占める買取制の賦課金の比率

	買取制の賦課金（セント/kWh）	ドイツ家庭用電気料金合計（賦課金含む）（セント/kWh）	賦課金の比率（%）
2000年	0.2	13.94	1.4%
2001年	0.25	14.32	1.7%
2002年	0.35	16.11	2.2%
2003年	0.42	17.19	2.4%
2004年	0.51	17.96	2.8%
2005年	0.69	18.66	3.7%
2006年	0.88	19.46	4.5%
2007年	1.02	20.64	4.9%
2008年	1.16	21.65	5.4%
2009年	1.31	23.21	5.6%
2010年	2.05	23.69	8.7%
2011年	3.53	24.95	14.1%

（出所）BDEW (2011) Energie-Info. Erneuerbare Energien und das EEG: Zahlen, Fakten, Grafiken より作成。

図表 8-15 ドイツ太陽光発電における IRR と新規設置容量

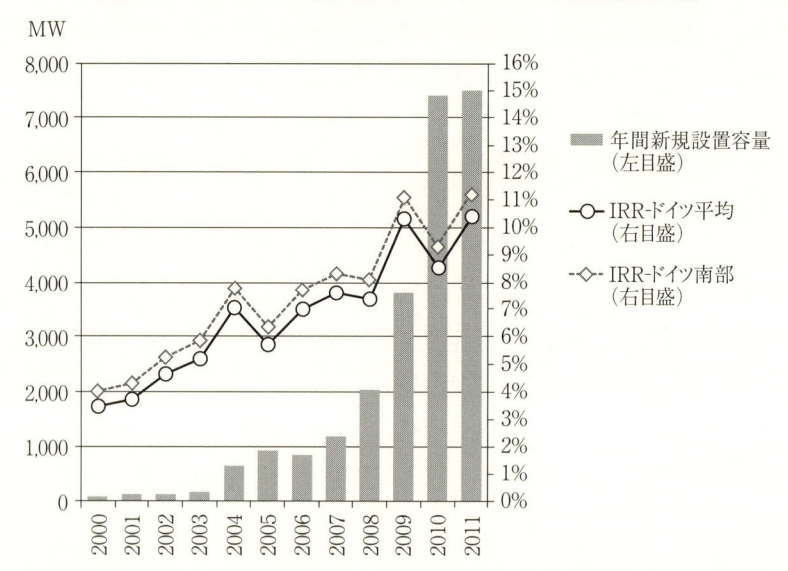

(出所) 下記データに基づき，筆者算定。IRR の推定は，年間発電量をドイツ南部950kWh，ドイツ平均を900kWhとし，系統接続費用はヒアリングにより，算定した。BMU (2012) Grafiken und Tabellen mit Daten zur Entwicklung der erneuerbaren Energien in Deutschland im Jahr2011. BSW-Solar (2012) Statistische Zahlen der deutschen. IMW=1,000kW。

入され，買取費用が増加したこと，第2に，買取制が12年目に入り，過去に設置した発電設備からの買取電力量が大きくなったためだ。ドイツの経験に学ぶなら，賦課金の急上昇を回避するには，買取価格の高い太陽光ばかりに偏った導入を避け，風力，中小水力，地熱など，発電コストの安いものを組み合わせて，バランスよく普及させることが重要である。

7-3 収益性 IRR で 7～9％なら，順調に普及

再生可能エネルギーの普及量と買取価格のバランスをとるうえで最も難しいのは，市場価格の下落が激しい太陽光発電である。ドイツの太陽光発電の普及に関する経験によれば，IRR（内部利子率）で10％を超えると，投資需要が加熱してバブルが発生している。逆に，IRR が 5 ％以下では，住宅用太

陽光では導入が進むが，中規模，大規模な太陽光発電事業は進展しない。IRR 7〜9％のときには，順調に普及が進んでいる（図8－15）。

　買取制は，電力消費者が容認できる範囲の低位な収益性でのみ，制度を持続できるので，収益性が高ければ良いというものではない。ドイツのマインツ国民銀行の融資担当者によれば，ドイツ南部の風力，太陽光，バイオマスの投資では，IRRは年7〜10％程度である。IRR7％以上を見込める事業であれば，銀行は融資を認めている（IRRは税前）。日本では電力系統（電力網）への接続条件や金利，税率も異なるため，一概には言えないが，ドイツの経験に学ぶなら，IRRが6〜9％程度となる買取価格であれば，日本でも，概ね順調に再生可能エネルギーは普及していくと思われる。

8　買取制の必須条件，優先接続義務，発電・送電分離

　買取制によって再生可能エネルギーを円滑に普及させる条件について，日本の買取制の問題点を示しておく。

　第1に，日本の買取制には，再生可能エネルギー電力に対する優先接続義務が無いことが問題である。優先接続とは，再生可能エネルギー電力を他の電源よりも優先して，真っ先に，電力系統（電力網）に接続し給電するように，送電業者，配電業者[19]に義務付けるものである。他方，ドイツでは，送電業者，配電業者は，再生可能エネルギー電力を石炭発電，天然ガス発電，原子力発電よりも優先して，電力系統に接続，給電しなければならない。そして，不足分を，化石火力発電や原子力で補うという電力系統の運用をしなければならない[20]。

　優先接続の義務が無い場合，大手電力会社は，送電・配電網へ接続するにあたって，再生可能エネルギーを石炭発電や原子力発電よりも後回しにしてしまう。再生可能エネルギーは，石炭発電よりも発電コストが高いからである。電力網に接続できなければ，風力発電業者は売電収入を得ることができない。日本の買取制には優先接続義務の規定が無いため，とくに風力発電では，送電線の受け入れ容量が限界であることを理由ないし口実に，電力網への接続を後回し，ないし拒否される危険がある。

実際に，北海道電力では，送電線の受け入れ容量が小さいことを理由に，風力発電の受け入れ枠を限定し，抽選制にしてきた。北海道は風力資源が豊富であるにもかかわらず，風力発電者は電力会社の抽選に当たらなければ，送電網に接続できない(21)。これでは，魅力的な買取価格を設定しても，風力発電を大量に普及させることはできない。

　第2に，日本の買取制は，電力会社に電力系統の拡張義務を課していない。大規模に風力や地熱が導入されていくと，電力系統（送電網，配電網）の容量が小さい地域では，電力系統の増強が必要になる。これはとくに，風力発電で問題になる。ドイツでは，電力系統を拡張するのは，送電業者と配電業者の義務である。

　これに対して，日本では，電力業者に系統拡張義務が無いので，再生可能エネルギー発電者が電力系統の拡張費用を負担させられる。このため日本では，電力系統の拡張費用だけ，風力発電者の収益性を悪化させ，事業の成立を難しくする(22)（ただし，電力系統への接続費用と電源線設置費用は，ドイツでも日本と同様に，再生可能エネルギーの発電者が負担する）。

　第3に，ドイツで再生可能エネルギー電力を円滑に送電網，配電網に接続できるのは，送電業と発電業が分離されているからである。欧州では送電業は，EU指令（Directive 2009／72／EC）によって，大規模発電会社から分離され，別法人にされている。ドイツでも10年ほど前までは，日本と同様に，大規模発電会社が発電から超高圧送電網，地域配電網，電力小売まで地域独占していた。しかし，大規模火力発電や原子力発電を所有する者が送電網と配電網を独占するかぎり，再生可能エネルギーが電力網に差別なく接続されることは難しい。電力会社は，自分の所有する石炭火力と原子力発電を送電網に給電する方が利益が大きいからである。

　発電設備を電力網に接続し給電することを系統連系と言う。再生可能エネルギーを電力網に円滑に系統連系するには，送電網を大規模発電会社から分離することが不可欠なのである。

　そこで数度の改正を経て，EU指令は，送電事業と発電事業を分離し，送電業者を大手発電会社から別法人にした(23)(24)。EU指令は，①大手発電会社が送電業をおこなうことを禁止している。②資本関係，営業業務，経営

陣，財務，技術利用において，大規模発電会社が送電会社に不当な影響力をおよぼすことを禁止する。③送電会社と配電会社に対して，再生可能エネルギー電力を送電網，配電網に，差別無く自由に，かつ優先接続することを義務付けている[25]。

　優先接続，系統拡張義務，発電と送電の分離，これら3つの条件は，再生可能エネルギーが円滑に普及するための必須条件である。日本の大手電力会社は，大部分の原子力発電所と大規模火力発電所，電力網のほとんどを独占して，大きな政治力を持っている。もしもこの3つの基礎条件が整備されない場合，買取制はその促進機能を十分に発揮できない。とくに，風力発電やメガソーラー事業において，電力系統への円滑な接続に支障をきたす恐れがある。

9　おわりに

　本章で確認した点をまとめておこう。

　第1に，原子力発電は安いとされてきたが，そのコストは決して安くない。東京電力管内の家庭は，原子力発電に対して電気料金の約12％を費やし，今後も約11％の費用を払わなければならない。2008～2014年の7年間で，東京電力の消費者は，原子力発電のために4兆6341億円の費用を払うことになる。これは，太陽光余剰買取制の付加金総額（679億円，2011年度，全国の合計額）と比べて，桁違いに大きな金額だ。一方は，東京電力管内の原子力発電費用であり，他方，太陽光付加金は日本全体の総額であることを考慮すれば，原子力発電の費用は驚くほど巨額である。

　第2に，料金原価のうち，原子力発電にかかる費用（約3円／kWh）は，再生可能エネルギーの賦課金と太陽光余剰買取制の付加金にかかる費用（0.28円／kWh）の10倍である。消費者は，再生可能エネルギー買取制の賦課金を懸念するよりも，電気料金に占める原子力発電の膨大な費用がいかに重荷であるか，正確な数字を理解すべきである。

　第3に，一般電気事業者の地域独占を廃止し，消費者が自分の好きな電力会社を選択できるようにする必要がある。総原価方式で電気料金を決定する

現行制度では，一般電気事業者には競争原理もコスト削減努力も働かない。消費者は，不適正に高い電気料金を払わされている可能性が高い。

第4に，日本の買取制は，電気事業者に対して，再生可能エネルギーの優先接続義務，系統拡張義務を課すことが必須である。加えて，再生可能エネルギー電力が円滑に，差別無く電力系統に給電できるように，送電業と大規模発電業を分離することが不可欠である。これらは，安全な電力を消費者が選択するための必須条件である。

2012年7月，政府の電力システム改革専門委員会は，ようやく「全ての国民に「電力選択」の自由を保証する」との改革方針を示した[26]。具体的には次のとおりである。第1に，50kW未満の電力小売について一般電気事業者の地域独占を撤廃する。消費者が電力会社と電源を選択できるよう電力小売販売を全面自由化する。第2に，一般電気事業者の総括原価方式を撤廃する。第3に，送電・配電部門は全ての発電設備と電力小売事業者に対して，公平性かつ中立性を確保する必要がある。発電部門と送電部門を機能分離または法的分離する。ただしこれらの具体的議論はこれからである。この基本方針が着実に具体化されるよう，消費者は意見を表明することが重要である。

（竹濱朝美）

注

（1） 東京消費者団体連絡センター（2012）。経済産業省（2012a）。
（2） 消費者庁（2012）。
（3） 一般の需要者に電力を供給する電気事業者で，北海道電力，東北電力，東京電力，北陸電力，中部電力，関西電力，中国電力，四国電力，九州電力，沖縄電力の10社を指す。日本の電力事業は，10社の送電区域に分かれ，各社は，各自の送電区域内の電力網（高圧送電線，地域内への電力配電網）を独占的に所有する。
（4） 消費者庁（2012）。
（5） 需給検証委員会（2012）。
（6） 文部科学省，経済産業省，環境省（2011，2012）。経済産業省（2012d）。
（7） 電源開発促進税のうち64％が原子力発電関係に支出されていると推定した。エネルギー対策特別会計の決算書は，原子力と他の電源を区別していないため，次の予算書から推定。2011年度，2012年度の「エネルギー対策特別会計歳入歳出予定額各目

明細書」(第177回国会提出,第180回国会提出)によれば,「電源開発促進勘定」歳出に占める原子力関係の費用予算の比率は,2011年度65.8%,2012年度62.8%で,2年間の平均は64.3%であった。
(8) 東京電力 (2012)「料金算定の前提となる人員計画について」電気料金審査専門委員会3回配布資料。
(9) エネルギー環境会議 (2011) 39頁 (国家戦略室)。
(10) 国策としての原子力発電推進については,資源エネルギー庁 (2007)。この文書は,2011年3月12日の福島第一原発の水素爆発の後,4月上旬ですら,経済産業省ホームページのトップページに掲載されていた。
(11) 経済産業省 (2012b)。同「別紙」(一般電気事業者ごとの太陽光発電促進付加金単価)〈http://www.meti.go.jp/press/2011/01/20120125005/20120125005-2.pdf〉
(12) IRRは内部利子率=複利計算による投資に対する利回りで,投資金額と将来生み出されるキャッシュフローが等しくなるような割引率のこと。IRRが年6%であれば,平たく言えば,利回りが年6%の金融商品を買うのと同じ利回りである。
(13) 2012年度の買取制の賦課金については,経済産業省 (2012c)。
(14) 回避可能費費用単価は,6.44円/kWhを基準に燃料費調整を加えて決定する。経済産業省 (2012)「回避可能費用単価等を定める告示」経済産業省告示第百四十四号。
(15) 経済産業省 (2012b)。
(16) ドイツの買取制は,再生可能エネルギー法により実施される。Bundesregierung (2012)。
(17) ドイツのエネルギー・水力発電産業協会の資料参照。BDEW (2012) Erneuerbare Energien liefern mehr als ein Viertel des Stroms (6月26日プレスリリース)。〈http://www.bdew.de/internet.nsf/id/20120726-pi-erneuerbare-energien-liefern-mehr-als-ein-viertel-des-stroms-de〉
(18) ドイツEEG買取制の賦課金については,EEG/KWK-G (2011)を参照。
(19) 日本の送電網は,500kV,275kVの超高圧送電系統と,187kV,154kV,66kVの高圧送電系統がある。大規模発電所から超高圧送電系統に送られた電力は,超高圧変電所,一次高圧変電所,二次変電所で順次,降圧され,66kVで地域内配電される。一部の超大規模需要家 (大規模産業など) には,特別高圧 (154kV,66kV) で需要家に送られる。ドイツの送電網は380kVと220kVの二種類があり,送電業者が運用する。これ以下の電圧の電力系統は,地域の配電業者が運用する。
(20) ドイツ再生可能エネルギー法 (Gesetz für den Vorrang Erneuerbarer Energien: Erneuerbare-Energien-Gesetz-EEG) (2012). 竹濱・梶山(2011)第7章所収,195-223頁。
(21) 北海道電力は風力発電の系統連系 (電力網への接続・給電すること) の受入枠を限定しており,抽選を設けている。北海道電力 (2010)。
(22) 風車など,事業用発電設備に伴う電源線敷設と電力系統の増強費用の負担に関するルールは,現状では,発電事業者 (風力発電などの発電業者) が電源線及び系統増

強対策の費用を負担することになっている。次世代送配電システム制度検討会 (2010)。
(23) 竹濱 (2012) 13-25頁。
(24) ドイツには4つの送電会社 (Amprion社, TransnetBW社, 50Hertz社, Tennet社) があり, 各自の送電区域で220kVと380kVの超高圧送電線網を運営する。送電会社は, 大手発電会社とは別法人である。Transnet BW社は大手発電・ガス事業者EnBWグループの子会社である。Amprion社は大手発電・ガス・石油事業者RWEグループが資本の25％を所有する。50Hertz社はベルギーの送電会社Eliaの子会社である。Tennet社はオランダの送電会社で, オランダの全送電網とドイツの送電網を所有する。EU指令は, 大手発電業者が送電業者に経営上, 財務上, 技術上, 組織上の不当な影響力をおよぼすことを禁止する。
(25) European Council (2009)。
(26) 電力システム改革専門委員会 (2012) 4-6頁。

参考文献

エネルギー環境会議 コスト等検証委員会 (2011)「コスト等検証委員会報告書」
　＜http://www.npu.go.jp/policy/policy09/pdf/20111221/hokoku.pdf＞2012年8月10日閲覧。
経済産業省 (2012a)「東京電力の電気料金値上げに係る公聴会及び「国民の声」で寄せられた主な意見に対する見解」(7月25日プレスリリース)＜http://www.meti.go.jp/press/2012/07/20120725005/20120725005-8.pdf＞2012年8月10日閲覧。
経済産業省 (2012b)「平成24年度の太陽光発電促進付加金 (太陽光サーチャージ) の単価の確定に伴う電気料金の認可について」(1月25日プレスリリース)＜http://www.meti.go.jp/press/2011/01/20120125005/20120125005-1.pdf＞2012年8月10日閲覧。
経済産業省 (2012c)「再生可能エネルギーの固定価格買取制度について」(6月18日プレスリリース)。
経済産業省 (2012d)「エネルギー対策特別会計」＜http://www.enecho.meti.go.jp/info/H23_a0.pdf＞2012年8月10日閲覧。
資源エネルギー庁 (2007)「原子力政策の課題と対応, 原子力立国計画」
　＜http://www.enecho.meti.go.jp/policy/nuclear/pptfiles/all.pdf＞2012年8月15日閲覧。
消費者庁 (2012)「東京電力家庭用電気料金値上げ認可申請に関するチェックポイント」電気料金審査専門委員会第10回配布資料。
次世代送配電システム制度検討会 第二ワーキンググループ (経済産業省) (2010)「次世代送配電システム制度検討会第2ワーキンググループ報告書—全量買取制度に係る技術的課題等について—」＜http://www.meti.go.jp/committee/summary/0004682/report_001.html＞2012年8月10日閲覧。
需給検証委員会 (2012)「電力コスト抑制策」第3回配布資料。
新エネルギー・産業技術総合開発機構 (2010)『NEDO再生可能エネルギー技術白書』。

竹濱朝美・梶山恵司（2011）「再生可能エネルギー買取制（FIT）の費用と効果」植田和弘・梶山恵司編著『国民のためのエネルギー原論』日本経済新聞社。

竹濱朝美（2012）「再生可能エネルギー電力買取制の制度設計上の考慮点，ドイツEEGの費用と効果の分析から」日本環境学会『人間と環境』第38巻第1号。

電力システム改革専門委員会（2012）「電力システム改革の基本方針─国民に開かれた電力システムを目指して─」＜http：//www.meti.go.jp/committee/sougouenergy/sougou/denryoku_system_kaikaku/pdf/report_001_00.pdf＞2012年8月10日閲覧。

東京消費者団体連絡センター（2012）「東京電力株式会社の電気料金値上げ申請並びに専門委員会での審査に関する意見」電気料金審査専門委員会第1回配布資料。

東京電力（2012）「別冊1，供給約款変更認可申請補正書」。

北海道電力（2010）「風力発電事業者募集（募集量5万kW）における実施案件の決定について」，「募集概要・北海道における風力発電の連系状況」＜http：//www.hepco.co.jp/info/2010/__icsFiles/afieldfile/2010/04/26/100426.pdf＞，＜http：//www.hepco.co.jp/info/2010/1186866_1424.hml＞2012年8月10日閲覧。

文部科学省・経済産業省・環境省（2011，2012）「エネルギー対策特別会計最終歳出予定額各目明細書」。

BMU (2011) Erneuerbare Energien in Zahlen.
　＜http：//www.bmu.de/files/pdfs/allgemein/application/pdf/ee_zahlen_internet-update.pdf＞2012年8月8日閲覧。

BMU (2012) Grafiken und Tabellen mit Daten zur Entwicklung der erneuerbaren Energien in Deutschland im Jahr 2011.

BSW-Solar (2012) Statistische Zahlen der deutschen. Solarstrombranche (Photovoltaik).

Bundesregierung (2012) Gesetz für den Vorrang Erneuerbarer Energien：Erneuerbare-Energien-Gesetz - EEG 2012. ＜http：//www.bmu.de/files/pdfs/allgemein/application/pdf/eeg_2012_bf.pdf＞2012年8月8日閲覧。

EEG/KWK-G (2011) Prognose der EEG-Umlage 2012 nach, AusglMechV, Prognosekonzept und Berechnung der ÜNB.

European Council (2009) Directive 2009/72/EC, Concerning common rules for the internal market in electricity and repealing Directive 2003/54/EC.
　＜http：//eur-lex.europa.eu/LexUriServ/LexUriServ.do?uri=OJ：L：2009：211：0055：0093：EN：PDF＞2012年7月30日閲覧。

GWEC (2012) Global Wind Report 2011.
　＜http：//www.gwec.net/fileadmin/documents/NewsDocuments/Annual_report_2011_lowres.pdf＞2012年8月10日閲覧。

第9章

循環型チャネル・ネットワークと消費者の参加

1　はじめに

　1987年に国連総会で「持続可能な発展（Sustainable Development）」というキーワードが示された。持続可能な発展とは「将来の世代のニーズを満たす能力を損なうことなく，今日の世代のニーズを満たすような開発」[1]である。

　この持続可能な発展という理念は，その後国際的な共通認識となり，日本でもこの理念にのっとり，1993年に環境基本法が制定された。環境基本法には，基本理念として，世代を超えて環境を守っていかなければならないこと，環境負荷の少ない持続的発展が可能な社会をつくること，国際的協調による地球環境保全の積極的な推進などが置かれている。

　2000年に制定された循環型社会形成推進基本法（循環型社会基本法）には，大量生産，大量消費，大量廃棄型の経済社会から脱却し，地球環境への負荷が少ない「循環型社会」を形成することに環境問題の解決策を求めることが明記され，循環型社会の形成を推進する基本的な枠組みが提示された。循環型社会基本法第2条1項において，循環型社会は「製品等が廃棄物等となることが抑制され，並びに製品等が循環資源となった場合においてはこれについて適正に循環的な利用が行われることが促進され，及び循環的な利用が行われない循環資源については適正な処分（廃棄物としての処分をいう）が確保され，もって天然資源の消費を抑制し，環境への負荷ができる限り低減される社会をいう。」と定義されている。そして，循環型社会を形成する

ためには，まず廃棄物等の発生抑制（リデュース）を目指し，循環資源が発生した場合には再使用（リユース），リサイクル，熱回収をおこない，それも無理な場合には最終的に直接埋め立て等の適正な処分の確保をするという5段階の優先順位が定められた。

消費者が主体的に取り組むリデュースの具体例としては，不要なものは買わず，ばら売りや簡易包装のものを選んで購入して，マイバッグで持ち帰るといった購入時におこなうことや，残さずに食べたり，消費財をできるだけ長く利用したりするといった消費時におこなうこと，またレンタルの利用といった生活スタイルの変更などが挙げられる。リユースの具体例としては牛乳びんやビールびんなどに使われる「リターナブルびん」の使用や，使わなくなったものをフリーマーケットやネット販売などで人に譲ったりすることなどが挙げられる。

この2段階においては，消費者も企業も行政も，自分たちの活動は自分たちだけでおこなうことができ，ネットワークを意識することはあまりないが，リサイクルになるとそうはいかない。リサイクルとはいうまでもなく廃棄物を再資源化し，新たな製品の原材料として利用することである。これは消費者だけの力でなせるものではない。企業や行政の協力が不可欠となる。そして，廃棄物を焼却処分するときに発生する熱エネルギーを発電などに有効利用する熱回収や埋め立てとなると，ほとんど消費者の手を離れる。

したがって，この5段階のうち，本章では消費者と企業と行政の3者が結びつくリサイクルに焦点をあて，廃棄物の流通チャネルを考察する。消費者と企業と行政の3者のネットワークに注目したいからである。

次節ではまず，わが国におけるごみの処分状況とリサイクルの現状を明らかにする。

2 ごみの処分状況

2－1 一般廃棄物と産業廃棄物

廃棄物は大きく「一般廃棄物」と「産業廃棄物」のふたつに区分される。産業廃棄物は事業活動に伴って生じた廃棄物のうち，法律で定められた20種

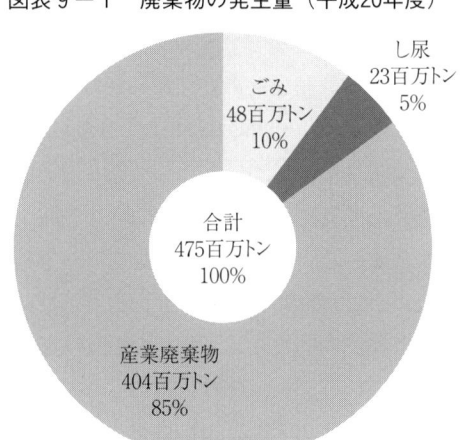

図表9－1　廃棄物の発生量（平成20年度）

- し尿　23百万トン　5％
- ごみ　48百万トン　10％
- 産業廃棄物　404百万トン　85％
- 合計　475百万トン　100％

（出所）環境省。

類の廃棄物と，輸入された廃棄物をいい，一般廃棄物は産業廃棄物以外の廃棄物を指す。一般廃棄物の内訳は，し尿の他，主に家庭から発生する家庭系ごみとオフィスや飲食店から発生する事業系ごみである。

　平成20年度の廃棄物の発生量は総計475百万トンであった。このうち産業廃棄物が85％の404百万トン，一般廃棄物はごみ48百万トンと，し尿23百万トンを合わせて71百万トンである[2]（図表9－1）。

　発生量からみれば，一般廃棄物より産業廃棄物の方がはるかに多く，ごみ減量を考えるうえで大きな問題である。

　しかし産業廃棄物の処理責任は事業者にあるため，消費者が関わる部分は非常に少なく，しかもすでに産業界を挙げて廃棄物の減量に積極的に取り組んでいる。日本経団連では，1997年から循環型社会形成に向けて独自に目標を掲げて取り組んだ結果，従来から掲げていた「2010年度の産業廃棄物最終処分量を1990年度実績の75％減とする」という目標を2002年にはすでに達成し，2009年度には1990年度実績の実に89.8％減に成功している[3]。成功の要因は，産業廃棄物は同種の廃棄物が大量に排出されるために効率よく収集およびリサイクルすることができること，産業廃棄物の有効利用は企業にとっ

てコスト削減につながることも多いこと，リサイクル・チャネルを管理する主体が企業単体であるため管理がしやすいことなどである。

　実は，これら産業廃棄物削減成功の要因は一般廃棄物にも当てはまる。同種の廃棄物が大量に排出されるために効率よくリサイクルができる廃棄物，排出者の利益またはコスト削減につながる廃棄物，リサイクル・チャネルを管理する主体が単体であり管理がしやすい廃棄物に関しては，一般廃棄物であっても市場メカニズムのなかで処理されているケースも多い。

　しかし多くの場合，一般廃棄物は「ごみ」として排出され，その処理責任は市町村にある。一般廃棄物のなかでも排出割合が大きい生活系ごみは非常に種類が多く分別しにくいうえに，素材ごとの量が少なく，規模によってもたらされる経済的効率性を求めることは困難である。また，ごみを排出する消費者にとっても，ごみのリサイクルが直接的な経済的利益をもたらすことはまれである。そして，回収および処理に関しては市町村が責任を持っておこなうとはいえ，ごみの排出部分は消費者に，リサイクルやリサイクル資源の有効利用は企業にゆだねられており，ひとつの主体が単体で管理できることの多い産業廃棄物よりも管理がしにくいのが現状である。したがって，一般廃棄物のリサイクルでは，消費者と企業と行政のネットワークが必要条件となる。

2－2　一般廃棄物のごみ総排出量と処理方法

　1985年頃から急速に増加した一般廃棄物の総排出量は，平成に入ってからも微増もしくは横ばいを続け，2000（平成12）年にピークを迎える[4]。それに伴い，行政が請け負う処分費用や人件費の高騰，さらには埋め立て処分をするための最終処分場不足が加わり，廃棄物の排出量抑制が急務となった。

　1975（昭和50）年に静岡県沼津市で全国に先駆けて分別収集が始まったことからもわかるように，各自治体や消費者は早くから家庭ごみの有料化や廃棄物削減意識の向上でごみ減量に取り組んできた。そこに1991年の「再生資源の利用の促進に関する法律（リサイクル法）」の施行を皮切りに，1997年の「容器包装リサイクル法」，2001年の「家電リサイクル法」，「食品リサイクル法」，2002年「建設リサイクル法」，2005年「自動車リサイクル法」な

図表9－2　一般廃棄物のごみ総排出量

(単位：万トン／年)

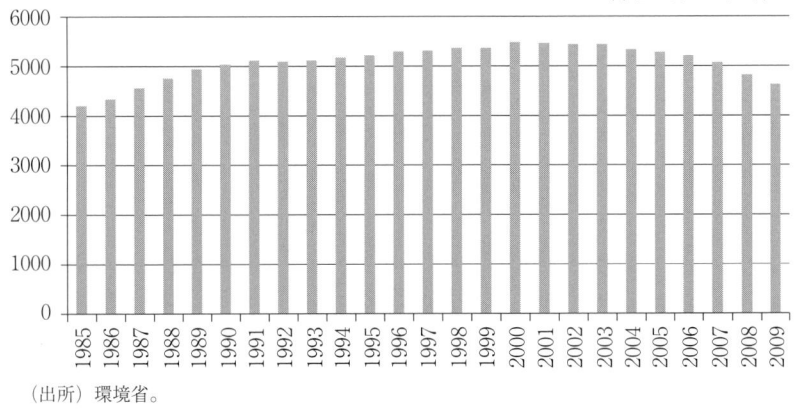

(出所) 環境省。

　ど，具体的なリサイクルに関する法律が次々と制定されたことにより，自治体や消費者の取り組みが後押しされてきた。

　景気後退による買い控えや事業系ごみの減量などもあるため，分別収集への積極的取り組みだけが理由とはいえないが，2001（平成13）年から一般廃棄物は減少傾向を見せている。

　処分方法は焼却処分が最も多く，例えば2009（平成21）年度の日本のごみ総排出量のうち79.1%[5]が焼却処分されている。焼却によって体積が減った廃棄物と，1.6%の直接埋め立て分が，最終処分場に埋め立て処分される[6]。

　焼却処分は，焼却によって廃棄物の体積を減らし，最終処分場での処分量を減らすことが大きな目的であるが，日本は従来から他国に比べても焼却処分の割合がとても高い国であった[7]。

　しかし，1997（平成9）年11月に大阪府にあるごみ処理施設で高濃度のダイオキシンが検出された。ダイオキシン類は塩素を含む物質の不完全燃焼や薬品類の合成の際に副合成物として生成する。家庭ごみとして出される塩素を含むプラスチックごみも発生原因のひとつとして考えられたことから，ダイオキシン汚染は社会問題化した。一般廃棄物の種類別排出割合は紙，厨芥，プラスチック[8]の順で多く，どの家庭でも発生原因に心当たりがあった

第9章　循環型チャネル・ネットワークと消費者の参加　　197

からである。

　現在では，国の規制などでダイオキシン対策が進み，ダイオキシンの排出量は激減，一般廃棄物の焼却施設由来のダイオキシンは国の削減目標値を下回る基準に達している[9]が，最終処分場問題とともに，1997年に全国規模で巻き起こったダイオキシン問題が一般廃棄物処理の焼却および埋め立て処理に疑問を投げかけ，ごみ減量を求める世論を作り出し，実際にごみは減少した。

　とはいえ，環境省によれば，2009（平成21）年度末現在，一般廃棄物の最終処分場残余年数は全国平均で18.7年分であり，さらなるごみの減量が求められる。

　では，焼却処分以外でごみの減量方法として考えられるリサイクルはどのくらいおこなわれているかというと，環境省によれば，1989（平成元）年度には4.5％にすぎなかったリサイクル率は年々増加し，2009（平成21）年度には20.5％にまで増加しているという[10]。

　次節では，これらのリサイクルをおこなうための廃棄物の流通チャネルについて考える。

3　循環型チャネル・ネットワーク

3－1　フォワード・チャネルとリサイクル・チャネル

　従来のマーケティングで取り扱われてきた流通チャネルは，生産者から消費者まで一方向にしか流れない商品流通チャネルに限られていた。

　廃棄物の流通を流通チャネルと同じ概念として最初に捉えようとしたのは，ジクムント＆スタントン（Zikmund, W.G. and Stanton, W.J.）である[11]。彼らは消費者から生産者へと戻る再生可能な廃棄物の流通を，消費者が自身を生産者だと思っていないだけで，従来の流通チャネルと概念的には同じものだと定義し，従来の流通チャネルであるフォワード・チャネルに対してバックワード・チャネルと呼んだ。

　ただ，彼らのいうバックワード・チャネルは，消費者から流通業者を経由して生産者に戻る限定された廃棄物の流通を想定しており，消費者から自治

図表9−3　循環型チャネル・ネットワーク

```
製造業者 ⇔ 流通業者 ⇔ 消費者 → 地域ボランティア
                                → 地方自治体
再商品化事業者                    → 回収業者
    ↕
別の製造業者
```

→ フォワード・チャンネル
→ リサイクル・チャンネル

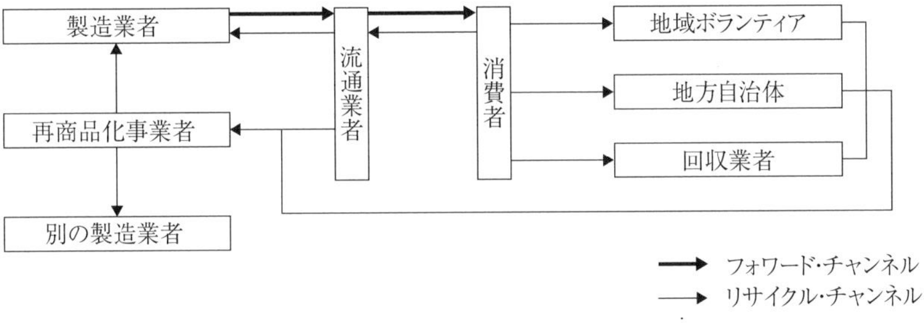

（出所）著者作成。

体や民間のごみ収集とリサイクル業者による再資源化を経て生産者に届けられる一般的な廃棄物流通は考慮されていない。したがって，リサイクル・チャネル全体を正確に捉えているとは言い難いが，廃棄物流通を従来からマーケティングの分野で深く考察されてきた流通チャネルと同様に捉え，リサイクルをマーケティングの一環として考えたという点で，高く評価されるべきであろう。

　この，バックワード・チャネルと，自治体などをとおして生産者に届けられる廃棄物流通を合わせたものがリサイクル・チャネルであり，それと従来のマーケティングで考えられてきたフォワード・チャネルを融合したのが，循環型チャネル・ネットワークである。

　ここでネットワークという言葉を使用したのは，循環型社会を形成するチャネルが，流通チャネル論の中で論じられてきたチャネルよりも，ネットワークに近いからである。

　阿部真也は，アーント（Arndt）の論述を引用しつつ，市場でもなく階層組織でもない第3の調整機構として，ネットワークについて論じている。ネットワーク組織は階層組織の上意下達方式ではなく，市場組織のその場かぎりの参加でもない。ネットワークのメンバーはそれぞれが独自性を維持しつつ，同時に相互補完の関係を確保し，交渉を通じて計画的に行動するという[12]。

第9章　循環型チャネル・ネットワークと消費者の参加

3－2　循環型チャネル・ネットワークのコントロール・メカニズム

　価格（Price），権限（Authority），信頼（Trust）という3つの概念を，経済取引を制御するコントロール・メカニズムと捉えたのはブラダックとエクルズ（Bradach and Eccles）であるが，彼らはこの3つのコントロール・メカニズムが相互に排他的ではないことを明らかにした[13]。

　「市場・階層組織・ネットワーク」パラダイムに即していえば，市場では価格がもっとも強く作用するが，権限や信頼が全くないわけではない。企業の系列化や法的拘束力を持った行政の制度では権限がもっとも強く作用するが，価格や信頼がないわけではない。そして循環型チャネル・ネットワークにおいては信頼がもっとも強く作用するが，価格や権限がないわけではないということになる。

　換言すれば，リサイクルをおこなう循環型チャネル・ネットワークは，市場でも組織でもなく，信頼がもっとも強く作用するネットワークであるが，価格や権限が補完することによって，より強固に結びつけられるのである。

　そして，同じ循環型チャネル・ネットワークの中でも，主導的・中心的な役割を果たすコントロール・メカニズムは，環境にあわせて変化していくのである。

　例えば，古紙回収業者は古くから存在する。古紙は昔から再生紙として利用され，そのために古紙には市場原理で価格がつけられていた。需要が高まれば価格は上がり，需要が下がれば価格も下がる。回収業者のみが回収していた時代には，需要が下がれば回収量を減らして価格調整もおこなわれていた。

　しかし，行政が紙ごみを分別収集するようになってから状況は変化する。

　行政主導によって大量に古紙が回収されるようになったため，回収業者がおこなっていた需給調整は機能しなくなり，回収率の上昇に反比例して，古紙の価格は下落を続けた。回収率は1961年の34.5％から2011年の78.3％まで上昇したが，古紙価格の下落で民間の古紙回収業が成り立たなくなり，古紙市場から撤退する企業も相次いだ。

　2000年代に入ってから古紙価格は上昇の兆しを見せているが，これは中国等への輸出が増えたためである。古紙価格の上昇は，回収業者にとっては歓

迎すべき状況であるが、しかし古紙価格の上昇と古紙輸出量の増加は、必然的に国内古紙再生業者への圧迫となる。

　今現在、古紙のリサイクルを支えている経済的インセンティブは、以前のような古紙回収業者のそれではない。古紙を排出している事業所や消費者が、ごみ処理の有料化に伴い、古紙を資源ごみとして排出した方が、ごみとして自治体に任せるよりも処理費用がかからないといった意味での経済的インセンティブである。しかしごみ処理の有料化とはいっても、金額は往々にして安く、消費者にとっては古紙リサイクルへの協力は経済的インセンティブをほとんど持たないといって良いだろう。

　しかし、民間の古紙回収業者しかいなかった頃のリサイクル率と、行政が分別収集に乗り出した現在のリサイクル率では現在の方がはるかに高く、ごみの減量に貢献している。

　つまり、かつては価格でコントロールされ、リサイクルの優等生と言われた古紙リサイクルであったが、現在では主に信頼で結びつくネットワークに変化している。そして、ネットワークであるがゆえに、その結びつきは非常に不安定なものになってしまった。こうした不安定な循環型チャネルを存続させるキーパーソンは消費者である。

4　消費者の態度と行動の矛盾

　リサイクル・チャネルにとってチャネルコントロールの核となるのは信頼であり、なかでも消費者の信頼は不可欠であるが、実際に消費者の環境に対する意識はどうだろうか。

　循環型社会形成に向けた意識・行動をみると、平成22年度の結果[14]で、「ごみ問題に（非常に・ある程度）関心がある」や、「環境に優しい製品の購入を（いつも・できるだけ・たまに）心がけている」は80％を超えている。また、「ごみを少なくする配慮やリサイクルを（いつも・多少）心がけている」も70％を超え、「3Rという言葉を（優先順位まで・言葉の意味まで）知っている」となると少なくなるが、それでも40％弱おり、消費者の意識は非常に高いことがわかる。

ところが，実際におこなっている具体的な行動を尋ねると，「家庭で出たごみはきちんと種類ごとに分別して，定められた場所に出している」は90％を超えているものの，「詰め替え製品をよく使う」や「レジ袋をもらわないようにしたり（買い物袋を持参する），簡易包装を店に求めている」，「リサイクルしやすいように，資源ごみとして回収されるびんなどは洗っている」は70％台に落ち，それ以外の行動となると30％未満となる。例えば，「インターネットオークションに出品したり，落札したりするようにしている」や「使い捨て製品を買わない」，「中古品を扱う店やバザーやフリーマーケットで売買するようにしている」は20％台，「簡易包装に取り組んでいたり，使い捨て食器類（割り箸等）を使用していない店を選ぶ」，「再生原料で作られたリサイクル製品を積極的に購入している」，「ビールや牛乳のびんなど再使用可能な容器を使った製品を買う」といった項目では10％そこそこに止まる。つまり，ごみ問題への関心が実際の行動に直結していないのである。

　このように，環境に配慮したいと考えていても行動が伴わない消費者が多いのはなぜか，丁寧な文献サーベイと詳細なアンケート調査分析で解明しようと試みたのが篠木幹子[15]である。氏は「環境に配慮したい」という態度と「リサイクルを実行しない」といった行動の間にある矛盾から生じる不快な緊張状態を解消するために，消費者は正当化をおこなうという。そして，正当化をおこなうことでその矛盾を解消してしまうために，不実行の状態が維持され続けるというのである。

　その正当化モデルは4つである。

　ひとつは「行動貶化戦略」であり，「環境問題は重要であるが，リサイクルは決して環境にやさしいものではないから行動を実行しても仕方がない」と強調することで，リサイクルの不実行を正当化する戦略である。

　ふたつめは「主観的合理性戦略」である。「自分がリサイクルしても環境問題の解決には影響を与えないため行動を実行しても仕方がない」と強調する戦略である。

　3つめは「高コスト戦略」であり，「コストが大きいので行動を実行できない」と強調する戦略である。この場合のコストとは，金銭的支出や時間的制約だけでなく，不快さなど主観的に定義されるものも含まれている。

4つめは「注意変更戦略」である。これは「リサイクル不実行時に自己のある特定の状況から生ずる価値の方が，環境配慮よりも重要であるために行動を実行できない」と強調することである。

　この4つの正当化戦略の採用傾向を検証した結果，ひとつめの行動貶化戦略をとる行為者はほとんどおらず，多くの人はリサイクルがごみ問題の解決に有効であると考えていること，また，ふたつめの主観的合理性戦略による正当化がおこなわれているという明確な傾向はみられないことがわかった。

　つまり，多くの消費者は，高コスト戦略や注意変更戦略によって正当化をおこない，リサイクルの不実行状態を維持しているという。

　そして，篠木は消費者を3つに分類し，そのそれぞれに対して，リサイクル行動を起こさせる要因を導いている。3つの分類とは，正当化戦略を採用しない行為者，高コスト戦略と注意変更戦略のうちひとつかまたは両方を採用する行為者，そして全ての正当化戦略を採用する行為者である。

　正当化戦略を採用しない行為者には情報提供をすることで行動が変容する可能性が高く，注意変更戦略と高コスト戦略を併用している行為者に対してはコミットメントや報酬・罰が効果を持つという。しかし，全ての正当化戦略を採用している行為者に対しては効果的な要因が見当たらないため，構造的要因の変化のみで行動変容を促すことは困難であり，したがって，知識や価値観，他者への行動評価などの個人的要因への働きかけを同時におこなうことで，環境配慮行動を受け入れる土台を作る必要があるという[16]。

　次節では，消費者にリサイクル行動を起こさせるための取り組みを詳しくみていく。

5　消費者の行動変容に向けた取り組み

　第1に，環境に配慮したいと思っているのに自身の行動が伴っていないことに対して正当化戦略を採用しない消費者に環境配慮行動を促すもっとも効果的な手段は情報提供である。

　環境省は，廃棄物の排出状況等の結果を情報提供することが，消費者の3R行動にどのような影響を与えるのかについて，企業等の協力を得ながら実

験をおこなっている。従業員に対して古紙の排出状況や雑がみの混入状況と紙の使用量削減や雑がみの分別方法を情報提供したところ，古紙については情報提供の前後で半分に減少し，雑がみの分別量は2倍に増加するという結果が得られた。さらに，従業員に対する事後アンケートによると，雑がみの分別増加の要因として「雑がみが可燃ごみに混入している事実を知ったこと」が相対的に大きいと認識されていた。

　また，職場におけるペットボトルの適正な廃棄（検証をおこなった地域においては，キャップ，ラベルを除去し，水洗いし，つぶして捨てる）の促進を目的として，従業員に対して，ペットボトルの適正な廃棄方法を示したポスターの掲示及び毎日のペットボトルの廃棄の現状（見える化）を情報提供した別のケースにおいては，情報提供前と比べて，適正な廃棄がポスター掲示で約62％増加，見える化表で約76％まで増加するという結果が得られている[17]。

　このように，より具体的で適切な情報を与えることで，消費者に環境配慮行動をとらせることができるようになる。

　第2に，環境に配慮したいと思っているのに自身の行動が伴っていないことに対して注意変更戦略と高コスト戦略を併用している消費者に，もっとも効果的だと考えられる方法は，報酬や罰によって環境配慮行動を促すことである。

　2005（平成17）年5月に，廃棄物処理法第5条の2第1項の規定に基づく「廃棄物の減量その他その適正な処理に関する施策の総合的かつ計画的な推進を図るための基本的な方針」が改正され，「経済的インセンティブを活用した一般廃棄物の排出抑制や再生利用の推進，排出量に応じた負担の公平化及び住民の意識改革を進めるため，一般廃棄物処理の有料化の推進を図るべきである」という基本方針が出された。もともと自治体が行政サービスとしておこなってきたごみ回収に市場メカニズムを入れることが明確に記されたのである[18]。

　有料化の主な目的は，一般廃棄物の排出抑制や再生利用の推進，排出量に応じた負担の公平化及び住民の意識改革である。ごみ処理費用を消費者に負担させることで全てのごみ処理費用を回収することが主目的ではないため，

有料化で回収できる金額はごみ処理費用に遠く及ばず，大袋40～45リットル1枚当たり20～40円台が多い[19]。手数料の徴収方法としては，手数料を上乗せした市町村の指定ごみ袋か，ごみ袋に添付するシールの販売などが標準的である。

平成20年現在，60％近い自治体が導入している[20]ごみ処理有料化であるが，有料化導入の効果はかなりはっきりと現れている。

平均排出抑制率をみると，1リットル当たり1～2円程度の料金水準で10％強の排出抑制効果が見られ，料金水準が高くなるほど，排出抑制効果が高くなっている[21]。

時間が経つと排出抑制効果が薄れるという指摘もあるが，それでも元の水準にまで戻ることはなく，消費者に経済的インセンティブを与えることでごみの減量化を進めることができている。

第3に，環境に対する思いと行動が乖離していることに対して全ての正当化戦略をとる消費者には，即効性のある対策が見当たらないことから，時間をかけた環境教育が重要になってくる。

環境配慮行動を受け入れる土台をつくるために必要な環境教育であるが，学校や大学でおこなわれている環境教育だけでなく，一般消費者向けの啓発運動も重要な要因であり，実際にさまざまな環境教育がおこなわれている。

ごみ減量のためにごみ回収を有料化した自治体のなかには，役場の職員が一軒一軒家庭を回って指導し，ようやく十分な分別収集ができるようになったという例も多い。

最後に篠木は，環境に対する関心が低くリサイクルを実行していない消費者であっても，とにかく一度行動させることができれば，行動変容が起こる可能性があると指摘している。行動の実施によって，思ったほどリサイクルには手間がかからないというようにコスト感が低減したり，環境配慮は重要であるというように態度が変化したりする可能性があるというのである[22]。

環境省が首都圏にある事業者の協力の下，オフィスにおけるOA用紙の発生抑制の取り組みがどの程度実践できるかについて2週間の検証をおこなったところ，取り組んだ全ての発生抑制行動実施率が実施前より高まった。

なかでもペーパーレス会議の開催が14.0％，資料等の集約印刷が10.5％，資料等の両面印刷が7.1％ととくに実施率が上昇した。

環境省との協力で取り組みがおこなわれていると従業員が知っていたことで強制力が働いたということも一因かもしれないが，この結果は，実際に行動に移し，それが習慣化することで抵抗なくリサイクル行動を続けられるということを明らかにしている。

もっとも，このとき検証に協力した人たちの50.6％が，環境配慮行動を徹底するための要因は「社内ルールになる」ことだと答えており，業務命令であった方がより効果が高いと考えていることがわかる。次いで「周囲が実践」していることが重要だと回答しており，環境行動が依然として一部の人の行動でしかない現状では，消費者の行動変容には時間がかかると言わざるをえない。

6 企業と行政の役割

ここまで主に消費者に環境行動を取らせるための効果的な手段をみてきたが，最後に企業と行政自身の役割にも言及しておきたい。

フォワード・チャネルのメンバーは製造業者と販売業者であり，この両者間で，利潤の実現と配分をめぐってパワー・コンフリクトが発生する。

一方，リサイクル・チャネルでもパワー・コンフリクトが生まれるが，利潤の実現と配分が争点になるのは，リサイクルされる資源が市場メカニズムで処理できるほど価値を有している場合に限られ，ほとんどの場合，処理コストの負担をめぐってコンフリクトが生じる。従来，一般廃棄物を回収する費用は政府が全額負担していたが，新たにリサイクルにかかる費用を誰がどれだけ負担していくかが問題となるのである。

例えば，容器包装リサイクル法では，市町村が特定の再利用資源を分別収集し，消費者は分別排出をおこなうことでそれに協力し，企業は分別収集される再利用資源を再商品化するというのが基本的な仕組みになっている。この役割分担をめぐって対立が起こるのである[23]。それまで多大な費用負担を強いられてきた自治体とそれに協力してきた消費者は，拡大生産者責任の

原点に立って産業界に費用分担を求め，産業界は自治体と消費者に分別収集の徹底と費用負担を求める。企業の社会的責任とはいえ，なるべく費用負担はしたくないというのが企業の本音であり，環境重視の経営はあくまでも自主的な努力でしかないのが現状である。

循環型社会構築に向けて企業に今以上の負担が求められるのは，費用負担だけではない。

容器包装リサイクル法では企業の役割は自治体と消費者が分別収集した資源ごみを再生利用することであるが，企業には循環型社会を形成する一員としての行動が求められる。具体的には分別回収しやすい製品の製造などといった，ごみ排出者としての責任ある生産活動や環境イノベーションなどである。

行政にも今以上の役割が求められる。すでにグリーン購入法によって，国等の公的機関は率先して環境負荷低減に役立つ製品・サービスの調達をしているが，購入だけでなく，環境物品等に関する適切な情報提供を促進することにより，消費者に環境教育をおこない，需要の転換を図り，持続的発展が可能な社会の構築を推進しなければならない。

2012年1月30日，携帯電話やデジカメに含まれるレアメタルのリサイクル制度の答申案がまとまった。消費者からの費用の追加徴収はせず，使用済みの小型電子機器を市町村が直接回収し，認定事業者が引き取ってリサイクルする計画である[24]。携帯電話やデジタルカメラに含まれるレアメタルは近年高騰を続けており，レアメタルを輸入に頼っている日本では，リサイクルが望まれていた。すでに携帯電話やデジタルカメラは買い換えの時などに業者が引き取ってリサイクルしていたが，業者以外のチャネルを構築し，幅広くリサイクルしていこうというのである。

このように，現在リサイクルされずに埋め立て処分されている廃棄物のなかから，循環型チャネル・ネットワークを構築できそうな廃棄物を探し出す役割も行政にはある。ごみの減量という視点だけではなく，資源利用という視点から一般廃棄物を見れば，新たにリサイクル法を制定すべき廃棄物が自ずと浮かぶであろう。

7 おわりに

　循環型社会を形成するために取り組むべき項目のうち，とくにリサイクルにおいては消費者と企業と行政のネットワークが必要不可欠であることを述べてきた。

　市場メカニズムに乗る廃棄物は主に価格で結びついた循環型チャネル・ネットワークでリサイクルし，行政の支援があればリサイクルできるようになる廃棄物は，主に権限で結びついた循環型チャネル・ネットワークでリサイクルする。そして，一般廃棄物のなかでもっとも量が多いにもかかわらず未だにリサイクルが軌道に乗っていない厨芥や雑がみといった廃棄物は，主に信頼が結びつける循環型チャネル・ネットワークでリサイクルする。価格，権限，信頼が相互に補完し合うことで，循環型チャネル・ネットワークはさらに強固なものとなり，リサイクルが長期間維持できるようになる。

　環境問題を重要な問題として認識している消費者はすでに多く，環境問題の解決に向けて努力している企業は消費者へのアピールを強めている。また，行政もさまざまな取り組みを進めており，広報活動にも力を入れている。消費者の態度と行動の矛盾が解消され，消費者の行動が変容すれば，今後さらに多くの廃棄物で循環型チャネル・ネットワークが形成され，維持されるであろう。循環型社会はその先にある。

（武市三智子）

注
（1）「環境と発展に関する世界委員会」（通称ブルントラント委員会）による報告書。
（2）　環境省（2011）215頁。
（3）　環境省（2011）267頁。
（4）　環境省（2011）232頁。
（5）　環境省大臣官房廃棄物・リサイクル対策部廃棄物対策課（2011）6頁。
（6）　小数点第2位を四捨五入しているため，総計が100.0％とならない。また，直接資源化量とは，中間処理施設を経ずに再生業者等に直接搬入される量である。
（7）　環境省総合環境政策局編『平成23年版環境統計集』「2.40 各国の一般廃棄物処分状況」では，処分量に占める焼却処分の割合が70％を超えているのは日本のみであ

り，次いでデンマーク，スウェーデン，スイスが50％前後である。
（8）　環境省（2011）206頁。
（9）　環境省（2011）278頁。
（10）　環境省大臣官房廃棄物・リサイクル対策部廃棄物対策課（2001）6頁および環境省大臣官房廃棄物・リサイクル対策部廃棄物対策課（2011）7頁。
（11）　Zikmund and Stanton（1971）.
（12）　阿部（2006）108-112頁。
（13）　Bradach and Eccles（1991）.
（14）　環境省（2011）205頁。
（15）　篠木（2007）。
（16）　篠木（2007）7章，133-159頁。
（17）　環境省（2010）。
（18）　環境省大臣官房廃棄物・リサイクル対策部廃棄物対策課（2007）。
（19）　環境省大臣官房廃棄物・リサイクル対策部廃棄物対策課（2007）16頁。
（20）　環境省（2011）250頁。
（21）　環境省大臣官房廃棄物・リサイクル対策部廃棄物対策課（2007）17頁。
（22）　篠木（2007）175頁。
（23）　寄本（2009）158-163頁。
（24）　『日本経済新聞』2012年1月31日，社会34面。

参考文献

阿部真也（2006）『いま流通消費都市の時代』中央経済社。
環境省（2010）「平成22年度版環境白書」＜http：//www.env.go.jp/policy/hakusyo/h22/html/hj10020301.html＞
環境省（2011）『平成23年度版環境白書』。
環境省総合環境政策局編（2011）『平成23年版環境統計集』。
環境省大臣官房廃棄物・リサイクル対策部廃棄物対策課（2001）『日本の廃棄物処理平成10年度版』10月。
環境省大臣官房廃棄物・リサイクル対策部廃棄物対策課（2007）『一般廃棄物処理有料化の手引』6月。
環境省大臣官房廃棄物・リサイクル対策部廃棄物対策課（2011）『日本の廃棄物処理平成21年度版』3月。
篠木幹子（2007）『環境問題へのアプローチ―ごみ問題における態度と行動の矛盾に関する正当化メカニズム―』多賀出版。
寄本勝美（2009）『リサイクル政策の形成と市民参加』有斐閣。
Bradach J. L. and R. G. Eccles（1991）"Price, authority and trust : from ideal types to plural forms," Thompson G. et al., *Markets, Hierarchies and Networks*, SAGE.
Zikmund, W.G. and W.J. Stanton（1971）"Recycling Solid Wastes : A Channels of Distri-

bution Problem," *Journal of Marketing*, Vol.35, No.3.
『日本経済新聞』。

第10章

生活協同組合における現代的参加

1 はじめに

　「組合員参加」とは原理的に考えるととても奇妙な表現である。というのも，生協は協同組合であり，「協同」の原理で組織化されている。そして「協同」とは協同組合の構成員が事業を利用するのみならず，出資や運営に対して「参加」することを意味している[1]。このような「人的結合」を基礎にして組織化されているのが協同組合であるから，「参加していない」組合員などというものは原理的には存在しないはずである。

　ヨーロッパの生協では，一般に生協の事業を利用するためだけであれば組合員資格は要求されない。誰でも生協事業を利用することができる。生協に加入し組合員となるということは，生協にわざわざ出資して運営に積極的に関与するということを意味する。組合員とは生協に「参加」する意思を持つ存在なのである。

　これに対して，日本では事情が異なる。日本では，民間の中小小売商業者の反発，それに呼応する政治的な生協規制の動きなどもあり，生協法によって組合員以外の利用（員外利用）が厳しく制限されてきた[2]。改正生協法では，明示的に認められた員外利用のケースもあるが，他方でそれ以外の員外利用は認められないという原則があらためて示された[3]。このような事情の下で，日本では，生協事業を利用するためには，「参加」の実質的意思がなくとも組合員にならなくてはならないという運用がなされてきた。そのため，利用者は「生協は面倒だ。利用するだけで会員（組合員）に加入し出資金を払わなくてはならない。それでも利用したいからそうするけど…」とい

うようなケースで生協組合員になることが一般的である。

そこで発生する問題が、生協組合員の「組合員化」と言ってもよい課題、組合員がいかに生協の構成員であり、主体であるという自覚を持つか、組合員の実質的参加をどう獲得するか、生協が組合員によって運営されているという実態をどう形成するか、といった問題である。

本章では、以上のような「組合員化」の課題について、まず日本の生協の歴史的展開から考察し、時代とともに「組合員参加」の課題と様式が変化してきたことを明らかにする。次に現代における「組合員参加」をめぐる中心的な諸論点を整理し、これからの生協の組合員参加のあり方を展望する。

2 生活協同組合と組合員の歴史的「関係性」

日本の生協が歴史的存在であると同様に、組合員の「存在様式」もまた、特定の環境の下での、特定の生活協同組合との「特殊」なものであって、それは歴史的に展開される「関係性」として理解されなくてはならない。生協がどうあるべきか、組合員参加とは何か、などといった問いかけに対して、具体的に把握するためには一般的抽象的な見方にとどまるのではなく、歴史的にどのようにそれが展開してきたのか、その特徴を把握し、そのうえでどこから来てどこへ行こうとしているのか、未来を展望していくべきなのである。

田中秀樹は、歴史的存在としての日本の生協について4つの歴史段階にまとめるモデル（図表10-1）を提示している。

この図表によれば、日本の生協の第1段階は、戦前の消費組合運動であり、これを分散局地的市場段階における、都市や農村の勤労諸階層を担い手とするものであったという。第2段階は、1950年代に拡大した職域生協の展開であり、主に労働者、ブルーカラー層が担い手であった。第3段階が「市民型生協」の時代であり、消費者問題の激化のなかで「消費者＝市民」が担い手として、都市型ライフスタイルを追求した。そして現代を市民型生協の時代が終わりつつある時代として捉え、第4段階とし、ここに「高齢者、女性、こども、生産者 etc.」と多様な担い手の登場をみ、地域の協同をテー

図表10-1　歴史的存在としての生活協同組合——生協の歴史的存在

範囲	生協運動	担い手	市場段階	生活課題	生活創造
地域・農村的都市	共働店 消費組合運動 買い出し組合	「半農半工型」 勤労諸階層	分散局地的 前期的商人	不等価交換の制限 不純・ごまかし品の制限 生活物資確保	
職域・産業都市	職域生協運動	労働者 ブルーカラー層 (利用は主婦)	分散局地的 トラック・システム	現物給与制度の克服 生活物資確保 労働組合の平站部	労働者社会・労働者生活文化の形成
地域・消費都市	市民型生協 (消費者＝同質的協同)	消費者＝市民 専業主婦 ホワイトカラー層	国内市場 独占企業	物価問題 安全な商品 消費者運動	都市型コミュニティ・生活文化の創造
地域・都市と農村	地域生活づくり型生協＝地域の協同のセンター	高齢者，女性，こども，生産者 etc.	世界市場 多国籍企業	フェアートレード 商品のモノ化の克服 地域づくり	消費社会的豊かさの相対化・農的価値の復権

(注) 歴史的存在としての生協を規定するものは，担い手（組合員）の性格と，その市場の発展段階の下での，生活課題である。この観点からは，歴史的存在としての生協運動は，大きく3つの歴史段階を経てきたと考えられ，さらに，現段階は，新たな段階への移行期である。その新たな段階の生協のイメージについても，不十分ではあるが検討してみた。
(出所) 田中 (1998) 44-45頁。

マとする新しい生協のあり方を展望している。

現代の生協のあり方をどうみるかは論者によって見解が異なる点であるが，市民型生協の展開とその変容が日本の生協の基本的特徴であることは共通した見方であり，そこに注目して以下，それぞれの時期における生協の参加の課題と様式について検討する。

2-1　戦後直後の生活協同組合

第2次世界大戦前に「社会改革」の勤労者の社会運動の1つとして生協が設立されたけれども，戦間期にそのほとんどが軍国主義の下解散することになる。戦後は，戦前の抑圧の反発として，日本各地で労働運動の一環として職域の生協が設立された。

1960年代には，戦後復興の下，大規模な工場や炭鉱の地域には，多くの労働者とその家族が居住し，労働者のコミュニティが形成され，労働組合や職域生協など労働者の相互扶助組織が活動し，独特の労働者文化を構成した[4]。現代の都市社会と比較すると，人的相互関係の紐帯は熱く密接であり，労働者家族は相互扶助する「大家族」のようなコミュニティを形成していた。労働運動のリーダーが企業（使用者）との交渉や労働組合の政策的要求をとりまとめ，労働者集団の意思をアピールする集会やデモ行進を進めるだけでなく，歌をみなで歌い，ハイキングをおこない，ともに飲みともに騒ぐ仲間たちでもあった。労働者家族の主婦も互いに連帯し，生協を利用し，互いに生活を支援し合い，子どもたちもこうした労働者コミュニティのなかで育てられた。

　このような労働者コミュニティのなかで設立された職域生協は，労働者コミュニティの一部であり，労働者コミュニティの機能の一翼を担い，労働者コミュニティにおける労働者とその家族の「参加」によって支えられた。したがって，この時期の職域生協は労働運動の一部として労働者とその家族が運営参加に意識的に関与し，組合員参加の問題が独自の課題として顕在化することはなかったと思われる。

2-2 「市民生協」の設立

　1970年代，いわゆる高度経済成長期において「豊かな生活」の社会問題と言ってよい公害問題や都市問題，消費者問題などが新たに広がり，それに対応する新しい社会運動が展開し，その流れのなかで生協もまた消費者運動の一翼を担う「市民生協」に変わっていった。すなわち「生協運動の主役は，労働者を母体とする『勤労者生協』から，家庭の主婦をおもな担い手とする『市民生協』へうつっていった。」[5]のである。社会問題への関心も高く，とくに自分たち＝母親が学ぶことで子どもや家族の生活を守り，かけがえのない家庭生活を豊かにするという目的を実現するために生協の事業と運動が展開されるようになった。

　この時期の組合員参加の主要な課題は，有害食品，食品添加物，管理価格などであり，メーカーやスーパーの価格値上げに反対し，より安価な商品を

購入したい，子どもたちに安心で安全な食品を提供したいという消費者運動を進めるとともに，このような自分たちが求める商品を供給する共同購入事業と独自基準に基づく生協のプライベートブランド＝コープ商品の開発が広がった。

　共同購入事業は，第一義的には小売業態のひとつとみることができ，一軒一軒個別に家庭を回って注文をとる「御用聞き」では配達効率が上がらず，営業エリアを拡大することも難しいなかで，組合員数名で「班」を組織し，班を単位に注文・荷受け・分荷などをおこなうことで，物流効率等を改善し，作業を標準化し，営業エリアを計画的に拡大していくことを可能とした。共同購入事業の成長こそが，市民型生協が各地で小規模な事業体から脱皮し，地域における組合員組織率を高めることになる。1960年代から1980年代にかけての日本の生協の飛躍的な発展はまさに共同購入事業に基づくものであった。

　同時に，共同購入事業がもともと事業効率のために要求した「班」は新しい組合員参加の様式を生み出すことになった。班は毎週1回の配達時に組合員が集まり，相互に協力して荷分け作業等をおこなうとともに，商品についてのおすすめや苦情などについて意見交換する場となった。そこで，当時の生協は班を組合員の活動参加の基礎組織として位置づけ，定期的に班会を開き，班長を選び，班長は班長会議に出席して，生協の事業と運動について学習し，生協に自分たちの意見を発言し，署名活動などの社会運動の担い手とした。班を基礎組織として組合員理事等をトップとし，中間段階として地域ごとの運営委員会等が形成され，組合員組織が階層的組織構造を持つようになり，統一的で強力な組合員活動を展開した。そして，班を組織化することで，生協は地域のなかにおける組合員リーダー（活動家）を見出し育成する（再生産）ことができるようになったのである。

　この時期の組合員参加の最重点テーマのひとつが商品である。有害食品や食品添加物，管理価格の問題に対抗して，商品の安全と「より安くよりよいもの」を求める組合員の期待に応えて，「組合員の商品活動としては，まず利用からはじまり，学習，商品普及，商品改善・見直し，産地交流，そして商品開発などが行われ」[6]，コープ商品の開発の決定や改廃についても組合

図表10-2　市場の同質性・異質性と組合員組織

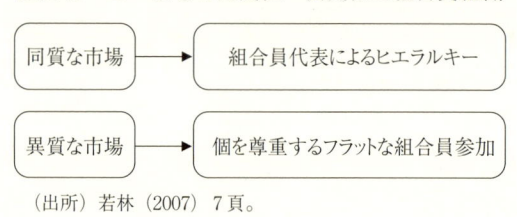

同質な市場　→　組合員代表によるヒエラルキー

異質な市場　→　個を尊重するフラットな組合員参加

(出所) 若林 (2007) 7頁。

員が参加する委員会で決定するなどの手続きが採用されるようになった。コープ商品の開発と普及を組合員自身の活動として進め，コープ商品を訴求して新たな組合員を拡大するというように，商品を軸に生協は急速に発展することになる。

このように「1970年代以降の生協の急速な発展をもたらした基本的要因の1つは，事業活動を含む生協の諸活動への活発な組合員の参加であった。それは，同じ時期に停滞を続けたヨーロッパの生協運動と比較すればきわめて明瞭である」[7]。

このような組合員参加を可能としたものは，当時の組合員集団におけるニーズの同質性が高かったことがあると思われる。「組合員代表（意思決定する組合員）が組合員全体のニーズを的確に代表できる場合，言い換えれば，組合員が同質性をもった市場である場合」「組合員が決めることと組合員が買うこと（ニーズ）は一致する。したがって，意思決定参加は事業経営に対して合理的であり，生協事業の競争優位の源泉となる。」[8]のである（図表10-2参照）。

2-3　店舗型生協への挑戦

日本の生協はもともと店舗事業で始まったのであり，共同購入事業を展開するようになったのは後発である。しかし，生協の店舗は組合員の高い支持，競争優位，高成長と高収益を実現することは難しく，古くから展開されているにもかかわらず，赤字事業である生協も少なくなく，共同購入事業が日本の生協の経営を支えてきたと言ってよい。

1960年代以降，いわゆる食品スーパー（SM）や総合スーパー，チェーン

ストアシステムによる大型小売業が日本でも展開されるようになり，食品小売業は大きく変貌を遂げた。「流通の近代化」，大型小売業の進出に伴い，これまでの八百屋，魚屋，肉屋，乾物屋などといった中小小売商業者による商店街の経営を脅かすようになった。商品構成，売場陳列，作業の標準化，物流の合理化など，流通技術が大きく進歩していくことになる。

1980年代，1990年代において，店舗事業の本格化，SMのチェーンストア展開に取り組む生協が広がっていった。このことの意味は，「組合員のより多数の組織化とニーズにこたえるためには，生協として十分に確立していないSM等の店舗業態や，他の事業形態の追求が不可避であることを意味している。そしてそれは，共同購入の補完として位置づけられるような小型店とは明確に区別された，本格的な店舗展開が課題となるはずであろう。」[9]とまとめることができよう。

店舗事業の本格的展開のためには，共同購入事業では要求されなかった新たなスキルやリソースが多く求められ，生協は共同購入中心型のこれまでのスタイルを大きく転換させていくことになった。財務では，共同購入は高収益体質で安定的に急成長を遂げたのに対して，店舗事業では大規模投資が前提であり，それを計画的に回収するような店舗の集客・売上げ・粗利益を実現することが必要となり，投資代金のために大きな借入金をおこなうようにもなった。商品についても，共同購入ではコープ商品や産直商品に絞った単品利用結集型の商品構成を進めたが，店舗事業では地域の多くの消費者のニーズに対応できるように，ナショナルブランドを中心に，それにコープ商品が差別化要素として加わるといったマーチャンダイジングへの転換が進められた。この時期の生協のなかには，ナショナルブランドを取り扱うことそのものについて総代会決議をおこなったところすらある。それぐらいの大きな転換であったのである。

そして，もっとも大きなイノベーションは地域事業連帯の発展である。日本各地での生協間の地域事業連帯が進められるようになり，地域事業連合が設立され，事業の共同化・集約化が一歩ずつ進められていった。

共同購入事業も大きく変化した。より正確に言えば，共同購入事業そのものは，商品カタログにおける掲載アイテム数の拡大，物流センターの大型

化，配送コースの効率的見直し，個人別ピッキング，購入代金の銀行預金からの自動引き落としなどが進められたが，それ以上の変化は個配（戸別配達）の導入である。これまでの班配達から個人を単位とした配達供給事業に積極的に展開し，急成長を遂げることになる。ただし，それを支えるシステムは基本的に班配達時の仕組みによって支えられており，大きな変化と言えば配達効率の追求のために配達担当者の外部委託化などが進められた点である。

　この時期において生協組合員の平均年齢が大幅に上がり，子育て層から高齢者層まで多様なライフステージにある消費者，異なる価値観，ライフスタイルを持つ消費者によって構成されるように変化した。これは言い換えれば，「組合員代表は組合員全体のニーズを代表できない場合，組合員代表の意見は組合員全体の中での『特殊』『マイナー』な市場しか代表しない」のである（図表10－2参照）。「組合員が異質で多様な市場を構成している」のであれば，「組合員代表が事業について意思決定することは合理的どころか，事業不振の原因となりうる。『生協活動家』『大きな声の組合員』『熱心な組合員』『生協大好き組合員』の声に左右されないことが適切な事業経営の課題となるのである」[10]。

　そこで，班を軸とした機関運営が弱まり，公募型自主活動中心の運営委員会等に変わり，組合員の興味・関心に基づくテーマ活動やサークルなどが重視されるようになっていった。まとまって共通の課題を共同で取り組むという活動スタイルではなく，それぞれが自分の関心に応じて自主的な活動を進めるというように変わっていったのである。

　商品開発への組合員参加も，商品委員会に組合員理事等が参加し直接にコントロールするというルールは改定され，常勤役職員がコープ商品の改廃を進めるというようになった。代わりにモニター制度は強化され，組合員の意見はサンプルとして採用され，商品開発に活かされることとなっている。

　また，事業プロセスへの組合員参加の方法として広がったのが「一言カード」である。一人ひとりの組合員が自発的に自分の要求，商品評価，提案などを発信し，それと生協（職員）が「対話」するという，個の尊重，個別対応の仕組みである。これは「多様なニーズ，異質な市場に適合した組合員参

加のイノベーションにほかならない」[11]。

2－4　改正生協法下の生協

　世紀の変わり目前後から今日における，生協をめぐるいくつかのトピックをみていこう。

　第1のトピックは，2000年に施行された介護保険法である。生協は政府から介護保険事業の担い手として期待要望されることになり，現代日本の中心的課題である高齢化社会対応に取り組むことになる。地域における社会福祉に生協が積極的に関与するようになり，店舗事業，無店舗事業に並ぶ，生協事業の第3の柱として位置づけられるようになった。

　第2のトピックは，生協法が1948年制定以来，59年ぶりに2007年改正されたということである。改正生協法により，事業規模の大きさにふさわしい機関運営の規律の強化，認められる員外利用の限定列挙，区域制限規定の緩和，共済事業の規制などがおこなわれた。

　第3のトピックは，2008年に日本生協連コープ商品の中国製冷凍ギョウザ事件である。これは「安全・安心」を最大のミッション，生協事業の価値としてきた生協にとって，組合員，生協ファンの期待を大きく裏切り，社会的に注目された大事件となると同時に，生協が進めてきた商品戦略，商品部の体制，事業連帯の強化の流れのなかで生まれたものであり，生協の経営の見直しを強く迫ることになった[12]。

　この時期の組合員参加の「最大の課題は，班を基礎とした機関運営の限界である。」[13]ということができる。「日本型生協」が確立した，班を基礎組織とした民主制は，1班当たりの平均人数の減少，班会の開催率の低下，個配や店舗など班に属さない組合員の増加，班をもとにした運営委員会等の衰退などにより，困難となってきたのである[14]。

　そこで組合員組織政策の見直しが求められるようになり，2006年，日本生協連では各地の生協の取組みを踏まえ「これからの生協における組合員参加と組織のあり方に関する提言」をとりまとめた。本提言では4つの提言として「①事業プロセスへの組合員の参加」（①組合員の声を受けとめ事業にいかすしくみをつくる，②組合員の間の，商品・事業に関わるコミュニケーシ

ョンを強める，③事業連合での組合員参加の場を設計する），「(2)組合員の関心にもとづく活動への参加」(①組合員発のテーマを活動にするしくみづくり，②「食」を中心に，消費者・生活者の学びを生み出す活動の提供，③子育て・シニア世代の参加を促す対策，④多様な参加のありかたの用意，⑤専門的な活動から地域企業への支援，⑥地域社会で役割発揮できる組合員リーダー養成），「(3)意思決定と機関運営への参加」(①組合員全体を視野に置いた総代選出・総代活動の組み立て，②組合員一人一人への情報提供と参加機会の提供，③理事会における組合員出身理事の役割強化)」,「(4)参加を促進し，支援する機能の強化」(①参加とネットワークの枠組みをつくり運用できる事務局機能をもつこと，②エリア・ブロック等での支援と調整，③職員が組合員の活動にふれられる機会の創出，④組合員の活動に関わる経費・支援についての公開性と説明責任）を挙げている。

このように，組合員活動におけるインターネットの活用も含めて，新たな模索と挑戦が始まっている[15]。

3 現代的参加の原理的考察

前節では日本の生協における組合員参加の歴史的推移をみてきた。参加のあり方がその時々の生協の置かれた環境，生協を構成する組合員，生協の目指すミッション等によって変化してきていることがわかる。

このような歴史性を踏まえつつ，次に現代における組合員参加について4つの視点，すなわち，事業，地域，消費者の自立（律），職員労働の視点から原理的な考察をおこなう。

3－1 事業と参加

生協は経済事業体を民主主義的運営システムで動かすという協同組織であり，本来，事業と組合員参加はそのような意味で結びつく。組合員の利益になるようにどのような事業を経営するのか，その政策，基準，計画について，組合員の意思で決定するというのがそれである。

このような関係は，売手と買手が分離した商品交換が支配的な社会におい

て，民間企業による製品・サービスの提供が支配的な社会において，圧倒的少数派であり，ユニークな存在であると言ってよい。株式会社は，株主による意思でコーポレート・ガバナンスが形成されており，多様な利害のなかでも投資家の利益が最大に追求される仕組みとなっている。社団法人は，社員の意思でコーポレート・ガバナンスが形成されており，多様な利害のなかでも構成する社員，つまり事業の担い手集団の意思が尊重される。これに対して，生協は，生協事業の利用者，「顧客」が組合員を構成して，コーポレート・ガバナンスが形成されており，多様なステークホルダーのなかでも，事業の利用者，受益者，「顧客」の意思が経営を左右する。現代の小売業の多くで会員制，ポイントシステムを導入して顧客との長期的関係性の構築を重視するリレーションシップ・マーケティングが展開されている。しかし，会員制により顧客組織化がおこなわれたとしても，小売企業の経営権は経営者にあるのであって，会員である消費者には経営への意思決定の権限が委譲されているわけではない。以上のとおり，生協だけが利用者が経営の意思決定に関与できる制度的位置づけが与えられているのである。

　このユニークな生協の民主的性質を現代の，組織と事業規模ともに大規模となった生協で具現化するのは困難となっている。なぜならば，第1に組合員代表は，個別組合員のニーズを代表して生協の事業の具体的意思決定に関与する「能力」に欠けている。現代社会において個人のニーズは基本的に個別的であって，他者が代表できるような性質のものではない。多様な組合員によって構成される異質市場を形成している現代の生協組織において，組合員代表による事業参加は合理性を失っているのである[16]。第2に，生協事業の大規模化・高度化に伴い，専門経営者，専門職員によって事業経営が担われるようになり，事業経営に関する専門知識や経験に乏しい組合員は，利用者としての，市民としての意見は展開できても，経営判断そのものに関与することは難しくなっている。そのため「事業先行型のいわゆる『経営者支配』の現象がつよまることは否定できない」し，「『経営者支配』の弊害が問題にされるレベルの実力をもつ経営者に育ってもらう」[17]必要もあるのである。

　このような傾向をいっそう強めたのが，地域における事業連帯の拡大，地

域事業連合である。事業連合は組織のガバナンス構造で言えば，構成する生協の意思で設立運営されるべきものであり，事業連合は構成する生協から一部の業務委託を受託して事業運営を集中して担当する組織である。その一方で，マネジメント構造で言えば，事業連合の商品部などが構成する生協の現場にとって「本部」を意味し，現場はその指示に従って事業運営をおこなうこととなる。地域事業連合組織は構成する生協との関係で上記の矛盾を含んでおり，「経営者支配」をさらに強める傾向を持ち，構成する生協の組合員の関与のあり方の問題は解決できていない[18]。

　事業に関する意思決定に直接関与することが困難であるなかで，ふたつの方向での取組みが進められている。第1の方向は，事業に関する意思決定は経営側にあるので，そこに組合員のニーズを「客観的」に反映できるように「モニター」「アンケート」等をおこなうというものである。これは組合員の「顧客化」の方向でもあるけれども，異質市場におけるニーズを適切につかまえるためには妥当な方法でもある。第2の方向は，事業に関する意思決定は経営側にあるが，それを実質的に組合員のニーズと「一体化」するように不断に努力し改善に努めて体質化するために，組合員の日常の声，苦情，提案に積極的に耳を傾け，経営の意思決定，会議，普段の仕事において常にそれを中心に置くというものである。

　ふたつの方向はいずれも経営上の意思決定の会議の場に組合員が直接参加しコントロールするというものではなく，日常の生活，活動のなかで事業に関するコミュニケーションを進めるという「日常的事業参加」が特徴である。そして，ともに双方向コミュニケーションの強化を意味しているが，両者は同じというわけではない。双方向コミュニケーションを通じて「疎外」が拡大固定化されるか，あるいは「疎外」が克服超越されるか，という大きな違いがそこにはある。

　事業参加の方法である「一言カード」の取組みはもともと第2のアプローチを現実化させるものとして取り組まれてきたものであり，コープみやざきでは現在においても「進化」が止まらない[19]。しかしながら，「一言カード」もまた，その位置づけ，取組み方しだいで，ふたつの方向のいずれにでもつながっていくことに留意したい。

同様な観点から注目したいのが「おしゃべりパーティー」である。全国の生協でさまざまなかたちで開かれている「おしゃべりパーティー」は，基本的に，組合員の意思で，好きなときに自分の選んだ人たちと自由な内容で会話を楽しむ，生協に時間と場所を連絡しスナック等の補助を受ける，開催後は簡潔なおしゃべり内容をまとめた報告書を提出する，というものである。一見，なんの目的で多額の経費支出をして支援するのか不明であり，多くの組合員が参加して多数開催されていることに驚かざるをえないのだが，そこにこそ，「おしゃべりパーティー」の意義と革新性がある。地域において人と人との関係性，共同性が衰退し，生協内部においても組合員間の多様性が広がるなかで，集団的行動および意思形成は成立しにくくなっている。そこでより小規模でより自由な形態で組合員参加を可能とし，ひろく生協やその商品，自分たちの生活について話し合う機会を生み出している。これもまた，「日常的事業参加」の可能性を追求する取組みとして注目したい。

3－2　地域と参加，あるいは CSR

　生協は組合員による相互扶助，共助の組織であり，地域住民全体を必ずしもカバーするものではなかったし，共同購入で躍進したために，地域から見えていない，地域から認知されてこなかった。また，市町村や学区単位の地域の団体やイベントに組合員が個人として参加することはあっても，生協ないし生協の下位組織が組織として参加することはあまり一般的ではなかった。このように，日本の生協にとって「地域」は視野に入っていたわけではなく，「『外の世界』との連携という視点が必ずしも育ってこなかった」[20]。
　ところが，今日，地域の協同，再生を重視するという路線は，国際的にも確認されており，1995年，国際協同組合同盟（ICA）のマンチェスター大会において採択された「協同組合のアイデンティティに関する ICA 声明」で，従来の協同組合原則に「自治と自律」「コミュニティへの関与」が新たに付け加えられている。公益性についての社会の要求の高まり，マルチステークホルダー・アプローチに基づく社会的責任の重要性，地域コミュニティの衰退，地域における「協同」の低下に伴う新たな社会問題化などにより，現代の生協はいかに地域，「外の世界」と結びつくのか，貢献するのか，が問わ

図表10−3　生協と「外の世界」との関係性

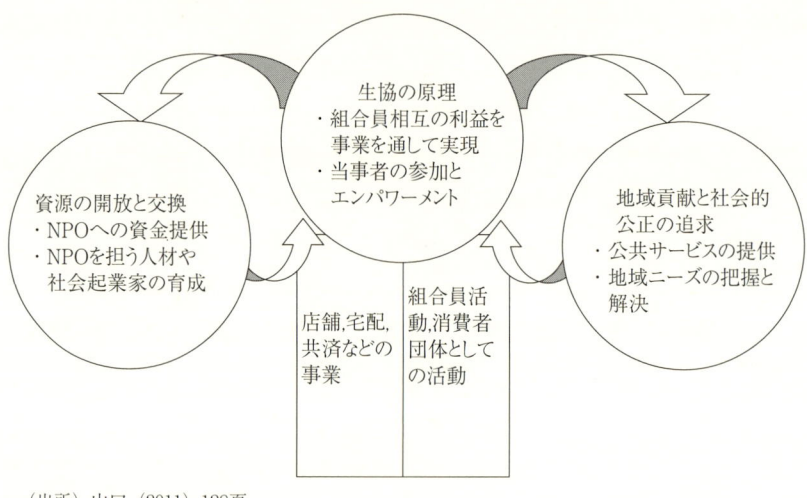

中央の円：生協の原理
・組合員相互の利益を事業を通して実現
・当事者の参加とエンパワーメント

左の円：資源の開放と交換
・NPOへの資金提供
・NPOを担う人材や社会起業家の育成

右の円：地域貢献と社会的公正の追求
・公共サービスの提供
・地域ニーズの把握と解決

下：店舗,宅配,共済などの事業／組合員活動,消費者団体としての活動

（出所）山口（2011）128頁。

れるようになってきたのである。

　生協が本格的に地域と向かい合う直接的契機となったのが，介護保険福祉事業の展開である。「生協福祉事業の展開は，自治体とのかかわりが生じることから，より地域ごとに個性的な事業と組織となり，商品供給事業よりも，より地域をベースとした協同が育ち，地域密着型の組織形態が必要となってくる可能性がある。」[21]というように，生協の福祉事業は自治体や自治会，社会福祉協議会などの地域コミュニティ組織と連携することにつながり，生協は「地域」と出会うことになったのである。

　そこで，いかに地域，「外の世界」とつながるかについては，「類型1：地域貢献と社会的公正の追求」（地域行政や自治会などの地域団体との定期的な懇談会など），「類型2：資源の開放と交換」（NPOの中間支援組織と連携したNPO支援，NPOや社会企業家の育成など）の2通りの回路がある[22]（図表10−3）。

　「類型1：地域貢献と社会的公正の追求」は，企業の社会的責任（CSR）アプローチと同質の展開であって，生協もまた社会的存在としてマルチステークホルダーとの間で良好な関係性を形成し，公益性に関与するというも

のであると言ってよい。この点では，とりわけ消費者問題への取組み，消費者行政への関与，地域防災の取組み，地球環境保護等について生協は積極的に取り組んできた。ただし，多くの場合，都道府県，政令指定都市レベルが中心で，市町村，学区といった基礎自治体，地域コミュニティにおいて，細かく対応しているところは少ないようである。各地域の組合員組織，店舗やセンター等事業施設がより直接的に地域組織と関係を持つことが課題となっている。

　同時に，福祉事業などにより地域と関係を持つようになった生協は，生協の枠組みの下では十分に地域の課題に取り組めないし，既存の生協の商品供給事業となじみにくいというような現実的判断もあり，生協を越えたところでの活動を模索している。その具体化が「類型2：資源の開放と交換」であり，生協が実質的にリードして設立された社会福祉法人や，地域のNPO支援や，ワーカーズコレクティブやソーシャルビジネス設立支援など，生協が培ってきた潜在力を地域の再生に発揮しようというものである。このようにして「多様な協同と新たな協同組合の発生の中での生協の位置は，『地域と協同のセンター』として位置づく可能性がある。」[23]のである。

3-3　消費者の自立（律）

　高度に発達した商品社会が「豊かさ」を拡大するなかで，逆説的に問われているのが，消費者の自立（律）の問題である。

　生協の組織が小さくて組合員がより直接的に事業経営の意思決定に関与する際には，消費者（組合員）は自らの生活要求を認識し，反省的に捉え直し，共同の生活要求としての集約化をおこなって，「社会的消費者」として消費生活を実現していこうとしていた。生協との関係性を通じて，ミクロな視角からは消費者は自立（律）しようという契機を明確に持っていたのである。

　ただし，自立（律）とは「権力」の問題でもあって，小規模な生協の事業力・商品力の制約条件の下では，自らの生活要求を実現することは困難であり，妥協せざるをえない。経済との関係性，マクロな視角からは消費者の自立（律）はユートピア的な小さな領域にとどまらざるをえない。

この制約条件を克服しようと生協の事業の規模拡大が進められると，消費者は自らの生活要求を自覚的に捉えて共同化するという契機は弱まり，単なる消費者として事業を利用購買するという「顧客化」が進んだ。生協事業も組合員を「顧客」として対応するための「マーケティング技術」が広く採用されるようになる。すなわち，マクロな視角からは消費者の生活要求に応えるという意味での自立（律）力は向上したが，ミクロな視角からみれば個々の組合員は「顧客化」し，自覚的な消費者としての意思と行動は希薄化し，個人的な「私的な自立」に向かったのである。

　中国製冷凍ギョウザ事件は，犯罪事件とみるだけではなく生協の事業戦略および商品部問題としてみるべきであるが[24]，同時に消費者主体からも捉え直すことができる。一方で，より安くて手作りのおいしい冷凍ギョウザを中国で生産供給することで可能としたということ，他方で中国の生産現場の労働状況や社会問題を把握し，適切な関係性を構築するということができていなかった。消費者として便益を得ようとするならば，リスク要因についても知識を持って判断することが求められているのである。

　消費者政策も大きく転換している。1968年制定の消費者保護基本法はその名称にもあるように，消費者を保護の対象として規定し，消費者を保護する行政の役割を整理した。産業政策でも各業界を規制する「業法」が立法化され，官庁による「行政指導」が実施されており，消費者保護のための行政もまた事前規制型であった。

　2004年に成立した消費者基本法は理念的に大きな転換があった。まず消費者には権利があり，それを達成するために法や消費者政策があるというように位置づけられた。消費者の要求を現代社会の普遍的権利としたのである。そして，消費者は自らその権利の遂行者として，保護の対象ではなく，自立すべきであることが目指された。消費者が自分の力で消費者問題に対処し，望ましい生活のあり方に合う消費を進めるといった知識や判断力，行動力を持つことが期待されたのである。

　行政の役割も変化し，消費者の「自立支援」についての施策，消費者契約法の整備など市場ルールの整備と事後的な問題チェックの仕組みの強化，消費者団体訴訟制度の導入などである。

市場を通じて生活手段を享受することで「豊かさ」を実現している現代社会において，消費者と事業者との関係性をいかに構築するか，そこに生協がどのような役割を発揮するか，が問われている。

3－4　職員労働の位置づけ

　生協の組合員参加との関係で複雑で解きがたい論点が，生協職員の性格である。

　この論点の背景も生協事業の近代化・大規模化に関わっている。生協がそれぞれの単位で小規模にそこの構成員によって結成されて小規模店などを営業するというような時代，あるいは状況であれば，生協に雇用される職員，「専従」は少人数であり，多くの協同組合労働は組合員によって担われていた。「初期」の生協の理解において，労働を組合員が担うことを生協の原理として位置づけていたことには，それに対応する実態があったのである。

　高度経済成長期に共同購入事業・班が誕生し広がっていく際にも，組合員が集まって共同で配達商品を受け取る，組合員が共同で荷分けをおこなう，組合員が班会等で話し合って班長が代表として意見を出す，など「参加」という名目で事業に伴う労働を組合員が担っていた。

　その後，便利さや経営効率の向上のために配達商品の個人別ピッキングなどが進められ，組合員「労働」は解消されていった。さらに本格的な食品スーパーのチェーン展開に取り組むなかで，多数の生協職員が雇用されるようになっており，品質，価格，サービスを要求する組合員と賃金，待遇の改善を要求する生協職員の間で利害が対立するという状況も生まれている。その結果，現代の生協は民間企業と類似の労使関係の対立と調整という課題に直面するようになってきている。

　生協は，労使関係としては労働法規に基づいて雇用し，生協理事長，生協理事会の指揮に従うということになっており，この点については民間労働者と同じである。同時に，日本の生協は，生協職員に「協同組合労働者」であることの意義を要求し，「生協運動の担い手」「協同組合人」であることを追求してきた。日本の生協の常勤役員も，日本の会社と同様に，生協職員のなかから選抜され，自らの意思で生協の発展に向けたリーダーシップを発揮し

ている。単なる組合員によって雇用・委託されている存在ではないどころか，生協労働者が生協運動のリーダー，担い手なのである。

　杉本貴志は，イギリスの協同組合運動の歴史の検討を通じて，生協には「もう１つの道」があったことを示唆している。まず，「最初の生協」と呼ばれているロッチデール公正先駆者組合より前の「初期協同組合運動」では，「協同組合の店，今日でいう生協は，そもそもは消費者の運動として始まったのではない。産業革命期に，競争社会の中で虐げられた労働者達が，『労働』が尊重される協同の社会をつくりあげるために，そのための第１歩として始めたのが，労働者自身の店，協同組合店舗だったのである」[25]。そして，世界で最初に成功しその後のモデルとなったロッチデール公正先駆者組合も初期においては，「『労働』を尊重したシステムが採用され」，「労働者利潤分配制（profit sharing）」が実施されていたが，廃止された。そして「19世紀末のイギリス協同組合運動は，いったい協同組合はその労働者にどう向かい合うべきなのか，より具体的には，協同組合の剰余ははたして組合員だけのものなのか，それとも組合労働者も当然その分配に与るべきなのか，という激しい議論の嵐にさらされた。労働者への利潤分配をめぐって，協同組合運動内部の世論がはっきりと２つに分かれた」[26]。という。結果，事業の成長に成功し，主流となったのが，労働者への利潤分配ではなく，消費者組合員に利益還元する生協である。「ロッチデール公正先駆者組合成功の最大の要因は，利用高に応じた割戻制度だといわれる。組合を利用すればするほど，自動的に自分の口座に割戻金（"divi"）が積み立てられていくこのシステムが，消費者組合員の爆発的拡大と協同組合運動の大発展をもたらしたのである」[27]。その結果，今日まで「協同組合で働く労働者を，協同組合はどう位置づけるか，という問題」は棚上げされてしまったのである。

　この生協労働者をどう位置づけるかということは生協における参加の基本問題のひとつとして認識すべきことであり，21世紀の生協のあり方を大きく左右する論点であろう。生協職員は生協の実質的担い手であること，「非正規」雇用問題への社会的責任が問われていることなどから，生協労働者の位置づけについて根本的な見直し，イノベーションが期待される。

4 おわりに

　生協は現代においても「悩ましい」が「面白い」存在である。現代の競争市場において生協事業が存続するためには，生協事業それ自体は民間企業との同質的競争で「負けない」レベルでの同質化を追求することになる。他方で，生協が民間企業と同質化してしまえば，生協という特殊な組織形態をとることの存在意義がなくなるのであって，いかにして生協という組織のアイデンティティを自ら具現化するか，常に問われているのである。

　生協のアイデンティティの中心こそが「参加」であり，「参加」を通じて「満足」「承認」「信頼」「ロイヤルティ」が構築維持されるかどうかが，生協の持続的発展にとって重要である。

　同時に「参加」の問題は生協の存続発展にとって重要というだけでなく，現代社会が労働者，消費者，市民を「疎外」「社会的排除」せず「社会的包摂」しうるかどうかという問題でもある。それは「社会的経済（social economy）」[28]による社会の再生を展望することであり，私たちの未来を語ることである。このような文脈において「参加」の可能性をみていきたい。

（若林靖永）

注
（1）　この点については協同組合の「組織者＝運営権者＝利用者という三位一体的性格」とも呼ばれる（武内 1986, 515頁）。
（2）　宮部（2004）を参照。
（3）　改正生協法について，関（2010）69-89頁。
（4）　田中（1998）43-47頁，田中他（1987）を参照。
（5）　的場（1992）第1章第2節，25頁。
（6）　若林（1992）第3章第4節，100頁。
（7）　川口（1986）122頁。
（8）　若林（2007）7頁。
（9）　齋藤（1992）第3章第3節，90頁。
（10）　若林（2007）7頁。
（11）　若林（2007）8頁。

(12) 若林 (2009) を参照。
(13) 二村 (2005) 第4章, 96頁。
(14) 二村 (2005) 96-98頁。
(15) 本稿では，インターネットの活用は論じていないが，それのもたらす「参加」の革新の可能性に関連して，若林 (2012) を参照。
(16) 若林 (2007) 7-8頁。
(17) 野村 (1992) 序章, 18頁。
(18) 庭野 (1997) 第3章, 158-162頁。
(19) コープみやざきのケースについては，若林 (2003) 239-263頁を参照。
(20) 山口 (2011) 118頁。
(21) 田中 (1998) 196頁。
(22) 山口 (2011) 121-128頁。
(23) 田中 (1998) 200頁。
(24) 若林 (2009) を参照。
(25) 杉本 (2011) 19頁。
(26) 杉本 (2011) 21頁。
(27) 杉本 (2011) 22頁。
(28) 大沢 (2011) 序章，1-10頁等を参照。

参考文献

大沢真理 (2011)「危機の時代と社会的経済」大沢真理編著『社会的経済が拓く未来』ミネルヴァ書房。
川口清史 (1986)「生協の組織的特質と民主的運営」野村秀和・生田靖・川口清史編『転換期の生活協同組合』大月書店。
齋藤雅通 (1992)「店舗戦略の展開」野村秀和編『生協　21世紀への挑戦』大月書店。
杉本貴志 (2011)『社会連帯組織としての非営利・協同組織（協同組合）の再構築』公募研究シリーズ17, 全労済協会。
関英昭 (2010)「生協の機関構成とコーポレート・ガバナンス」現代生協論編集委員会編『現代生協論の探求─新たなステップをめざして─』コープ出版。
武内哲夫 (1986)「協同組合における人的結合」『新版　協同組合事典』家の光協会。
田中秀樹 (1998)『消費者の生協からの転換』日本経済評論社。
田中秀樹他 (1987) 北海道生協連合会編『北海道生協運動史』北海道生協連合会。
庭野文雄 (1997)「生協『企業化』へのひとつの選択としてのSTM路線」CRI・生協労働研究会編『90年代の生協改革─コープかながわ・コープしずおかの葛藤─』日本経済評論社。
野村秀和 (1992)「日本の協同組合の到達点」野村秀和編『生協　21世紀への挑戦』大月書店。
二村睦子 (2005)「生協の組合員活動と組織」現代生協論編集委員会編『現代生協論の探

求　現状分析編』コープ出版。
的場信樹（1992）「消費者運動と共同購入」野村秀和編『生協　21世紀への挑戦』大月書店。
宮部好広（2004）『生協法を考える』コープ出版。
山口浩平（2011）「日本の生活協同組合」大沢真理編著『社会的経済が拓く未来』ミネルヴァ書房。
若林靖永（1992）「生協の商品政策」野村秀和編『生協　21世紀への挑戦』大月書店。
若林靖永（2003）『顧客志向のマス・マーケティング』同文舘出版。
若林靖永（2007）「生協事業の変化と組合員参加の課題」『生活協同組合研究』11月。
若林靖永（2009）「日本の生協のクライシス対応と組織・連帯構造」『生協総研レポートNo.60　生協の社会的役割を問う―2008年度現代生協論コロキウムの成果―』財団法人生協総合研究所。
若林靖永（2012）「メディアとマーケティングの共犯関係」『季刊マーケティングジャーナル』123号。

執筆者一覧

吉村純一（よしむら　じゅんいち）第1章，編著者
　　熊本学園大学商学部　教授

福田　豊（ふくだ　ゆたか）第2章
　　電気通信大学大学院　名誉教授

西村多嘉子（にしむら　たかこ）第3章
　　大阪商業大学総合経営学部　教授

中西大輔（なかにし　だいすけ）第4章
　　岐阜経済大学経営学部　講師

森脇丈子（もりわき　たけこ）第5章
　　流通科学大学サービス産業学部　准教授

平山　弘（ひらやま　ひろし）第6章
　　阪南大学流通学部　教授

山西万三（やまにし　まんぞう）第7章
　　龍谷大学経営学部　教授

竹濱朝美（たけはま　あさみ）第8章，編著者
　　立命館大学産業社会学部　教授

武市三智子（たけち　みちこ）第9章
　　東洋大学総合情報学部　准教授

若林靖永（わかばやし　やすなが）第10章
　　京都大学経営管理大学院　教授

日本流通学会設立25周年記念出版プロジェクト（第2巻）
流通動態と消費者の時代

発行日──2013年5月16日　初　版　発　行　　　〈検印省略〉

■監　　修──日本流通学会
■編著者──吉村純一・竹濱朝美
　　　　　　（よしむらじゅんいち）（たけはまあさみ）
■発行者──大矢栄一郎
■発行所──株式会社　白桃書房
　　　　　　　　　　　　（はくとうしょぼう）

〒101-0021　東京都千代田区外神田5-1-15
☎03-3836-4781　📠03-3836-9370　振替00100-4-20192
http://www.hakutou.co.jp/

■印刷・製本──藤原印刷

Ⓒ Junichi Yoshimura, Asami Takehama, 2013　Printed in Japan
ISBN978-4-561-66197-9 C3363

本書のコピー，スキャン，デジタル化等の無断複製は著作権法上での例外を除き禁じられています。本書を代行業者等の第三者に依頼してスキャンやデジタル化することは，たとえ個人や家庭内の利用であっても著作権法上認められておりません。

[JCOPY]　〈(社)出版者著作権管理機構　委託出版物〉
本書の無断複写は著作権法上での例外を除き禁じられています。複写される場合は，そのつど事前に，出版者著作権管理機構（電話03-3513-6969，FAX 03-3513-6979，e-mail : info@jcopy.or.jp）の許諾を得てください。

落丁本・乱丁本はおとりかえいたします。

日本流通学会設立25周年記念出版プロジェクト

日本流通学会【監修】

佐々木保幸・番場博之【編著】
第1巻 地域の再生と流通・まちづくり　　　　　　　　　　本体 3,000 円

吉村純一・竹濱朝美【編著】
第2巻 流通動態と消費者の時代　　　　　　　　　　　　　本体 3,000 円

小野雅之・佐久間英俊【編著】
第3巻 商品の安全性と企業の社会的責任　　　　　　　　　近刊

木立真直・斎藤雅通【編著】
第4巻 製配販をめぐる対抗と協調　　　　　　　　　　　　本体 3,000 円
　―サプライチェーン統合の現段階

大石芳裕・山口夕妃子【編著】
第5巻 グローバル・マーケティングの新展開　　　　　　　本体 3,000 円

―――― 東京　白桃書房　神田 ――――

本広告の価格は本体価格です。別途消費税が加算されます。

好 評 書

大石芳裕【編】グローバル・マーケティング研究会【著】
日本企業のグローバル・マーケティング　　　　本体 2,800 円

番場博之【著】
零細小売業の存立構造研究　　　　本体 3,600 円

鍾 淑玲【著】
製販統合型企業の誕生　　　　本体 3,800 円
　―台湾・統一企業グループの経営史

法政大学イノベーション・マネジメント研究センター【編】
矢作敏行・関根 孝・鍾 淑玲・畢 滔滔【著】
発展する中国の流通　　　　本体 3,800 円

明治大学経営学研究会【編】
フレッシュマンのためのガイドブック
経営学への扉　　　　本体 2,800 円

――――――――― 東京　**白桃書房**　神田 ―――――――――

本広告の価格は本体価格です。別途消費税が加算されます。

加藤義忠【監修】日本流通学会【編】

現代流通事典 [第2版]

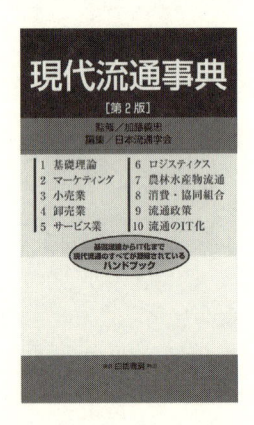

日本流通学会が，総力を挙げて流通の今を概括。各分野の専門家が流通の最新動向について，1項目見開き2頁の形式でわかりやすく解説。流通が生活に深く浸透する現代に必読の一冊。好評であった前作の第2版。

ISBN978-4-561-65176-5　C3563　四六判　360頁　本体3000円

株式会社
白桃書房

（表示価格には別途消費税がかかります）